斧《おの》・熊・ロッキー山脈

森で働き、森に暮らす

クリスティーン・バイル 著
三木直子 訳

築地書館

Dirt Work: An Education in the Woods
by Christine Byl

Translated by Naoko Miki
Published in Japan by
Tsukiji-Shokan publishing Co.,Ltd.

目次

本文中の〔　〕は訳者による注記です。

はじめに

フリーダの店の前のポーチで、私たちは手すりに脚を投げ出した恰好で座っている。通りがかりの人がこの下見板張りのバーの方を見れば、私たちが見えるはずだ――汚れたズボンをはき、ブーツの底に泥がこびりついた、男が四人と女が一人。眉毛は真っ黒。ここはモンタナ州、ウェスト・グレイシャーのフリーダの店の正面ポーチ、今日はヒッチの最終日で、お待ちかねのビールの時間なのだ。シリアルの食べ方がくちゃくちゃとうるさいヤツのことも、いつだってツールボックスをぐちゃぐちゃにしっぱなしの誰かさんのことも、お互い全部を水に流して。八日目、この店のポーチでは、班長だろうが作業員だろうが、歩くのが速かろうが遅かろうが、私たちはただの仲間だ。冗談を言い合い、お疲れさま、と乾杯し、この一週間にあったことを思い出してはそれを話のタネに加えていく――信じらんないよね、あのパッカー、オールクリークの浅瀬に積み荷落とすなんてさあ？　お前が伐ったあの木、太さどれぐらいあったと思う？　一番美味い夕飯はどれだったかな。天気が最低だったのは？　お前ブーツ乾いた？　そっちは？

アウトドア用サンダルを履き、サンバイザーを被った女性が立ち止まって私たちをじっと見る。「トレイル整備隊の人たち？」「おうよ」とジャスティンが頷く。彼女のボーイフレンドは東側の整備隊で働いているのだという。彼女自身はラフティングのガイドなのだが、来年は整備隊の職に申し込むかも、と。

「どうやったらこの人たちについていけるわけ？」と彼女が私に訊く。女同士、こっそりと。

私が答える前にジャスティンが言う。「ついていけねえよ。どこ行くんでも俺らが担いでくの」。反応を待ってちょっと間を取った後、彼はにんまりする。「うそ、うそ。この人にはマジで降参」。私は何も言わず肩をすくめる。

「すごーい」とラフティングのガイドが言う。「運がいいのね」

その通り。私は運がいい。自分の仕事が自分の限界を真っ向から思い知らせてくれるのは幸運なことだし、テントで眠り、草むらでおしっこしてお給料がもらえるのも運がいい。この人たちの一員でもあり、同時にその中の一人にとっては恋人だし、私を班長と呼ぶ人も、ダメな妹だと思う人がいるのも運がいい。もじゃもじゃの眉毛や、膝がちょっとこわばっているのや、脈拍がゆっくりなところが気に入っているというのも幸運だ。自分がどうやって、自分のいるべきところに収まったのかなんて、わかっている人はいるだろうか？今の生活にたまたま転がり込んで、そこにずっといられることになった私は幸運なのだ。

プラスチックのカップに二センチばかり残った生温かいミラー・ジェニュイン・ドラフトを飲み干すと、私たちはよっこらしょと階段を下りる。このうちの何人かとは休みの日に一緒に山登りをすることになっている。他の人たちは家族の元へ、街なかの家へと帰っていき、次のヒッチのために納屋に集まるまでは職場の誰とも顔を合わせない。汚い手の平をパチンと打ち合わせ、指と指を絡ませ、握ったゲンコツをコツンと合わせるいつもの別れの挨拶。ほんじゃあな、お前ら来週な、あばよ。

＊　＊　＊

アメリカ合衆国国立公園局は一九一六年にウッドロー・ウィルソンによって正式に創設され、一九八三年には作家ウォーレス・ステグナーが「我々が思いついた最高のアイデア」と呼んでいる。「まったくもってアメリカ的、絶対的に民主的な国立公園は、我々の最高の部分を映し出している」。現在、公園局はアメリカ連邦政府が考え出したものの中で最も広く模倣されていて、アメリカの国立公園局に相当する、公有地保護のための機関を持つ国は一〇〇を超える。アメリカの公園局は、三九三カ所にわたる八四〇〇万エーカー〔約三四万平方キロ〕の土地を管理している。毎年、アメリカ人、スイス人、韓国人をはじめ、二億八五〇〇万人を超える人びとが、娯楽を、学習体験を、自然を、あるいは休息を求めて訪れるところだ。フィラデルフィアの自由の鐘国立歴史公園からフロリダのエバーグレーズ国立公園、それに国立公園の中で最大のアラスカ州ランゲルセントエリアス国立公園（バーモント州の二倍近い規模である）まで、国立公園が重点を置くものはさまざまだが、一九一六年に制定された国立公園局設置法に次のように書かれているその意図においては一致している――つまり、「景観と、公園内にある自然及び歴史的建造物、また野生生物を保護すると同時に、将来の世代がそれらを享受できるよう、それらを損なうことのない方法と手段でそれらを楽しめるようにする」ということだ。

私が最初に国立公園に行ったのは家族との休暇旅行で、車での長時間の移動と車酔いが付きものだった。二二歳の時、私は夏休みの気晴らしに国立公園局の仕事をした。それから何年も経って、ある国立公園が「自分の居場所」になった。自分の居場所っていうのはいつだって、働くことによってできるものだ。雇われて仕事するという意味でも、努力をする、という意味でも。そしてそのそれぞれに、必要なツールがある。

私が「トレイルドッグ〔山歩きの伴をするトレイル犬から来た、国立公園整備員のニックネーム〕」になって一六年経つ。つまり、山の中で、トレイル〔公園内の、人が通る登山道や遊歩道〕を維持管理し、補修し、造り、設計する作業員だ。国立公園局の運営を支えるのは、「季節雇用者」と呼ばれる私たちで、私たちはあらゆる種類の手作業をする。国立公園局の夏のイメージキャラクター、平たい帽子を被ってキャンプファイアーを前にお話をする森林警備隊員のことは誰だって見たことがあるが、その陰で、整備工が機器類を動かし、整備管理員が休憩所のトイレの汚物を空にしているのを目にする人はほとんどいない。大工も消防士もいる。道路整備員は交通標識のストライプのペンキを塗り直したり排水トンネルに張った氷を蒸気で解かしたりしている。それにトレイルドッグだ。

　私たちは目には見えないその他大勢かもしれないが、私たちの仕事ははっきり目に見える。春先に最初にトレイルを歩いて、倒れて道を塞いでいる木を取り除くのが私たちだ。山道を登る石の階段を造ったり、駐車場と案内所を結ぶ砂利道を造ったりもする。排水溝から石を取り除いたり、ぬかるみを土で埋めたりもするし、橋を架けたり、標識を立てたり、迂回路をならしたり、雪の吹き溜まりを吹き飛ばしたりするのも私たちだ。どんな仕事のときも、そこまでは歩いて行く。

　単純な仕事に聞こえるかもしれないが、実際に色んな意味でその通りだ。いったん道具の使い方を覚え、観察力を養い、自分の限界と強みを認識したならば、トレイル整備の仕事はぶっちゃけ単純なのだ。溝を掘る。倒れた木を動かす。岩を転がす。斧を振るう。だけど、どんな仕事だってそうであるように、この仕事も自分が望むだけ複雑にもなる。自分の手にぴったりするように道具の持ち手をやすりで削る方法。音を頼りにキャブレターを整備する方法。この主桁はどれくらいの幅の川に架けられるか。さらに、「何故」なのか、がわかるようになる——トレイルの勾配と、そのトレイルが横切る斜面の角度の関係。伐ってから時間が経った木の方が伐ったばかりの木より良いのは何故なのか。好奇心の強い人なら、どんな作業からも何かしら新しいことが学べる。

＊　＊　＊

肉体労働をするようになる理由は、肉体労働を必要とする仕事と同じくらい色々だ。たとえばそういう家系に生まれる人がいる——父親が材木置き場を経営しているとか、代々、労働組合の組合員であるとか。それが自分に合っているから肉体労働を選ぶ人もいる——手先が器用で、ものの仕組みがわかるのだ。必要性からそうする場合もある——故国では医師だった移民が時給で雇われたりもするし、不景気になれば人は見つかる仕事なら何でも引き受ける。人を雇ってやってもらうお金がないから自分でやることになる場合も多い。たまたまタイミング良くそういう機会があって仕事を覚えることもある。とにかく誰かがやらなくちゃならない仕事があるという場合もある。いずれにせよ、いつだって仕事はあるし、いつだって必ず、それをせざるを得ない人、出来る人、したがる人がいるものなのだ。

私は肉体労働者の家庭に生まれたのではなく、それを親から受け継いだのでも期待されたのでもない。昔っからある、あまりにも大げさな二分法のおかげで、私は肉体労働からは遠ざけられ、肉体労働をしなくて済むようにと高等教育に進まされた。これは多くの人にはお馴染みの二項対立の構図で、私たちは現実を二つに分けて考える生き方に慣れっこになっている——肉体よりも精神、今か後か、男性対女性、遊びより仕事、文明対自然、ブルーカラーとホワイトカラー。私の場合、家族は(教師から職人まで)色々だったし、八〇年代のフェミニズムを背景に育ったにもかかわらず、よくある、誰も口にしない価値基準を受け継いだ。木工や自動車修理の授業を選択するのは男の子。頭のいい子は大学へ。将来のことを考えなさい! 頭脳を研ぎ澄ますこと。スポーツは宿題の後。

人は誰でもこういう思い込みを経験するものだし、思い込みは他にもある。自分の選択のうち、どんなに多くがこうした思い込みに縛られたものであるか、気づいたらびっくりするかもしれない。仕事の日もエクササイズはやらなくちゃ。自然というのは日常生活から逃れるために行くところ。女性が歓迎される職場もあるけれど、でも結局はおまけ——こういう線引きは、初めはしごく論理的に思えるかもしれないけれど、そのうち私たちは考え始める。もし逆のものを選んだとしたら、私はどういう人間なんだろう？　いや、もっと革新的に、それが実は対立する二項ではないと仮定したら？　仕事が喜びであってはいけないの？　文化というのは、自然から切り取られたものではなく、自然の上にあるものであってはだめ？　手仕事が精神的な喜びをもたらすこともあるのでは？　男性社会に女性がいることで、それが「すべての人」のための社会になるとしたら？　肉体労働よりも教育を、という、私が持っていた二項対立の問題点はまた、あらゆる二項対立が持っている問題でもあった。つまりそれはまったくの見当違いだったのだ。現実は二つのものが対立しているのではなくて、もっと交ざり合い、もっと興味深いものだった。私には学ぶことが山ほどあった。

私が大学から森に移って一六年経った。私の生活や仕事のディテールはもはや目新しいことではない。私は公園整備の仕事を崇拝しているわけでもないし、かと言ってそれは本当にやりたいことが見つかるまでの回り道でもない。変化に満ちた十数年間、退屈だったときも刺激的だったときもあったけれど、意外にもトレイル整備の仕事はずっと変わらずそこにあった——私の心の指針を本当の気持ちに惹き寄せる磁石のように。ある意味では、それが私に生き方を教えてくれたのだ。春が来ると野外の作業が私を呼び、私は渡っていく——北へ、外へ、「トレイル」へ（公園整備の仕事を内輪ではそう呼ぶ）。それは今では私があまりにも良く知っている世界で、こうやって書きながらその味や匂いを感じることも出来るくらいだ——チェーンソーのオイルやトウヒの樹液、排気ガスや汗の匂いを。

＊　＊　＊

ヘンリー・デイヴィッド・ソローが「森へ行ったのは思慮深く生き、人生の真髄を吸収するためだ」と書いたのは有名だ。そして、アメリカのネイチャー・ライティングの父のこの一言が、それ以来ずっと、ネイチャー・ライティングというジャンルに、ある根本的な問いを委ねることになったのだ――本物の生き方と自然界にはどんなつながりがあるのだろうか？　私が初めてソローを読んだのは高校の英語の授業だった。私はミシガン州の都会に住んでいて、自給自足のための作業などしたことがなかった。子どもの頃おてんばで泥んこになって遊んだことが、野性体験に近いと言えば近かったけれど、大学進学の準備のためのギリシャ神話だのアイビーリーグのパンフレットだのと引き換えに、泥遊びはとっくにやめてしまっていた。豆の種を植えたこともなければ薪を割ったこともなく、家の庭の小鳥たちの名前も知らなかった。それなのに、一ページ目から私はソローが大好きになったのだ。ソローの中心には、なにかしっくりくるものがあった――住んでいるところとそこでの行動につながった暮らし方。私はソローの、謙虚だけれど自分に自信があるところが好きだった。リスにメロメロなところも。

ソローには惹かれたけれど、私が森に行ったのはそれから何年も経ってからだし、しかも行ったのはたまたまのことだった。大学院で哲学を勉強するつもりだった大学二年の頃に、私はいつか木を伐って運ぶ仕事でお給料をもらい、それをみすぼらしいバーのポーチで飲む酒代にするだろう、と誰かに言われたら、笑い飛ばしただろう。私は自分のことを思索的なタイプだと思っていた。マインドという筋肉を鍛えていたのだし、プラトンやアウグスティヌスによれば、そこに私のお上品な魂が宿っていたのだ。肉体には何が出来るのか、私はさして考えたことがなかった。

でも大学を終える頃、私は、そういうこともあるかもしれないとソクラテスがほのめかした以上に、大学にうんざりしていた。卒業後、無一文の私はこれまでとは違う生活を求めて西を目指し、モンタナ州のミゾーラという町に辿り着いた。小説家も肉体労働者も大学教授も木こりも同じバーで酒を飲む、それどころかそれが同じ人物であることすらある町だ。私はそこで収入を得なければならなかったので、季節雇用の仕事をしている新しい友人にせがんで、お金欲しさに森に出かけた。たしかに、それまでは遠くから惚れ惚れと眺めていたロッキー山脈のことをもっとよく知りたかったし、随分あれこれ思い巡らしていた手つかずの自然というものを、直に経験したかった、というのはある。でも一番大きかったのは、生活費を稼ぐということで、何か新しいことを身につけながらそれをしたいと思ったのだ。ボーイフレンドのゲイブと私は国立公園局の整備員として働き始めた。今にして思えば、土が私を呼び戻そうとしていたのだ。

　私の履歴書を見ても、私がハンマーの握り方を知っているかどうかさえ怪しかったから、雇われたのはまったくの幸運だった。初めて雇われたその年、私は周りの人全員——この仕事に人生を捧げている人やら、新入りやら、ラバに荷物を担がせるのが仕事の怒りっぽいパッカーやら、男勝りの、でも私を公然の笑いものにはしないだけの優しさがある女性陣やら——をじっくり観察し、仕事するのに必要なことを吸収した。私の労働はお金になった。生まれて初めて、理屈ではなくてはっきりと具体的な労働でお給料をもらったのだ。私の中のおてんば娘が目を覚ましつつあった。目新しさとは別に、私は自分がトレイル整備の仕事が好きで、トレイル整備の仕事をしている人たちのことも好きだということを発見した。それから時間《とき》とともに専門知識が増すにつれ、私が磨いている技術は仕事の場以外でも役に立つことがわかった——たとえば橋の土台に使う丸太にV字型の切り込みを入れる技術はログキャビンを建てるのに使えるし、トレイルを切り拓くのと同じようにすれば、木を伐り、枝を落とし、鋸で挽いて薪を作ることが出来る。野外で長時間働いて鍛えた持久力、強さ、自信があれば、どんな荒れた土地でも立派に生活していける。私が学んでいたのは、ずっと昔から働く人たちの役に立ってきた技術で、そういう意味で私は、専門的技能だけではなくて歴史を学んでいたのだ。

＊　＊　＊

不可解なことがある。私たちの文化は、自然が持つリズムや限界からほとんど完全に切り離されているのに、同時に「自然なもの」に取り憑かれているのだ。そこには深遠で重大な思考が含まれる——私たちは何を食べればいいのか？　その食べ物はどこから来るべきか？　さまざまな製品は何でできているか？　誰がそれを作っているのか？　私たちが取る行動はこの惑星《ほし》にどんな影響を与えるか？　この惑星は私たちの行動にどんな影響を及ぼすべきなのか？　かと思えば自然を売り物にしているだけのこともある——ファッション雑誌では、ひょろっとしたモデルが籐でできたピクニックバスケットを持って草原をブラブラする。インテリアデザイナーが「田舎風スタイル」を完璧にコーディネートしたログハウスはステータスシンボルだし、政治基金集めには繋がれた「母グマ」が駆り出される。

それでも多くの人は直観的に、自然と結びついた生活というのは商業とは無縁だし、ましてやイメージなんかではないということがわかっている。「土に戻りたい」と私たちが言うのは真剣な気持ちなのだ。でも自分なりの「ウォールデン」〔ソローの代表作『森の生活』は、マサチューセッツ州ウォールデン湖畔での生活を記録したもの〕の入り口に辿り着くと、私たちは「さて、何をしたらいいの？」と自問しなくてはならない。「森に行く」のが大変なのはそこからなのだ。なぜなら、「何をするか」というのは、二一世紀に生きるアメリカ人が得意とすること——たとえばどのカタログの何を買うとか、どんなメッセージを組み立て、どうやったらそれを多くの人に伝えられるかとか——ではないからだ。「何をするか」というのは、作業であり、道具であり、それを一つにする経験——心が開いていること、と言ってもいい——なのだ。本当のことを言えば、大地に触れることなくその土地で生きられる人などいない。そして大地に触れるには、昔っからある、地味で、ときに巧妙でときに退屈な、手を汚す

「労働」が必要なのだ。

そこで私はソローの問題に立ち戻る。「思慮深く生き」る、本物の生活をする、というのは具体的にはどういうことなのか？　都会でフリーのライターをしている人から辺鄙な土地で農耕生活をしている人まで、何人かの知人にこの質問をしたことがある。「身の丈に合った暮らしをし、目的意識を持つこと」「地に足を着けて、生活に必要なものを自分で調達すること」「深い意味で幸福であること。満足、に近い」「進歩するばかりがすべてではない、自然が持っている限界の中で生きること」「本当に大事なことのやりかたを知っていること」「何かがちょっとまだ手つかずで、何から何まで解決はしていない状態」「人間はだんだんそういうふうになってる。周りの環境が大切」──そんな答えが返ってきた。

私自身の直観とも重なるこうした定義によれば、本物の暮らしというのは、私たちが頭で考えること（「都会とはサヨナラしたの」）や、何を買うか（玄関に置くパイン材のベンチや完璧な作業パンツ）で出来上がるものではない。私たちの主張（「地元で買い物しよう」とか「この瞬間に生きよう」とか）や、私たちが見つけるもの（鳥の羽や貝殻）でできているのでもない。本物の暮らしというのは、少なくともその一部は、ごく当たり前の動詞の積み重ねだ──目覚める、植える、掘る、直す、歩く、持ち上げる、聞く、乾燥させる、書き記す、焼く、切り刻む、貯蔵する、積み上げる、収穫する、与える、伸ばす、測る、洗う、手伝う、運ぶ、眠る。そして動詞には名詞がついてくる──それをするために必要なものだ。シャベル、針、バスケット、斧、種、鉛筆、ブーツ、マッチ、ハンドル、バケツ、ナイフ、耳、鋸、テープ、ボウル、手押し車、ボート、水準器、土、楔、手。

このリストをよく読めば、ある土地に根ざして暮らすには、五万坪の土地と祖先から引き継いだ山羊の群れも必要なければ、カヤックと、四カ月間誰とも接触のない生活をする必要もないことがすぐにわかる。自然が投げかける問いはいつだって変わらず、さり気ない。そしてそれはどこででも起きる問いだ——日が昇るのは何時？　日没は？　春になるとやって来て秋になるといなくなるのはどの野鳥？　七月の雨量はどれくらい？　一一月は？　どの野草が食べられる？　この時期にしては寒すぎない？　トマトは窓辺でも育つ？　池の氷は歩いて渡れるくらい厚く張っただろうか、それとも迂回するべき？　こういう問いや、やらなくてはならない仕事や、ああしようこうしようと際限なく課題を解決していくことの中から、いつのまにかこっそりと本物の暮らしが出来上がるのだ。そして多分、気がつかないうちにそうなるしかないのだと思う。なぜなら本当に自然なあり方というのは、そうしようと努めることではなくてそう「ある」ことから生まれるのだから。私がトレイル整備の仕事を始めて最初の数カ月の様子を見たらいい——私は「本物のトレイルドッグ」になりたくてたまらず、一生懸命そうなろうとしたけれど、でも基本的には、自分はその「ふり」をしているだけだと感じていた。でも実際に本物のトレイルドッグになってみると、もうそんなことは考えなくなった。

もちろん、単純な肉体労働をするだけで充足した生き方が得られるなんて言うのは、肉体労働なんかしたことがない人だけだ。一日中、重労働と、まったく頭を使わない作業しかしないでいれば、そこにまた違った種類の意義は生まれるけれど、別の意味で死んだようになる。私たちは、頭を使って自分の行動を整理し、自分がする選択のための足場を作ることが必要なのだ——それを実践するには体が必要だとしても。私の経験から言えば、だからこそ奥の深い教育というのは、頭と手の両方に対するものなのだ。この二〇年、私は本から学んだし人から学んだこともたくさんある。そしてそれ以外のことは道具から学んだ。これは別に情緒的にものを言っているわけでも、何かを説明しようとして言っているわけでもなくて、単に、「触れること」と「働くこと」は私が学ばなければならなかったことの一部だった、ということだ。

＊　＊　＊

フリーダの店のポーチでは、仲間たちがやれやれと首を振っている。「お前しゃべりすぎだってんだよ」とマックスなら言うかもしれない。「もう一本飲めよ」。私はマックスに向かって中指を突き立てる〔英語圏で人を侮辱するのに使われる仕草〕。ソクラテスの言葉が口から出かかる――「吟味されざる生に、生きる価値なし」なんだからね、アンタ。でもマックスは正しいのだ。吟味しすぎの生にも生きる価値はないし、どんな道にだって穴はあいている。自然相手の暮らしは最低なこともある。ずぶ濡れになったり、足が痛かったり。あまりにも重たい荷物を担がなきゃいけないことも、あまりにも遠くまで行かなきゃならないこともある。ヘラジカは庭の作物を食べちゃうし、一カ月間、毎日雨ばっかりのこともある。直角のはずの角が直角でない。ヘトヘトになってキレる。自分で解決しない限り誰も助けてくれない。

本物の暮らしというのはまるでユートピアであるかのように言われることが多いけれど、はっきり言っておきたいと思う。私は田舎暮らしを称賛した田園詩なんか信じないし、「自然」に近いところにいるからって持ち上げられ、神聖化された人たちのことも信じない。どんな生き方もみなそうだけど、森の中の暮らしには魅力もあれば重荷も伴う。田舎暮らし、いやまったくの手つかずの自然の中で暮らしていたとしても、そのこと自体が罪の償いになるわけでもない。土は私たちを地獄に落としはしないけど、天国に連れて行ってくれるわけでもない。どこの森で暮らすことになっても、そこで暮らす私たちは人間であって、不安や嫉妬に駆られるのは崖錐の上だろうがブロードウェイだろうが同じなのだ。そうは言いつつ、私には偏見がある。なぜなら森での暮らしは私を変えたからだ。森での仕事は私の進む道を変え、日々の暮らしを変え、私の手の形を変えた。

ポーチに座っている私の友達を見るといい。マックスとジャスティンとゲイブが手を差し出してしげしげと観察させてくれたなら（くれないと思うけど）、労働者の印があるだろう――関節は荒れて節くれだっているし、親指の爪は紫色、手首は腱が張って、二の腕は汚いTシャツの袖のあたりまで日に焼けている。

「人間が入った痕跡を残さない」という野生保護の原則は一般的に普及しているけれど、その土地を通ったことが痕跡を残さないはずはない。なぜなら人間がそこに暮らすときにその土地にその印を残すのと同様に、その土地もまた私たちに印をつけるからだ。ある土地、たとえばそれは特定の空や景色だったり、あるタイプの地面の上を歩くときの感触だったり、季節の展開だったりするのだが、それが自分の存在を主張し、私たちはそれに親しみを感じるようになる。知る、と言ってもいい。そして労働は必ず体にその跡を残す。私の体は筋肉が少なくて手足が細く、折ったことのある指は二本曲がって元に戻らず、足はタコだらけだけれど歩くのは速い。手首は両方とも手根管症候群があるし、ヘルニアの手術を二度受けたことがあるし、関節は実際の年齢より歳とってるみたいに感じる。労働はまた、精神にもその跡を残す。もともと私にはなかった洞察力や忍耐強さが根付き、衰えや加齢とともにそれが私の一部になった。私はいつもの空に新しい雲を探す。

＊＊＊

アメリカ人が愛するもう一人のネイチャーライターの言葉を借りれば、「道が二つに分かれ、そして私、私は、モンタナとアラスカで働くために大学を去ったけれど、ちゃんと教育は受けた」のだ〔ロバート・フロストの詩をもじっている〕。男たち、女たち、失敗した仕事、うまくいった仕事から、私は学んだ。速く動くべきときとゆっくり動くべきときがあること、しっかり監視すること、正確に測って一気に切ること。概念や経験と同じように土地が自分の一部になるのを私は目撃したし、掘っている穴の中に立ちながら心に変化が起きるのも体験した。内面の変化は外面の変化の予兆となり、強靱な肉体は明晰な精神を招く。世界がどんな仕組みになっているかに気づけば、それに心を開いておける。誰かと並んで仕事をすれば信頼が生まれる。仕事がコミュニティを育む。

コミュニティ。つまり端的に認めれば、この本は、ある仕事についての私自身の物語ではあるけれど、でもその仕事の物語は私だけのものではない。私はそれを、他の人や植物、道具、動物たち、馴染みになった尾根や川、そしてこの生活に含まれる、感覚的だったり形がなかったりするディテールと共有しているのだ。仕事をするんじゃなくてそれについて書く、というのは隊列を乱す行為だ。私は心配している——どんな物語も、バーのスツールから本屋に移動する間にその本質の一部が失われてしまう、ということを。

でもやってみずにはいられないのだ。その理由の一つには、私の中にある傲慢さ、大事なことを説明したい、という物書き特有の執拗な衝動、言い伝えを語り継ぎたいという語り部のうずきがある。私はこの世界を讃え、その価値を伝えたい。納屋でロープをグルグル巻きにしているパッカー、噛み煙草を口一杯ほおばっている機械修理工——あの人たちが、目立たないでいたいのはわかっている。私はある不文律を、労働者たちが大切にしている規範を犯しているのだ。私たちは仕事を通して物を言う。自分に注意を引きつけることはしないし、それ以上にお互い、相手に世間の注目を集めるようなことはしない。でも私はこれを、秘密を漏らしているのではなく、ラブソングのつもりで書いているのだ。どうかあの人たちに許してもらえますように。

道具は私を恨むことはないと思う。道具は私のすることに賛成も反対もしないし、評価されることを望みもしなければ、それを避けることもしない。シャベルや斧は、それを使うことでその有用性がわかるのだ。

＊　＊　＊

この本は六章に分かれている。六つの章立ては、仕事の内容や経験、場所を通して、傍観者だった私がある非常に特有な世界の参加者になる、その学びの過程を辿っている。各章の初めに、その地域のトレイル整備の仕事に関係が深いツールについての説明と逸話がある。この本を、ツールを中心にして構成したのにはいくつか理由があるが、特に、ツールの歴史や癖や使い方は知っておく価値があると思うからだ。それにツールは私を批判することなくたくさんのことを教えてくれたから、この本の枠組みにツールを使うことでお礼がしたいという気持ちもある。この物語が私の経験というレンズを通して語られるとすれば、物語とその主要な登場人物――私の学びの過程、クラスメート、教師など、その全部をしっかりつなぎとめる「もの」がツールだからだ。

あるツールを、何かの意図を行動に移すための小道具であり、知性より下にあるものとして見るのは簡単だ。色々な意味で、この実用主義的な見方こそツールの魅力の一つでもある――ツールの美しさと価値は、ものとしてそれが持つ目的から生まれるのだ。そこに比喩は必要ない。でも、ツールと私たちにはもっと深い関係もあって、それは注目に値する。私たちはツールを発明し、見事にそれを使い、手直しし、それを使った仕事を誇りに思ったり残念に思ったりするわけで、だからツールは私たち自身の受け皿でもある。ツールは私たちの手足の延長であって、いわば取り外しできる体の一部なのだ。

仕事を始めた最初の日から、ツールは私を生徒として迎え、学ばせてくれた。斧、鋸、プライバー、そして大槌は、私の体にはその振り方、研ぎ方、運び方、しまい方を叩き込み、私の頭には、時間をかけ、心を開けば、能力は身につくものだということを教えてくれた。いつだって、やらなくてはならないこと、もっと上手くなれること、上達し続けるべきこと、そして教えることがある。誰もが学びの中から自由を得る。私にとっての自由は、私の両手の間で「修業する人」と「熟練した人」が一緒になるのを眺めつつ、肉体と知性、思考と行動、という二項対立を超越することの中にある。

この本は回想録ではないし、ハウツーのマニュアル本でもない。野性に関する論文でもなければ、かく生きるべきという論説でもない。これは、何カ所かの山野とそこで働く人たちについての、そして私がどうやってそこに自分の居場所を見つけたかについての物語のつもりだ。一日の終わりにどこの店のポーチでくつろぐにせよ、人生に意外な展開があると、私たちは予期しなかった自分に辿り着くことがあると思う。私は、現代人の暮らすところや習慣の中にも野性はあると信じていて、そこに力を注がなくてはいけないと思う。そしてそのためには、物置一杯のツールが役に立つと信じている——斧、疑問を持つこと、鋸、出し惜しみしないこと。ツールの中には汚れているものもあるし、刃が鈍くなっているものもあるけれど、とにかく一つ選びたいと思う。結局、どんな労働もそこから始まるのだ、なすべき仕事とツール、そして実際の作業。持ち上げて、振り下ろす。息を吸って、もう一度振り下ろす。まずは型から入る。強さはいずれついてくる。

私たちが担ぐ荷物の中身

バックパック——容量二五〜四〇リットルのもの

水——最低二リットル、最高四リットル

着替え——じっと立ったままで寒くないように、今着ているものにあと二枚重ねて着られるもの

手袋——二組（革のもの一組、フリース製一組）

ランチ——三〇〇〇〜四〇〇〇カロリー、それに午前と午後のおやつ

その他——マッチ、ナイフ、ロープ、ダクトテープ、目印用テープ、バンダナ

応急処置用品——イブプロフェン〔非ステロイド系の解熱、鎮痛、抗炎症薬〕、絆創膏、イブプロフェン、モールスキン、ピンセット、イブプロフェン

道具——斧、プラスキー〔鍬付きの斧〕、シャベル、チェーンソー、傾斜計

燃料——ガソリン四リットル、チェーンソー一台につき最低一リットルのオイル

帽子——野球帽一個、つばなしキャップ一個

態度——投げ出さない、文句を言わない、遅れない、自慢しない。痛くても痛さを見せない

期待されること——解決する、必死に頑張る、急ぐ、何もかも知っているか、でなければさっさと覚える

斧

歴史――森の中の暮らしを形づくる道具としては最も古いものの一つ。木製ハンドルに金属製のヘッドがついている。この、てこと楔というシンプルな仕組みの組み合わせは、紀元前六〇〇〇年にまで遡る。前身としては、角や枝角を研いだもの（中石器時代）、切断用に形成された石（新石器時代）、磨いた金属性の刃（鉄器時代）などがある。斧は人間とともに、シルクロードを北上し、ベーリング海峡を渡って移動した。二〇世紀初め、メイン州のオークランド市は「世界の斧の中心地」と名乗っていた。

注意点――刃（ビットとも呼ぶ）が鋭ければそれは持ち主の性格を表し、ツールは状態が良くなければ役に立たないことがわかっている人が、それをきちんと管理していると見てよい。刃を鞘（スカバード）に収めておかないと、エッジがナイロンのバックパックに引っかかったり、革の手袋や荷物を運ぶラバの皮膚が削れたり、硬くなっていない皮膚を切り裂いたりする。刃が鋭いのは利点でもあり、同時に不利な点でもあるのだ。ある女性消防士は膝小僧に斧を打ち込み、骨まで切り裂いてしまった。手斧で薪を割っていて、親指の第一関節から先を切断した友人もいる。斧は傷を残すこともあるのだ。

語源――スクラブル〔単語を作成して得点を競うゲーム〕をする人には幸運なことに、Ax という綴りも Axe という綴りも正しい。Axe という言葉はラテン語の ascia かギリシャ語の axine、または古英語の eax あるいは aex という、どれも「切るツール」という意味の言葉から来ているようだ。（オランダ語では斧を bijl と言い、それがアメリカ風になると byl になる。私の名字だ。もしかしたら私の祖先は木こりだったのだろうか？）

歴史――斧の柄《え》は、それを持つ人の手の延長とみなされ、刃先は爪と呼ばれた。鍛冶工が刃を鍛造し、使う人が自分のグリップに合わせてセイヨウトネリコやヒッコリーの木で柄を作った。同じ一族は何十年にもわたって柄に同じ模様を使い、家畜に押した焼き印のように、それが斧と持ち主を結びつけた。柄にはっきりした特徴があると、斧を貸したりなくしたりしたときに本来の持ち主に戻りやすいのだ。ある一族の柄の模様を偽造するのは非常に無礼なこととされた。芸術的な装飾は、禁欲的な清教徒の間でさえ珍しいことではなく、渦巻きが描かれたり装飾的なディテールが施されたりした。また精神性への傾倒も珍しくなく、聖書の言葉が刻まれた古い斧も見つかっている。持ち主と道具の関係はよく、愛称となって表れた――たとえば斧の名前がジャックだったり、鍬がトムと呼ばれていたり。

種類――伐採斧は刃が薄く、木目を断ち切る。両刃斧は刃が二枚、片刃斧には一枚。刃の逆の端は楔を打ち込むのに使う。薪割り斧の刃は厚めで、木目に沿って切るようになっている――丸太を割るところを思い起こして欲しい。その他の親戚には、手斧、大槌、まさかり、ちょうな、プラスキー、投げ斧など。

伝承――ギリシャ、スウェーデン、日本、そしてブラジルでは、斧は雷電を象徴する。地中に斧を埋めると落雷を防ぐ。あられの嵐を防ぎたい？　だったら斧を投げるといい。厳しい気候から作物を護りたい？　畑に斧を隠せばいい。ヘルメスに遭遇したとき、本当のことを言えば金の斧がもらえる〔イソップ物語『金の斧』を参照〕。赤ずきんちゃんを助けた木こりがオオカミを殺すのに使ったのは斧だし、ジャックが豆の木を切り倒したのも斧だった。魔女を近づけないようにするには、家の下に斧を縦に埋める。跡継ぎの男の子が欲しければベッドの下に斧を置いておく。

使用場面――道からはるか遠く離れたところにある大木を伐るとする。そのための一番簡単なツールが斧だ。中型のチェーンソーより五、六キロは軽いし、ガソリン切れになったり、チェーンが外れたりキックバックが起きることもない。斧での作業スピードは遅いので、能率が求められるときや仕事量が多いときは、噴煙を上げるチェーンソーの恩恵に浴したくなるかもしれない。でもチェーンソーのバックアップとして、あるいは、何キロも何キロも歩いた挙げ句に木を伐る必要がまったくないかもしれない状況では、斧を持っていくのが一番だ。斧が静かなツールだと思う人は、原生のカラマツ林で木を伐ったことがない人だ。ガソリンを使おうが使うまいが、木を伐る仕事はうるさいのだ。

1　川

野性を求めて
ノースフォーク

リーバと私は朝六時五〇分に納屋に着いた。グレイシャー国立公園の整備員として働き始めて一カ月目のことで、私は班長と一緒に、ロギング湖北岸での一〇日間のヒッチに向かうところだ。そこへ行くにはパッカーが必要なのだ。私はまるっきりの新米だけど、邪魔しちゃいけないことぐらいはわかってる。黒い帽子をかぶったカウボーイが納屋の扉から飛び出してきて、私はトラックに背中と手の平をぴったりくっつけた。

「おせえじゃねえか、どこだよあんたの車は、こっちに動かせよ、トラックの邪魔なんだよ！　くそ、まだ八時前だってぇのに問題だらけじゃねえかよ！　おいあんた新顔かよ、邪魔すんなよ、リーバ、そのロープをよこしな、マニー始めろ〔「マニー」については73頁参照〕、二〇分で出かけるぜ」

　彼のブーツが土埃を巻き上げる。まるで西部劇だ。私は目で彼を追う——納屋を横切り、扉から放牧場へ、それから柵の門を出て、備品を積んだトラックへの傾斜台を昇るのを。なんだか彼はリラックスしていると同時にキリキリしている。

「そんなこと俺にわかるかよ、シェルドンに訊けよ。あいつ髪の毛どうしたんだよ、男みたいじゃねえか。女ばっかり雇いやがって、わけわかんねえ」

　気づかれなければいいと思っていたのだが、私のスポーツ刈りが目に留まったらしい。そこでリーバが私を紹介しようとする。

「名前なんかどうでもいいぜ、そこどいてろよ、手伝って欲しきゃ言うからよ。そいつら撫でんなよ、蹴っ飛ばされるぜ、あたりめえだけどよ！」

四五分後に出発したときは心底ホッとした。リーバは私の呆然とした顔を見やり、ニヤッと笑いながらF350〔フォード社のフルサイズピックアップトラック〕のエンジンを勢いよくふかして駐車場を出る。ニワトリの尾みたいな形に小石を巻き上げながら。「気にしないで。いつもああだから」。ハンドルを指でトントン叩きながら彼女が言う。行く先は北だ。ロギング・レイク・トレイルの起点からは歩きで一〇キロ。湖畔のキャビンで他のクルーと合流しての、一〇日間のプロジェクトだ。「ターンパイクを造る」というのが実際にはどういう意味なのか、私にはわからない。

「いいわよ」とリーバが言う。そばかす顔で元気一杯の彼女は、飛び跳ねるように歩く。「一〇日かけてわかればいいんだから」

一日目、十分な食料を持ってこなかったことがわかる（これは新顔がよくやる失敗で、必要なら小屋の貯蔵食糧の缶詰を食べていい、とリーバは言った）。二日目、コールマンのバーナー用のホワイトガソリンとチェーンソーの燃料は別物だということがわかる。三日目、あれこれ質問するより、後ろに下がってよく観察する方がいいことがわかる。結局はそれで答えはわかるし、その方が邪魔にならないから。四日目、一回のヒッチの間中ずっと天気がいいことはありそうもないとわかる。五日目、トレイルドッグは森林警備隊員と間違われるのを嫌うということがわかる。六日目、プロジェクトリーダーのアビーはチョコレート依存症で、甘い物を食べると突如機嫌が良くなることがわかる。七日目、チームのメンバーそれぞれに、他のメンバーよりも良く知っていることと知らないことがあるのがわかる。八日目、夕食をいくらお腹いっぱい食べても、翌朝の朝食までにはお腹ぺこぺこになることがわかる。九日目、背中に赤で「無」の字（無能の無、無力の無、無用の無、お好きなのをどうぞ）を書かれて森を追い出されることはないだろうことがわかる。

そして言われたとおり、一〇日目が終わってパッカーが私たちを迎えに来る頃には、私は「ターンパイクを造る」というのがどういうことかわかっていた。木を伐り、（腐るのを防ぐために）樹皮を剥ぎ、スウィード・フックというスゴイ道具で丸太を森から引きずり出す。木びきが丸太を切っている間にクルーは、トレイルに沿って巨大な排水溝を掘り、材木が入る穴を掘る。組み立てる段になると、材木に切り込みを入れて犬釘で固定し、まずは大きな石、それから小石、さらに、倒れた木の根の塊から掘り出したり小川の川底から金属製のバケツやキャンバス地の頑丈な袋で運んだ砂利で、隙間を埋める。そうやって、盛り上がったターンパイクが出来上がる。慎重に計測して組み合わされた木材は地中に埋められて、泥んこ道だったところが、歩きやすく盛り上がった一条のトレイルに変身するというわけだ。完成したては、バラバラになった根っこや枯れた植物や掘り起こされた土が散らばって見栄えが悪いが、来シーズンまでにはターンパイクは周りに完全に溶け込んで、訓練された人でなければそこに人の手が加えられていることには気がつかない。一〇日目が終わるまでには、「ターンパイク」というのはたくさんあるトレイル用語の一つで、名詞としても、「整える」という意味の動詞としても使われるということもわかった。

最終日、私は仕上げた仕事の大きさに感動した。トレイルの端に立って何百メートルも続くトレイルを眺め、奇妙なことに私は、オスカー像を受け取るために気取った足取りでステージに向かう映画スターたちが通る、カーペット敷きの通路を思い出していた。そして自分がその端から端までを、もはや新品ではなくなったワークブーツでしずしずと、「今回のヒッチの最優秀トレイルドッグで賞」を受け取りに行くところを想像した。

笑ってしまう。だってこのプロジェクトで私は、技能を要する仕事なんかほとんどしなかったのだから。チェーンソーを任されるにはあまりにも臆病かつ頼りなかったし、大工仕事にはあまりに経験が乏しかったし、私はグループの中でダントツに痩せっぽちで筋肉がなかった。技能がない代わりに、進んで仕事を見つけて忙しくしていれば役に立つことが出来る、ということを私は素早く学んだ。ある意味では父にひっきりなしにああしろこうしろと言われていたおかげで、そうするのは簡単だった。仲間に入れてもらうために私は、一番嫌な仕事を進んですることにした。つまり、一〇日かけてターンパイクを造っている間ずっと、私は盛り土用の土砂を川や土取場から運んだのだ――山の斜面のハンノキやアメリカハリブキを縫い、消火リレーのように、金属製のバケツを次の人の、手袋をした手に渡すのである。他のメンバーは交代交代に、木を伐ったり、土台を造ったり、木材を釘で留めつけたりしていたが、私はヘマをしっこない仕事をしていれば満足で、大量の砂利を掘り、持ち上げ、運んだ――あんまり何度も何度も運んだので、腿の真ん中あたりからふくらはぎの真ん中あたりまで、私の脚の外側はバケツが当たった痣で紫色になり、政府から支給された手袋は、手の平に金属の持ち手が当たった跡がついて消えなかった。

それ以来私が造ったターンパイクは何十キロにもなるだろうと思う。よく観察し、質問することで、私は何をすればいいかを覚え、やがて他の人にやり方を教えられるようになった。私が一番好きな作業は、横梁にする木を選んでそれを一気に倒すときと、樹皮を剥がす作業の最初の二〇分、それに、丸太と丸太が組み合わさる部分に印をつけてV字の切り込みを入れることだ。それでも、私が一番誇りに思っているのは、役立たずの青二才だった私が、一番単純でかつ一番骨の折れる仕事に没頭した、あの最初のターンパイクだ。その週が終わったとき、長いコリドー〔トレイルとその両側の草を刈った部分を合わせてトレイル・コリドーと呼ぶ〕をじっと見下ろした私は、こんなに素敵なことは今までしたことがない、と思ったのだ。

＊　＊　＊

フラットヘッド川の支流の一つ、ノースフォーク川は、緑がかった川で、流れが速いところもゆっくりなところもあって、グレイシャー国立公園の西側の境界になっている。カナダのクーテナイ山地から南向きに流れ出た川は、点滅中の黄色信号を通過するようにして国境を越えてモンタナ州の北西部に入り、広々とした草原や山火事で黒焦げになった森をさらに南に流れる。途中多くはノーザン・ロッキーズ地域リビングストン山脈のゴツゴツした稜線がかろうじて見えるところを通っている。ノースフォーク川は、カナダとの国境から六〇キロ南、ブランケンシップ橋からちょっと上流のあたりでフラットヘッド川の支流ミドルフォーク川と合流する。そこから一・六キロほどのところに、国立公園の本部があるウェスト・グレイシャーの町がある。

ノースフォーク川の水源はロッキー山脈の山腹を削る何百という小川で、林野部の管理地から西に流れるもの（フィッシュ・クリーク、ヘイ・クリーク、カマス・クリーク）と、国立公園から東に流れるもの（キントラ・クリーク、ボウマン・クリーク、キシェネン・クリーク、クォーツ・クリーク、ロギング・クリーク、アコカラ・クリーク、ダッチ・クリーク）がある。もちろん地勢に公園の境界線は関係ないし、どちらの土地が出発点であろうと、小川はすべてノースフォーク川に流れ込む。ノースフォーク川は怖ろしく、同時に親しみやすい川で、ところによっては水はものすごく冷たくて透きとおり、まるで色のついた空気の中を泳いでいるようだし、流れが速く、沈泥や小石が巻き上がって濁り、狭い渓谷に流された倒木が集まって、水の力が造った建築物みたいになっているところもある。

ノースフォークというのはグレイシャー国立公園の中の地区の名称でもあり、その中のトレイルや橋は、そしてそこを歩く人は必ず、この川の支流のどれかと顔を合わせる。広さは約八〇〇平方キロだ。一六〇キロ強のトレイルと、石ころだらけの道路が二、三本、ところどころに山小屋と火の見櫓がある。西の境界は川に接し、大陸分水界を東の境界とする幅広の土地だ。ノースフォーク地区の主役はノースフォーク川だし、それが名前の由来なので、誰かが「今日はノースフォークに行ってきたんだ」と言ったら、それがノースフォーク地区なのか、ノースフォーク川なのかは、その人の近くにトラックがあるか、それともカヌーがあるかで判断するしかない。

川やそこに流れ込む小川の他にも、ノースフォークには二〇を超える湖があり、オオカミの群れが二つ、もしゃもしゃのハイイログマ、ミサゴ、ヤナギラン、マーモット、原生のカラマツ林、雪深い峠道、それにときおりは、「妖精の靴」とも呼ばれるホテイラン、*calypso bulbosa* が見られることもある。ホテイランは紫がかったピンク色でユリに似ており、弓のように曲がった茎の先の重たげな花は、小さな高級靴のように見えるのだ。**Calypso** は「隠された」という意味のギリシャ語で、その名の通りこの花は地表近くで咲き、もっと大きい下生え植物や落ちた針葉に隠れて見えないことが多い。このランは特別で、それほど希少なわけではないけれど、見つけるととても嬉しくなる。ノースフォークにある他のものの多くがそうなのだが、探す人は多いけれど見逃しがちだ。どうやら、探す、という気持ちがないときに限って、感覚がクリアになってそれが見えるようなのだ――ユリも、オオカミも、流れ星も。

＊　＊　＊

ノースフォークの森林警備ステーションの後ろに、トレイル整備用の作業場がある。どこにでもある建物の中の小さな一室だ。きちんと整頓されているのは、ごちゃごちゃになるような物が何もないからだ――何かがなくて困るということがないだけの必需品はあるが、余分な在庫はないし、色んなサイズのボルトが交ざって入っている錆びたコーヒー缶もない。壊れた斧の柄もないし、細すぎて使えないけれど太すぎて捨てることもできない紐の束もない。本部に近い中央作業棟とは大違いだ――そこには作業台やボール盤もあるし、予備の手袋や耳栓、六種類のテープ、テントやクーラーボックスや防水シートで一杯の物置もあるし、ベニヤ板でできたシーリング・ラックからは、スチール社製の刈払機が一〇台、オレンジ色と白のストーム・トルーパー〔映画『スター・ウォーズ』シリーズに登場する銀河帝国軍の起動歩兵〕軍団みたいにぶら下がっている。一方ここの作業場はトレイル管理事務所本部から四五キロあるので、ここにあるものはみなすぐに空になるし、壊れればすぐ修理するか、必要なら本部に持ち帰る。この作業場はノースフォークのトレイル整備員四、五人のためのもので、西側一帯のクルー全部がここを使うわけではない。そしてここには一種のこぢんまりした暖かさがある。個室と家では感じが違うように。床にはガソリンの染みがあり、木びきの護身用パンツが釘にクリップで干してあり、プラスキー五本は頭をラックに引っかけて、あるべきところに収まっている。ここは木屑とチェーンソーオイル、誰かの生乾きのTシャツ、そして強烈に香《かぐわ》しいラバの匂いがする。

* * *

私は二三歳で斧の振るい方を覚えた。トレイルで働き始めた最初の数週間で、私は新しいことをものすごくたくさん覚えたのだ。チェーンソーの使い方――怖ろしいキックバックを警戒して目はガイドバーの先端から離さないこと。蹴っ飛ばされずにラバに近づく方法。いつでも勝手に持ち出せる道具と、鍵をかけてしまってある道具。働き始めて一週間経った頃には、いったいそれまで私がやり方を知ってたことなんてあったのかどうか、思い出せなかった。ただし歩くことは別だった。私はそれが得意で、デイパックを背中に、不平を言わずに何キロでも歩くことができた。だからある日の午後、リーバの後についてハイキングしながら、私はまんざら能なしでもないみたいな気がしていた。その日の仕事が終わり、終業時間まで二時間というとき、私たちは、パーク・クリーク・トレイルの起点近くで倒れた木を二本、切断して片付けることに決めた。チェーンソーは作業場まで取りに戻らなければならなかったので使わず、代わりにトラックの荷台に積んであった両刃の斧を使うことにした。

起点からほんの二〇〇〜三〇〇メートルのところにある一本目の倒木はトウヒで、枝が上下左右に突き出して道を塞いでいた。リーバはバックパックから斧を取り外し、刃が収まっていた革の鞘の留め金を外した。リーバが大枝の根元に斧を振り下ろし、幹の一部を切断するのに十分な数の枝を切り落とす間、私はトレイルから数十センチ外れたところに立っていた。リーバが私の方を向いて、「やってみる?」と言いながら、斧の頭を摑んで、柄を私の方に差し出した。

私は斧を受け取った。「私は木の伐り方を知らない」ということが頭に浮かばなかったのだ。薪割りはしたことがあった(今ならそのとき使ったのが大槌だとわかるが、その頃は柄のついた木を伐る道具はどれも同じに見えた)し、チェーンソーを始動させるのに必要な、特有で混乱しやすい手順――ブレーキをオンにする、チョークをオンにする、引っ張る、引っ張る、エンジン点火、チョークをオフにする、引っ張る、引っ張る、エンジン点火、ブレーキ解除、スロットルを開ける――に比べたら、斧はあまりにも単純で、やり方の説明など大して必要ないように思えたのだ(斧の使い方を知っている人なら、この後私がどんな大恥をかくかわかるはずだ)。

私は幹に近づいた。動作の一つ一つを覚えているわけではないけれど、それ以来、斧の振るい方を知らない人が斧を使おうとするところを随分見てきたから、そのとき私がどんなふうに見えたかはよくわかる。斧の刃を耳の横まで持ち上げ、腕を不恰好に曲げて、両手は大きく間をあけて柄を握る。それから下に振り下ろす――「切る」という言葉を聞いたときに頭に思い浮かぶ、カラテの瓦割りに似た垂直の一撃だ。斧の刃はまっすぐ幹に当たり、へなへなと跳ね返って、もうちょっとで私の向こうずねに当たるところだった。何度かこれを、もっと力を入れて繰り返したけれど、やがてその何もかもがあまりにも非効率的なので私は手を止めた。私はリーバの方を見た。リーバは笑っていた。意地悪な笑い方ではなくて、その後の数ヵ月間に何度も聞いた大笑いだ。「コツを教えてくれない?」と私は言った。

「見てて」。リーバは私の手から斧を取って木の正面を向き、斧を頭上に振り上げながら片手を柄の上の方に動かし、振り下ろすごとに柄の下の方に動かして、一〇分足らずでやっつけてしまった。私がカラテ式でやったら一日かかったと思う。リーバはその方法を説明してくれたわけではない――彼女のやり方は、わかりやすく言葉で指示するのではなくて、身振りで「こういうふうに」と示して、嵐のようにその仕事をやって見せたのだ。だが彼女を見ていると、そのやり方が当を得ていることがわかった。彼女の振り下ろし方には一定したリズムがあり、木に触れていないときの斧の動きが、実際に木に当たるときと同じくらい大事なのだ。刃は斜めに木に当たり、ナイフで削るときのように木の小片を掘り出す。「木屑」という言葉がここから生まれたのは明らかだ。リーバは握った柄を空中で回転させ、斧の刃の両側を使って、切り口の両側から交互に斬りつけた。切り口は幹の直径の二倍の幅があって、斜めに入った切り込みが真ん中で出会って幹を切断するのに十分だった。私のやり方は良く言ってもこん棒でものを叩いているようなもので、むしろ大きなハンマーで杭を打ち込むのに向いていた(後に私は重さ六キロの大ハンマーで大恥をかくのだが、それはまた別の話)。斧を振るうリーバは、それを楽々とやっているように見えたわけではなかった――Tシャツは汗でびっしょりだったし、ときどき息が切れて手を休めたりもした――けれど、少なくとも優雅だった。この仕事をするのにどうしてこのツールを使うのかが明瞭だったのだ。

リーバが木を伐るのを見ながら私は、彼女が別の場面にいるところを想像しようとした――会社勤めをしているところとか、小学校で教えているところとか――が、出来なかった。汚れた服を着て、そばかすだらけで、エネルギーがあり余っているリーバのいるべきところは、まさにここ、この木の前なのだ。リーバは三〇歳になったばかりだった。新婚で、夫のロブは林野部のパッカーだった。日に焼けて、機転が利いて身軽なリーバは、森の中で、私にはどう表現していいかもわからないような余裕っぷりだった。トレイル整備の仕事を始める前、私はミゾーラの町で、指で地図を辿り、新品のソックスを数えながら、一緒に仕事をするのはどんな人だろう、と想像した。私とは全然違う人たちなのだろう、と思った――あるグループに後から仲間入りするときはいつもそう思うのだ。そしてもちろん彼らは実際に、私より強くて、自信も知識もあった。でもリーバは私の心配を裏切った。おしゃべりで、のんびりして、大らかで、色んなことを話してくれた。花の名前とか、どのトラックはバックができないとか、主任には朝のミーティングが終わるまで質問しちゃダメとか、一ヵ月も離れているとどんなに夫が恋しいか、とか。彼女のことはずいぶんわかるようになっていた。斧の方がよっぽどわからなかった。

リーバが最初の切断を終えて、私は次の切断に取りかかった。リーバがやって見せたとおり、刃を斜めに構え、柄はぎゅっと握らない。斧はまだあっちこっちフラフラし、私はしょっちゅう休憩しなければならなかった。切り口の幅が小さすぎて、V字の切り込みの底が合わさったところで、木を繋いでいる最後の数センチに斧の刃ががっちりめり込んでしまった。三〇分ほどの作業のうち、木を切断する最後の何振りかが一番難しく厄介で、おかげで私はすごく大事なことを学んだ――単純な作業でさえ正確さは必須で、前もって計画した方が楽なのだ。とうとう、一・八メートルほどの長さの塊が幹から切り離された。リーバと私はそれをトレイルの脇に転がしていき、斜めに切れた先端を下にして持ち上げ、それからヨッコラセ、と前方に倒した。その重さに私はびっくりした。つい最近まで生きていた、倒れたばかりの木は、まだ樹液や水分がいっぱいだ。十分に乾燥して、年季の入った薪のように、見た目より軽い、という状態になるには、倒れてから丸一年はかかるのだ。

仕事の成功を味わっているヒマはなかった。リーバはもうバックパックを背負って先を歩いていた。二本目の木はもっと小さくて、全部私一人で切った――切り口を頭の中で練って、その幅や間隔を決めるところから。大きな方をリーバが切るのにかかった二倍の時間がかかってしまい、その場を離れる頃にはもう終業時間になっていた。でも私はやったのだ、何から何まで。リーバは大喜びでハイタッチをしてくれて、私たちは二人とも水を一リットルばかりがぶ飲みしてからトレイルの起点まで小走りに戻った。本部に戻るトラックの中で、私の肩は腫れ上がり、触ると痛かった。私はリーバがやっていたのを真似て、指を手の平の反対に曲げて手首のストレッチをした。作業場に着いたのは午後六時半で、他のクルーはとっくに帰ってしまっていた。その夜就寝の準備をしながら、私は歯ブラシを持ち上げるのもやっとだった。

＊　＊　＊

ヒッチ（名詞）――トレイル整備のクルーがバックカントリー［行くのが難しい奥地のこと。対してアクセスしやすい土地をフロントカントリーという］で共に寝泊まりし、長期間仕事をすること。八日から一〇日が一般的。夏の間はだいたい「ヒッチして」過ごす。「森」と呼ばれることもある。「お前いつ森から戻ったの？」というう具合に。

ヒッチる（動詞）――ヒッチに参加すること。使い方……「クオーツでは何日くらいヒッチったの？」

スパイク・キャンプ（名詞）――ヒッチの間の拠点。山小屋、あるいは、防水シートでできたキッチンを囲む一群のテント。「ジプシー・キャンプ」とも呼ぶ。

注記――用語は正しく使うことが重要だ。たとえば「ヒッチる」と言いたいときに「キャンプる」とは言わない。キャンプは楽しいが、ヒッチるのは仕事だ。それに、バックカントリーのキャンプ、とは言わない。長すぎる。スパイク、と呼ぼう。言葉がすべてじゃないけど、言葉をちゃんと使えるようになることが仲間入りの第一歩だ。

＊　＊　＊

動物ほど、ここにふさわしいものがあるだろうか？ノーザン・ロッキーズ地域ではどこもそうだけれど、ノースフォークは動物だらけだ。オオカミ、シロイワヤギ、オオツノヒツジ、ツキノワグマやハイイログマ、コヨーテ、ヘラジカといったスーパースターたち。もっと小さい動物もいる――半分白くなったカンジキウサギ、木の枝にはテン、橋の下にはムナジロカワガラスが巣を作り、ナキウサギは私のランチが入ったタッパーの蓋を開けに来るし、ホシバナモグラは腐葉層の中に隠れている。動物たちは普通、チェーンソーの音には近づこうとしないが、同じ場所で一〇日も仕事をしていると、踏みならされたイトランの上で子鹿が眠っているのを見たり、夜中にテントの上で急降下するフクロウの羽ばたきが聞こえたりすることがある。

もちろん人間もいる。仕事をしている私たちや、ハイカーや、両親に連れられ、ポケットを小石で一杯にした子どもたち。念入りに計画したバックパッキング旅行中の大学生、真新しい用具を持って都会からやって来た新婚さん。みんなおしゃべりがしたくてたまらず、訊きたいことが山ほどあって、私たちの仕事に感謝してくれることも多い。でも人間が静かになり、あるいは人気《ひとけ》がなくなると、動物たちが姿を現すのだ。ある朝早く作業現場で、一匹のクズリが私たちの目の前のスイッチバックから飛び出して、斜めになった岩を三段に流れ落ちる滝をよじ登っていくのを見たこともあるし、ヒッチが終わって早足で九キロ下に停めてあるトラックに向かっていたとき、トレイルをヘビがささっと横切り、仕事仲間が荷物を担いだまま私に抱きついてきたこともある。

動物が登場すると、必ず決まり文句を使いがちになるから要注意だ。すぐに、クマと私の間に「電気」が走ったり、一匹狼の目が「威厳に満ちて」いたりし始める。ただ、使い古された言いまわしではあるかもしれないが、ある動物に関する自分の体験を哲学的な思索に持ち上げようというのは、そんなに悪いことじゃない。私は異質であると同時に近い存在でもある動物を理解したいだけで、私という人間との比較として彼らの存在を解釈しようとするとき、フクロウは不思議な力のあるもの、ヘラジカは人間の力の及ばない世界からの気高い使者、と考えるのは飛躍でもなんでもない。私は、動物がそれ自身についてどんな意味を持っているかより、私にとっての意味の方が知りたいのだ。

私たちはどうしてこんなことをするんだろう？（するでしょ？）なんとなく想像はつく――それはパワーとかつながりとか失望とか、うぬぼれとか、それに偶像化の衝動のせいだ。英雄と思える人間が不足しているものだから、クマを偶像化したくなるのも不思議はない。でも、系統立てて理解したいとか、あるいは逆にワァーとかキャーとか歓声をあげたい、という最初の衝動を押しのけて、ただなんの判断も加えずに観察することを自分に課したなら、そんな御託はやがて崩壊して、動物が持つ意味なんて、私と同じ世界の中で動いている動物そのものに押し潰されてしまう。ちょっと待って。同じ世界？　それって危なくない？　私とハイイログマがまったく同じ世界にいるだなんて？

そこで危険について。野生の動物が魅力的な理由の一つは、それが危険な存在だということだ。それは、動物が血に飢えているからでも、捕食動物だからというのでさえなくて、野生動物の行動は私と関係がないからだ。オオカミみたいな顔をした私の犬とは、飼い犬だ、という約束ごとがある――私は犬たちが私に危害を加えないと信じているし、犬たちは私に餌を、散歩を、仲間付き合いを期待している。でも、餌をやったり一緒に寝たりしない動物との間には信頼関係はない。私は彼らに興味があるし、他の経験や読んだ本にもとづいて彼らがどんなふうに行動するか想像は出来るが、野外観察図鑑はあっても、彼らにとっての優先順位や、彼らが何を、いつしようと狙っているかは私にはわからないのだ。ハイイログマと動物の屍体の間に立ってしまったら、ハイイログマは私を引き裂くかもしれない。ハンノキの林の中でヘラジカの子どものそばをスキーで通り過ぎれば、ヘラジカが襲ってくるかもしれない。テンが冬の間の住処と決めた屋外トイレにあんまり長く座っていれば、脚を咬まれるかもしれない。

危険かもしれない、という不安が好奇心と混ざり合って、何か異質なものが私を手招きし、同時に警鐘を鳴らす。この強力な組み合わせに私は不意を突かれ、元気づけられ、そしていやおうなしに注意するようになる。私がコントロール出来ないものたちに囲まれた、予測不能な状況の中で、出来るだけ安全でいるためには、私は自分の感覚を信頼し、印を読まなくてはならない。ワタリガラスの一群が頭上を旋回して鳴きわめいていたら、近くに死んだばかりの動物の屍体があるのかもしれない。ヘラジカの子どもを見れば母親に気をつける。草木の繁った小川で釣りをするときは、砂に新しいクマの足跡がないかチェックする。進化の過程で人間が学んできたとおりなのだ——目を開けて、風の匂いを嗅げ。あらゆることを見逃すな。

だけど、つながり、というのはおかしなものだ。動物に惹かれるとは言うものの、動物を目撃すると私は大抵、人間に近づくことになる。クルー仲間が抱きついてくるとか、後でトレイルで出会うハイカーたちに声をかけるとか——。

「○○に気をつけてね」

「何がいたと思う?」

「すごかったのよ!」

特定の友人とは、動物を介した絆が何よりも強い。小川の岸で何分間もじっと魚を見ていたキツネの話とか、今年はカナダヅルの渡りが早いみたいだ、とか。

質問もする――この羽、氷の中に閉じ込められてたんだけど、何の羽かわかる？　指差して不思議がりもする――どうしてあんなところに、半分砂が詰まったドールビッグホーン〔ヤギ亜科ヒツジ属の動物〕の頭蓋骨があるわけ？

ポーランドの詩人チェスワフ・ミウォシュはこう書いている。「私たちはまるでそこにガラスの壁があるように自然から隔てられている…　私たちは自然に似ているのに、意識が私たちを自然から遠ざけるのだ――それは忌まわしいことであり、同時に喜ぶべきことでもある」。だけどね、ミウォシュ、私たちイコール自然なのよ、それがわからない？　でも彼の言うこともわかる。自分を世界の中心に置くことが、私たちに思い違いをさせるのだ。野生の生き物たちと同じ空間を共有することで私は高揚し（喜ぶべきこと）、「高揚する」と言った途端に怖さで身がすくむ（忌まわしいこと）。でも、怖がりだろうがなんだろうが、野生の生き物の近くにいると私は自分の中の野性を感じる――無謀で、活発で、見えないもの、証明できないものに賭けてもいいと思うのだ。そして、野生の生き物のそばにいると、自分は飼い慣らされているな、とも思う――食事のたびに自分で狩りをする必要がないのが嬉しいし、寒い夜には火のそばでうずくまりたい。どこにいても、ガラスの壁にぶつかりながら。

＊　＊　＊

朝、テントから明るい太陽の下に這い出し、両腕を上げ左右に体を捻って背中の凝りをほぐし、声を出さずに遠吠えし、松葉の上を靴下のまま歩いてキッチンのコーナーに行き、強烈に匂うダック地のマニーの山の上に腰かけてバナナ入りのシリアルを食べ、アカリスが頭の上の枝でカサコソやっている音や、日の光で地面が暖まると鳴き出すスミレミドリツバメの声を聞き、今日一日のことを考える。持ち上げ、笑い、修繕し、食べ、歩き、考え、食べ、罵り、運び、食べる――これからの一〇時間に起きるそういうことを。そしてブーツの一番上のフック三つに靴紐をいつものリズムでかけ、ツールをバックパックに縛り付け、グループと一緒に並ぶ。そういうとき、私はほとんど言葉に出来ないものを感じる。それは腎臓のそばにある、何かが輝いているみたいな満足感で、まるで水が一杯詰まった袋か、一杯に吸い込んで止めた息が、はじけそうになっているみたいだ。生きがいも感じるし、適任だと思う。恥ずかしくなるくらいだ――決まりきった仕事の手順にこんな幸せを感じるなんて。

＊　＊　＊

肉体労働する人のほとんどが作業用のブーツについて一家言持っているものだとすれば、トレイルドッグはその中でも狂信的だ。私たちは一日一〇時間立っているわけだし、そのうち歩いている時間も長いから、良いブーツを履くことが必要不可欠なのだ。森の奥地でトレイル整備の仕事をしている人で、安いブーツを一シーズン以上履き続けた人を私は見たことがない。人気があるのはロガーブーツ。革製の長い編みあげ式で、後ろが踵に沿っていて底が厚いブーツで、消防隊のキャンプでもみんなが履いているやつだ。ナンバーワン・ブランドは一足一足オーダーメイドのホワイツ社製だが、それほど高くなくて十分な品質の既成のブランドもいくつかある。ロガーブーツは木を伐る作業のときは安定性があって足を護ってくれるし、ぬかるみ道では怖いものなしだけれど、長距離を歩くのはきつい。すねを前傾させるので、傾斜地にはいいが平らなところを長く歩くには向かないのだ。フルグレインレザーのハイキングブーツは、特に長距離を歩くクルーにとっては良い選択肢だ。ハバードのブーツオイルを塗れば、蒸れるし高価なゴアテックスの靴よりよほど防水性がある。この二つの中間をとって、すねにぴったりフィットするロガーブーツに、平らで凸凹加工のあるワークブーツの底が組み合わさっているものもある。人気があるダナーの「レインフォーレスト」がその例だ（私のお気に入り）。

丈夫なブーツは決定的に重要だ。トレイルを歩くだけじゃなくて、トレイル整備員のとっておきのツールである足を護るのだから。足を使って土袋をひきずって運んだり、木の根を蹴っ飛ばしたり、岩をつっついたり、鋸で挽いた丸太をバラしたり、構造健全性をチェックしたり、土壌をサンプリングしたり、思いがけないところで催したときに穴を掘って埋めたり、勾配を平らにしたり、各種仕上げを施したりすれば、ブーツは二シーズンも履けばぼろぼろになってしまう。穴のあいたブーツほど最低なものはない。雨や小石は入ってくるし、ニオイは漏れる。ブーツは人を表す。どれくらいしっかり履き込んでいるかで実力が測られるのだ。新品のブーツは「初心者です！」と叫んでいるようなもの（もっとも、誰でも時々は新品のブーツが必要ではあるが）。でもヨレヨレのブーツは、手入れが行き届いていないツールと同じくらいに顰蹙を買う。誰かの仕事ぶりを知りたければ、その人のブーツを見ることだ。

＊　＊　＊

それから、手を見るといい。私は汚れた爪を信頼する。私は爪が半月型に汚れている人に惹かれる——そのちょっとした汚れは、手を動かす作業に長けていることを示しているのだ。何か野外作業をする人なのかもしれない。埃っぽいトラックや使い込まれたツールを使うのかも。湿った地面の上で子どもたちの横に膝をついてミミズの観察をする先生かもしれない。陶芸家、博物学者、消防士、農夫かもしれない。土は暗号みたいなものだ。土にまみれた拳は兄弟分の友愛を育む特別の鍵なのだ。私がこのささやかな印を信頼するのは、それが、ある確かな関係を示しているからだ——爪に土が入るには、世界に触れなくてはならないのだから。

＊　＊　＊

ランディは、ノースフォークの森林警備隊員だ。公園の境界線のすぐ内側にある駐在局に住んでいる。茶色い建物があって制服姿の作業員がいる、川の近くの、国立公園局の敷地の一角だ。ポールブリッジのダウンタウンはここから三キロほど南にあって、古い商店街と酒場が一軒、旅行客用の宿泊施設がいくつかあり、たくさんの古びたトラック、それに犬や馬がうろうろしている。ポールブリッジの住民はちょっと変わっているることがあるし、国立公園局に勤める人も変わっていることが多いから、ポールブリッジに住んで国立公園局に勤めている人というのは、全体的に見て、素晴らしく変わっている。

ランディはニュージャージー州の出身（それともニューヨーク市のクイーンズだったかな）だが、ノースフォークの季節雇用者として働くようになってすごく長いので、ポールブリッジの地元民と言っていい。彼はトレイルを歩いて山小屋をチェックしたり、許可証を確認したり、警備ステーションの業務を受け持ったり、車両の修理をしたりする。人付き合いが悪くておしゃべり好き、という困った組み合わせの人で、気に入ったトラックが通りかかろうものなら、運転手側の窓の外のバックミラーに寄りかかっておしゃべりを始める。冗談口を叩き、人をからかったりはったりをかましたりするのが大好きだ。たとえば、「チャーリーがあんた探してるってさっき無線で聞いたぜ」と彼が言う。「おかんむりだったぜ！」班長が主任に連絡を入れようと無線に手を伸ばすと、ランディはトラックの横を叩いて高笑いする。ランディの冗談に引っかからないようにするのは大変だ。それはほとんどお約束で、ランディと話すのはまるでお笑いショーのチケットを買うようなもの。始まったらそれ以外のものを求めても無駄だ。おしゃべりしたり、からかわれる気分になれないときは、ハンドルから指を二本持ち上げる田舎道の流儀で挨拶し、停まらずに通り過ぎるべきなのだ。

でも、車を停めなければ後で後悔するかもしれない。ランディは色々助けてくれるし、この辺をよく知っているからだ。もしかしたら、キントラ・クリークで道が流されて通れないよ、とか、ボウマンのキャンプ場で木が六本倒れてるよ、と言いたかったのかもしれない。そうだとしたら、車を停めなかったことを後悔するだろう。回れ右をして戻ってきたらランディに言われるに決まっている——訊きゃあいいのによ！　と笑いながら。と突然、笑い者になるのはこっちなのだ、ランディではなくて。

＊　＊　＊

私は、誰も見ていないときに斧を振るう練習をした。丸太を使うプロジェクトのために伐採された木の枝を切り落としたり、小さめの倒木をいくつかに切断して道からどかしたりして、一回一回、切るたびにやり方を覚えていったのだ。正しく振り下ろした場合、斧は私の頭よりずっと高いところから大きな弧を描いて、最後は手首のスナップを利かせ、狙ったところに刃が当たる直前に握った手を緩める。刃が当たった衝撃は肘まで伝わってくる。木をさんざん切った後には、力持ちと言えば思い浮かべがちな前腕部や上腕部よりも、痛くなるのは背中や首の筋肉であることもわかった。斧を上手に振り下ろすためには、（ありがたいことに）純粋な筋力よりも、重力を上手く使うこと、よく狙うこと、そして粘り強さが肝心であることもわかったし、斧を振るうほど肩がひどく凝る仕事はないということもわかった。

それでもまだ、ウェストレイク地区の班長で、日に焼けたその肉体の強さと優雅さで「トレイルの神話」扱いされていたマックスや、ミドルフォーク班の二〇代の男の子たち——牧場や農家出身で、作業道具を持って生まれてきたみたいな——の目の前で何かを切るのは怖くてたまらなかった。最初の頃の私の苦労を見たのがリーバだけだったことに私は感謝した。あの頃、そしてその後も長い間、私は女性から教わる方が楽だった。私たちの大多数は、今お給料をもらってやっている仕事が出来るように育てられてこなかったし、大学進学準備の授業（職業訓練ではなくて）をとったり、男兄弟が芝生を刈ってくれて、肉体労働というものから遠ざけられてきた人もいる。肉体労働を仕事にしている女性たちの中には、男性に交じって女性であることの、先天的な同胞意識でつながっている人たちもいるかもしれない。でも本当は、私たちを深いところで団結させるのは、つい最近まで初心者だった、という事実なのではないかと私は思う。肉体労働の世界では、女性の方がよく覚えているのだ——知らないということ、知らないに決まっていると思われるということと、教えてもらうということ、それからやがて人に教えるようになる、それがどういう気持ちだったかを。私たちの専門技術は努力して得たものであって、生まれ持ったものではない。だから、人が私たちに恥ずかしい思いをさせないでくれるのを、私たちはありがたく思うのだ。

やがて私は斧の使い方がすごく上手くなり、満足感を得るだけのために、わざわざ木を手作業で切断することも多かった。ゲイブと私は冬はミゾーラに帰るのだったが、私はボランティアで、市立公園のあるプロジェクトを手伝ったことがある。遊び場に新しくできた遊具の柱を大きな木の根が邪魔しているので、その木の根を切り離しましょうと申し出たのだ。斧の刃は鋭く、正確に、完璧に、三回斧を振り下ろしただけで木の根は切れた。「すげえ」とボランティアの一人の中年男性が友人に言った。「プロだな」。そんな些細なコメントが、私にそれまでの長く苦しい戦いを思い起こさせただなんて、彼は知っているはずもなかった。私の顔はもう赤かったからわからなかったけど、誇らしさのあまりきっと赤面していたに違いないと思う。

認めるのは恥ずかしいけれど、私の場合、腕前が上がっても大らかで寛容で謙虚なままでいられるかと言うと、必ずしもそうではない。それが出来る人はすごいと思うけれど。私が最初に斧を使ったあの日からこれまで、あのときのリーバの立場に自分がいることも多かった。若かったり、経験が浅かったり、あるいは単にあまり筋力のない人が無駄に木に挑みかかるのを、横で見ている立場だ。その人たちのことを笑った、と認めるのは嫌だけれど、でもときには笑ったのだ。特にそれが男性の場合。それが女性の場合は、私はさっさと正しいテクニックをやって見せるか、彼女たちが斧で膝小僧をかち割る前に割り込んで手助けした。女の子には、「私が初めて木を切ろうとしたときなんて……」と打ち明け話をして自分自身にあきれて見せ、今の私の腕前を茶化すことが出来る。だけどそれが、うぬぼれの強い一年生で、片腕で私を持ち上げ、その気になればトレイルから放り投げられるような大男なら、気分をやわらげてあげる必要なんかどこにあるだろう？　そういう男の子たちには、せいぜい斧を振り回していただく。私は様子を眺めてニヤニヤし、それから手伝おうか、と訊いたものだ（大抵は、結構だ、と言われた）。あるシエラクラブ〔アメリカの自然保護団体〕のボランティアは、やったこともない仕事のことを何でも知っているつもりでいたけれど、木に五分間「斬りつけ」て樹皮がわずかにへこんだだけで、それから斧を投げ出し、疲れ切った声で「斧が鈍すぎる」と言った。私は何の遠慮もせずにそれを拾い上げ、指で刃の切れ味をチェックし、きっかり一〇回で木を切って見せた。その男の子に見せつけてやりたい、という私のいちずな気持ちに、ジョン・ヘンリー〔アフリカ系アメリカ人の庶民の英雄で、「強くて大きい男」を象徴した〕が崩壊していくのがわかった。「そんなに切れなくもないわよ」と言って私は斧を彼に返した。

男性だろうが女性だろうが、仕事仲間がこれと同じような緊張関係と向かい合うのを私はずっと見てきている。中には鼻持ちならないヤツがいて、すぐ人に説教したり誤りを指摘したりし、自分の自信のなさを威勢のいい空威張りで覆い隠して、わからない、という不快さを寄せつけまいとする。かと思えばあまりにも控えめすぎて、強制しなければ何一つ教えてくれない人もいる。それはそれである意味傲慢だ。私を含めてほとんどの人はその中間のどこかにいる。私はベテランとしての振る舞い方がうまくなったと思いたい――それは謙虚さと熟練が奏でる繊細な旋律であり、私が知っていることを、武器としてではなく贈り物として差し出せる能力であり、まだマスターしていない技術の数々を渇望しつつ学び続けることだ。親切な先輩でいられたときの方が、知ったかぶりをするよりずっと嬉しい。残念ながら今でもたまに、誰かが何かに手こずっているのを見て「よかった、今回は私の方がわかってる」と思って嬉しくなることがある。

これほど落とし穴が明らかなんだから、それを避けるのは簡単なはずだと思うのだけれど。

＊　＊　＊

ノースフォークの七月は花が炸裂する。アローリーフバルサムルート〔北米大陸西部の広い範囲に自生するキク科の植物〕、ヤナギラン、エンレイソウ、アルニカ、オダマキ、ルピナス、リンドウ、ヤナギトウワタ、クレマチス、ヒエンソウ。こうして名前を呼べば、彼らは再び花開く。

＊　＊　＊

モンタナ州ポールブリッジの町は、一九一一年、東部からやってきた一匹狼が、何もなかったところに農場と小屋を作り、庭に、知られる限りでは大陸分水界以西で最初のブナの木を植えたことから始まった。この小屋は今は酒場になっていて、ノースフォークに一つしかない町の唯一の社交場であり、ブナの木陰に木製の長いピクニックテーブルが置いてある。ノーザンライト・サルーンと呼ばれている。隣町からも三〇キロ以上あり、目と鼻の先は手つかずの山野だが、ここではほとんどの酒が飲める――フローズンマルガリータ以外は（ブレンダーがないのだ）。でも樽から注ぐ地ビールもあるし、ジャックダニエルも、エルク・バーガーもある。ツケがきく。

四時を過ぎると、店の前の埃道にはトラックがずらりと並ぶ。ポーチから見えるのは、建ってから二五年経つ古びた納屋、遠くの山を背景にした枯れ木群。その手前には、スロットマシンみたいに数字が回転する古い給油ポンプが二台、錆びた消防車、マーカンタイル〔総合商店〕の裏の砂場で餌を探している犬が二匹と馬が一頭。電柱に留めた手書きのサインには、「呼吸中。スピード落とせ」とある。一九八九年の火事からはもう何年も経つのに、あたりにはまだ焦げた気配があり、マーカンタイル・ベーカリーの、その日のお薦めから立ち昇る焦げた砂糖の匂いと混じり合う。酒場のポーチには「繋がれていない犬は食べます」という警告の貼り紙がある。貼り紙の下では、三本脚のカレリアン・ベア・ドッグ、サーシャが眠っている。黒くて、胸の部分の汚れた白い毛の部分がエプロンみたいだ。サーシャは繋がれておらず、伸ばした前脚に頭を乗せている。この町の規則を守らせるために。

＊　＊　＊

Dirt、土、というのは古くて素朴な言葉だ。「drit」として古ノルド語から中英語に取り入れられ、チョーサーの著作の中で旅人の靴の底に溜まった汚れを意味していた。土は独特のもので、あらゆるものの下にあり、私たちの肌のしわの中に隠れ、空中に舞う。どっしりとして、地味だ。そして古い。

おそらくその不変性のせいで、土は心地好い。それは最も純粋な要素でできている——雨、岩、氷、風。氷河はゆっくりと形成され、ゆっくりと、地核から突き上げられた岩や鉱物を削りながら進む。氷は解けて川に流れ込み、一番抵抗が少ないコースを通って流れながら徐々に変化を起こす。川が空気に触れると凝結が起きる。そこからさまざまな天候が生まれ、天候が土を生む。雪、みぞれ、豪雨、小雨など、空からの水が小さな水滴、大きな水溜まり、激しい水の流れとなって地表にぶつかる。そのすべてにまたがって風が吹き、土と水を前に押し出し、流し、運び、最後に土はどこか遠くで停止する。ボルダー・パスにはエジプトから飛んできた土の粒子がある。私のブーツの底にこびりついた泥には、かつては繊細なシジミチョウの骨が横たわっていたかもしれない。

＊　＊　＊

アメリカ本土の四八州で私がオオカミを目撃したのはノースフォークだけだ。ウェスト・グレイシャーへの帰り道、車で南下しているときのことで、一〇月の夜、暗くなって随分経っていた。酒場でビールを何杯か飲み、夕食をたらふく食べた後で、私は起きているとも寝ているともつかないウトウトウトした状態で、ラジオから流れてくるペダル・スチールを聞きながら座席の背もたれに頭を預けていた。でこぼこ道を走る振動が私の腿に伝わってきた。突然ゲイブがブレーキを踏み、トラックは急停止した。ゲイブは咄嗟に私の前に腕を伸ばしていた。私は目を開けた。「見ろよ」と彼が囁いた。「オオカミだ」。ゲイブはほんの少しハンドルを切って、ヘッドライトで路肩を照らした。オオカミは、五、六メートル先、道のすぐ脇に、横顔を見せて立っていた――歩いている最中に電気に打たれたかのようにじっとして。

コヨーテを見たことがあって、これももしかしたらオオカミでは？　と疑ったことがある人に言うが、それはたぶんオオカミじゃない。私もコヨーテを見て同じことを考えたことがある。でもオオカミを見たとき、私にはすぐにわかったのだ。たとえ私が、オオカミのサイズや鼻の形や脚の長さについて何も知らなかったとしても、オオカミだということはわかっただろうと思う。私の知覚を取り囲む世界が徐々に狭まっていって、ついにはそこに私とオオカミしかいなくなり、私たちは見つめ合ったまま、古の知識を交換しあった――ちょっと待って。今これ考えたの私？　勘弁してよ。あのオオカミは古の知識なんて知ったこっちゃないし、第一私には与えられる知識なんてない。オオカミにとっては私は預言者でもなければソウルメイトでもない、自分の縄張りにいる邪魔者であり、少しずつ近寄ってきた奇妙な生き物にすぎない。オオカミの目は独特で、まっすぐ前を見つめていた。私たちは、おそらく一分にも満たない間そうやって座っていた。オオカミはゆっくりと歩いて私たちの車のライトの外に出ると、助手席側、二メートルも離れていないところをトラックに沿って歩いて行った。ゲイブがライトを消した。私は窓を三分の一くらい開けていた。外は暗くてよく見えなかったけれど、窓の外にいるのは音でわかった。私たちの周りには夜の音が途切れず続いていたに違いない――遠くで錆びた門の扉が閉まる音、打ち棄てられた納屋の軒下にかかったウィンドベルが鳴る音。でも私はそのときのことを、まるで世界が無音で、舞台のセットの前をオオカミと私だけが横切っていたような、そんなふうに覚えている。ゲイブもいない。トラックもない。テールゲートのところまで歩くと、オオカミは道路を横切って排水溝を駆け下り、また駆け上がって、私たちと川の間の森の中へと消えていった。ゲイブと私は真っ暗なトラックの中で座っていた。話もせず、触れもせず。少しの間、ただ真っ暗な中で。

何年にもわたって見てきたすべての動物たち、ちらりと見ただけのものもじっくり見たものもあるけれど、そのすべてのうちで、このときのオオカミほどはっきり覚えているものはそういない。特にその動きを、というわけではなく、オオカミがどこにいたか、どのくらいの時間だったか、姿を消したとき自分がどう思ったか、そういうことでもなく、私が覚えているのは、その目が光を反射していたこと、生え始めた冬毛の下で肩の筋肉が波打っていたことだ。オオカミが走らなかったことは覚えている。オオカミは警戒している様子もなく、好奇心も見せなかった。抜け目ないとか、賢いとか、信用ならないとか、獰猛な、というのでもない。その通り道で私たちに出くわし、ちょっとの間私たちを眺めた後、巣穴の子どものもとへ、穴に隠したシカの屍体へ、あるいはお腹を減らしたまま何キロも細い月の下で歩き続けたかもしれない。私が身につけた思考様式のせいなのか、もともとの気質なのか、野性への傾倒か進化の中で身につけた本能なのかはわからないけれど、あの夜、肉体としての存在とそれを超越したものの間の境界線がゆらぎ、二つが混ざり合ったのを私は感じたのだ。そしてオオカミが森に滑り込んでいったとき、私はその後を追いたいと思った。顔を川につけて水を飲み、歯で肉を食いちぎり、松葉の上を丸く歩いて寝床を作って眠りたかった。顔に血がついたっていい。寒くてもかまわない。

＊　＊　＊

ノースフォークでは、晴れた日に酒場の外のピクニックテーブルでビールを飲んでいると、東側、川を越えて三〇キロ先の山並みが見える。ロングナイフ、キントラ、レインボー、ボウマン、ヴァルチャー、ナシュキン。その先にもっと山があり、さらにその先にも、大陸分水界を越えて国立公園の東側、赤土の崖錐がプレーリーと出会って雨陰が起きるところまでずっとだ。ガンサイト、ベアハット、トゥー・メディスン、センチネル、アピクニ、レインシャドウ、バッドマリッジ。動物の名前やネイティブアメリカンの言葉や白人の名前――全部山の名前だ。レインボーピークという名前は、南面にある、モノクロの虹のように弧を描く三つの雪深い峡谷を示している。キントラというのはクーテナイ族の「袋」を意味する言葉だ――キントラの山頂に続く流域は、ダブダブの袋のように、下の方が広くててっぺんで締まり、細くなった峡谷を通って断崖から小川が矢のように流れ落ちる。ガンサイトという頂上尾根は、ショットガンの銃口のV字型の溝みたいに見える。あの高さから、世界は眼下に横たわる標的だ。

ほとんどの山は他にも呼び名がある。地図には載っていない呼び名。そこで眠り、遊び、歩き、働いた者が選んだ名前だ。キャビン・マウンテンは一年中雪がある山頂のこと。喉が渇く峠。金毛のクマの山、私があられ混じりの嵐の中で登った尾根、あんたがキイチゴの繁みの中にシャベルを置いてきちゃった山、昔なじみの友達二人が死んだ山頂。名前というのは私たちの、一番凝縮された物語だ。その短いフレーズで私たちは、自分が知っている場所、知りたい場所について自分自身に語るのだ。

ノースフォークの山々は、グレイシャー国立公園のすべての山と同じく、地殻の大変動が持つ創造力に、氷河が修正を加えて生み出したものだ。大きな水域の近くや広々とした草地、あるいは森林限界より上の、視界を遮るものがないところでは、地質の魔術が歴然と目に見える。太古の昔、泥と岩、水と氷が、圧縮や隆起や浸食によって山になった。そしてその後、長い時間をかけて、それとは逆のプロセスが起きる。豪雨、暑い夏の日差し、一番暗い時期の凍結と雪解け。山火事や、温暖化する北極圏からの風。山々は再び土と岩に、水と氷に戻っていく。

高い山頂から、あるいはその下の山道からは、氷河が——はるか昔に地形を作った氷河の、ほんのわずかな名残が——日差しの中、つややかな灰色に広がるのが見える。それらにもまた、名前のあるものがある。アガシズ、ウィーゼル・カラー、ハリス、サンダーバード、トゥー・オーシャン。見事な眺めだけれど、巨大なわけではない。実際、ここが世界に名だたる氷原であることを考えれば、小さいと言っていい。こんな小さな氷の塊が、かつてはその上にそびえる地表を支配していたとは信じがたい。地球は常に大事なことを教えてくれる——大きさがすべてではないのだ。

私がグレイシャー国立公園を知ってから今までに、新たな現実が浮かび上がった。もしも私に子どもができて、その子に子どもが生まれたら、その子たちはこの公園で氷河を目にすることはないだろう。カリフォルニアの州旗に描かれているハイイログマのように、グレイシャー〔氷河という意味〕国立公園、という名前は、なくなってしまったものを指し示し、その言葉が意味することはもはやその場所の実体とそぐわなくなるのだ。私がこんなによく知っている世界が消えてしまうだなんて、あまりにも衝撃的だ。そして、私はそれを愛しているのに、いや、愛しているからこそ、それが消えてしまう手助けをしてしまったのだ。

＊＊＊

野性とは何か？　ヘンリー・デイヴィッド・ソローにとってそれは、道を横切るウッドチャックを見て「身震いするような野蛮な喜び」を感じ、それにかぶりつきたいという衝動で、それはつまり「世界を維持する」ということだった。ゲーリー・スナイダーは、野性とは自然のプロセスであり本質であって、非永続的なものの秩序化であると言う。アニー・ディラードは詩を書いている——枕には血の付いた猫の足跡、壊れていないものと壊れたもの。エドワード・アビーにとっては、野性というのは唯一の真実の場所のことで、そういう場所はたくさんある。ウォーレス・ステグナーは、野性とは「希望という地形」だと言う。

余白に、寝室に、地図に、そして心の中に、野性は彷徨い、とどまり、身を潜める。

＊　＊　＊

アミガサダケは栽培が難しい。ハックルベリーもだが、栽培品種化されても、自生に最も適した土地本来の化学組成がなければ元気には育たない植物もあるのだ。香りが高くて甘いアミガサダケの傘にはたくさんの窪みとしわがあり、小さな円錐型をした脳みそのようだ。アメリカ北西部ではどこにでも生えるが、特に、山火事で燃えたばかりの森の低木層にたくさん生える。火事の後、最初の成長期がやってくると、森はキノコと、キノコを求めて地面を這い回る迷彩服の略奪者たちで溢れる。アミガサダケは、真夏のノースフォークでは通貨として通用し、最盛期には四五〇グラムあたり一五ドルになるので、各地からやって来た人たちが、バケツを、ポケットを、トラックをキノコで一杯にする。国立公園の敷地内ではその場で食べる以外の目的でキノコを摘むことは禁じられているので、商売しようとする人たちの車はポールブリッジに向かって北に延びる泥道に集まる。道の両側の国立公園にはいくらでも入れるわけだ。供給に応えて、キノコのバイヤーの店が次々とできる。泥道の脇の空き地に大きなテントが立ち、その雰囲気たるや未開の森のウォール・ストリートのようで、バイヤーたちはポートランドの本部から値下がりの連絡が入る前に自分たちの収穫した分を売りさばこうと、競争相手を押しのけ、眼《がん》を飛ばしあう。夏が終わる頃には、摘み手たちは次に季節の産物が採れるところに移動してしまい、騒ぎも下火になる。地元の人の手元には、略奪者が見落としたキノコか、乾燥させて貯蔵したもの、あるいは茶色の紙袋に入れて地下室の階段の下で冷蔵したものが残る。一

○月の終わり、インディアン・サマーさえもとっくに過ぎ去り、秋の雨が降り始めた頃、アミガサダケを使ったグレーヴィーをかけたマッシュポテトは、シーズンの初めに売り買いされたものとは全然違って、歯ごたえのある夏の泥が火で甘くなり、口一杯に広がったみたいな味がする。

＊　＊　＊

テントから這い出すと首は痛いし靴下の片方は寝袋の下の方で行方不明だし、立ちあがったら膝がポキポキいうし、朝ごはんは湿った紙袋の底に残ってたパン屑とくたびれたバナナしかないし、天気は下り坂で最初の大きな雨粒が落ち始め、どうやら一日中降りそうだし、チェーンソーのキャブレターははずれっぱなしで斧の柄は折れているし、仲間がくちゃくちゃものを嚙む音が我慢できないし、ナイフは入れたと思ったポケットにないし、ハナウドに触ったところと前に蚊に刺されたところが痒い、そんな朝。ピーナッツ入りのM&Mが切れているとき。ベッドの中、ゲイブの隣で、ジッパーに邪魔されずに足と足を触れあわせて眠りたいとき。時給一三ドルなんてただ同然に思えるとき。そういうとき、私は不機嫌でイライラする。何でもいいから、体がきつくない仕事をしたい、いやそれよりも、仕事なんかしたくない、と思う。私の中の深いところに腐ったものを感じ、誰がどんなことをしたって喜べない、頭には汚くて下品な言葉しか浮かばない——**なによこんなクソ仕事、同僚はくだらないアホばっかりだし！**　ほとんどの人が休暇で行く場所に、私は行ってまたまたうんざりするような穴を掘る。この仕事を辞めた後どれくらい経てば、森の中にいてもこのいまいましい仕事を思い出さずにすむようになるんだろう？

＊　＊　＊

ノースフォークは虫がひどい。公園の中でも一、二のひどさだ、とみんなが口を揃える。降雨量が普通の年は、真夏になる頃には蚊が一帯を支配し、ピッグペン〔スヌーピーが登場するアメリカの漫画『ピーナッツ』のキャラクターで、チャーリー・ブラウンの友達〕に付きまとう雲状の埃みたいに恒温動物につきまとう。一秒たりともじっとしようものなら何にでも襲いかかる――ヘラジカ、ラバ、クマ、人間――耳や鼻の穴に潜り込み、あらゆる湿った割れ目に入り込むのだ。汗をかいた肌を刺されて痒いのと、自分以外は全員が寝静まっている夜中の二時にキャビンを飛び回る一匹の虫のプーンという音と、どちらが嫌だろう?(どっちも最悪だ)

＊　＊　＊

森の中で手袋なしに長い時間働くことはできない。鎖を尖らせたり、排水溝の清掃といった、素手でやった方がいい仕事も中にはある。素手の方が器用だし、洗うのも簡単だからだ。だが、ほとんどの仕事は手袋をした方がやりやすい。斧を振り下ろすのも、刈った草を引きずって運ぶのも、厚い革の手袋で手を護らなければ、手にはぐちゅぐちゅしたマメができ、木の破片やアメリカハリブキのチクチクした棘が刺さってしまう。

甲のところにサイズが黒で型抜き染めされていて、手首にぴったりさせるための紐がついている政府支給の手袋は、どこにでもあって、森で連邦政府の仕事をしたことがある人なら誰でも知っている。支給されたばかりのときは真っ白で柔軟性がない(私たちは、おエライさんと同じだ、と冗談を言う)。それを、マルチツールのペンチを使って裏返しにする。指や手の平の硬い縫い目を外側に向けて、なめらかな牛革の方に手が入るようにするためだ。この方が着け心地がいいのは間違いないが、露出した縫い目は摩耗するのが早いので、手袋が早くくたびれてしまう。一〇日間のヒッチが半分過ぎた頃には、親指に沿った縫い目が封筒みたいに伸び、中指の先端が磨り減ってしまっているかもしれない。ほとんどの人はヒッチには予備の手袋を持っていくけれど、大抵は、穴から飛び出た指先を何かにはさむまで、ダクトテープを使って応急処置した古い手袋を使い続ける。政府支給の手袋は、制度化された支給品はどれもそうだが、痛し痒しだ。無料なのはいいが（軍用品の店で革の手袋を買えば一二ドル以上する）、がさつでダサくて安っぽいのだ。

好みの手袋は人それぞれで、全員一致するものはない。ヤギ革は頑丈だし、シカ革はバターみたいにやわらかい。木綿の手袋は夏は涼しくていいが雨のときは最悪だし、消耗も早い。ネオプレン製は秋の雨の中や手を水に浸ける仕事にはいいが、指が湿って白くなり、皮膚が傷つきやすくなる。裏地が付いた手袋は寒い冬の朝や思いがけず雪が降ったときには嬉しいが、一〇分もすると暑くなるし、日帰りの仕事のためにもう一組、本当に持って行きたいだろうか？

手袋は濡れたらおしまいだ。濡れた手袋は内側も外側も滑りやすく、汗をかいているときは暑くてベトベトと気持ち悪いし、動くのをやめれば途端に氷のように冷たくなる。そして重い。濡れた手袋は濡れた帽子よりもっと悪いが、濡れた靴下ほどではない。気温が五度の雨の日に、低く張り出したトウヒの枝の下の乾いた場所でランチのための短い休憩をとるとき、濡れた手袋を脱ぐのとそのまま着けているのとどちらがいいだろう？　濡れた手袋でランチを食べるのは最悪だし、手袋をした手でトレイルミックスをつまんで食べるのは難しい。でも手袋を脱ぐのも困りものだ。手が冷たくなるし（ポケットに手を入れていれば別だが、それでは食べられない）、あまりに寒くて、残り一五分の昼休み時間、休んでいるより体を動かして発熱したい、と誰もが思う頃には、手袋は濡れて凍りついている。冷たい手をもっと冷たい手袋に滑り込ませるのは、まるで絆創膏をひっぱがすときみたいだ。これは一瞬のことだとわかってはいても、やっぱり縮み上がる。歯を食いしばり、お腹の筋肉を緊張させて、自分がめそめそしているのに誰も気づきませんように、と願う。だけど見てる人なんか誰もいない。みんなだって手袋が濡れて冷たいのだ、乾いたのをもう一組持ってきていれば別だが。そういう人は、スペアの手袋をはめて黙ってほくそ笑む。もちろん着け心地はいい。でも一〇分もすればその手袋だってびしょびしょだ。

そしてそういう人は、他のみんなが共有する、我慢出来る程度の一時的な苦しみを味わったことからくる歪んだ満足感を味わえなかったことになる。得なのはどっちだろう?

＊　＊　＊

予期せず森の中で用を足す場面に遭遇したら、「トイレットペーパーになる植物」を探すこと。シュロソウ、キイチゴ、マウンテン・メープルなどだ。いざというときには、やわらかい草ならなんでもいい――シダ、コケ、ヤナギランの葉をきつく巻いたもの。アメリカハリブキは使わないこと、日が照っているときは特に。アメリカハリブキの油分は光反応性があって、肌に触れると痒い発疹が出る。それが手でも十分辛いのだから。

＊　＊　＊

ノースフォークの姿を決めるのは山火事だ――昔、氷河が猛威を振るったように。何十年も見当違いの山火事防止戦術がとられてきたのと、度を越した気候変動の結果、西部のそこかしこに一触即発の林ができてしまい、ノースフォークでは、細いロッジポールマツやトウヒの森から簡単に大火が発生する。夏の終わりに気温が高かったり、一年を通じて雨が少なかったり、雷が落ちたりすれば、空は灰と煙で黙示録さながらに燃え上がり、その薄汚れた火の手は数キロ先からも見える。すぐに燃え尽きる山火事もあるし、火の見櫓から発見されて小さいうちに消し止められる場合もある。初動チーム、あるいはあの華やかな、空からスーパーヒーローみたいに飛び降りるスモークジャンパー〔消火活動のためにパラシュートで降下する消防士〕たちが鎮火するのだ。でも、二年に一度かそこら、グレイシャー国立公園では大きな山火事があって、その多くがノースフォークで起きる。

トレイル整備員はタイプⅡの予備消防員だ。頭数の必要性が専門知識を上回ると、私たちが招集される。一日だけ、ホースを洗ったりチェーンソーを清掃したり、あるいはヘリで山奥の小屋まで行って建物の延焼防止に備えることもあるし、ときによっては消防基地の一部としてもっと長期の任務につく場合もある。消防基地は新興都市ができるように突如として現れ、キャンバス地のテントやトレーラーが並び、給与支払い用のコンピュータ・システムがあって、一日二度食事が出る。カウボーイだって食べ切れないほど肉の多い食事だ。ただし、すごい奥地に配置されたり予定外に一泊しなければならないときには、ステーキの代わりにMRE〔アメリカ軍が採用している携帯用食糧〕――煙や汗で出て行かなかった体の水分をそっくり持って行きそうなほど塩辛い、宇宙時代のミートローフ、米粒みたいなタバスコ瓶付き――だ。私たちが着る、耐火性のあるノーメックス製の黄色いシャツと緑のパンツは、皮膚にこすれて痛いし、二週間の勤務が終わる頃には焼け落ちた実験室みたいな匂いがする。

消防の仕事についてどう考えたらいいか、私は決めかねている。消火活動は楽しいこともある――シーズンの終わり近くにトレイル整備作業の単調さを破ってくれるのはありがたいし、自分がヒーローになった気になるチャンスだ。アドレナリンが放出され、仲間意識も生まれるし、立派なことが出来て、毎朝ベーコンが食べられて、そしてもちろん、残業代に加え、必要なときには危険手当も出る（アメリカ西部で消防の仕事をする季節雇用者は、煙たい空気を思い切り吸い込んで、「儲かりそうだぜ！」と言って喜ぶ）。でも同時に消防には軍隊的な、「早く行って待て」的メンタリティーがあり、興奮した海兵隊員みたいにもったいぶって歩くマッチョな無頼漢がいるし、火事を助長する、耐えられないほどの暑さに下着は汗でぐっしょりだ。やがて、「待機」中にハッキーサック〔主に足を使って直径五センチほどの袋状のボールをお手玉やサッカーのリフティングのように蹴って楽しむスポーツ〕で遊んで特別手当をもらえるという姑息な喜びは、やる気のない脱力感に取って代わられる。何日も何週間も続く不手際とお役所のポンコツぶりによって、よほど頑強でない限り、労働意欲は木っ端微塵にされてしまうのだ。

全米の火災鎮圧方針はこの三〇年で劇的に改善され、火災生態学と、火災が森林の健康維持に果たす役割が重視されるようになった。私の親友の何人かは消防の仕事をしていて、火災が出やすい森林をマッピングし、燃焼パターンを計画して、燃焼を抑えるべき場所、燃えるに任すべき時についての指示を出す。でも現場ではやはり、緊急対策的な態度が長期的な展望を覆い隠し、消防基地で使われる言葉はもっぱら闘争と突撃のそれだ。以前の管理のずさんさが引き起こす大規模火災も、一般市民が山火事の利点（たとえば植物の中には、繁殖に水が必要な植物があるのと同じように、火事がなければ繁殖できないものもある）を理解するのを邪魔しており、話を大げさにしたがるマスコミは「住居焼失！　広大な山野が壊滅状態に！」ということばかり強調するので問題はますます悪化する。これが川なら氾濫原にあたる場所に何億円もする家を建てるという愚行だが、自然出火がおきる場所に家を建てるせいで人間と山火事の接点が大きくなり、強制退去が必要になる可能性も高くなる、という傾向が止まないことについて、世間一般の論調に批判の気配はない。家を失った人の目を真っ直ぐに見つめて「いったい全体なんだってあんなところに家を建てたんだ？」と訊ける人はいないらしい。だから山火事は、自然の身代わりにむちを打たれる役を演じ続けるのだ。一世紀にわたってマスコミが作った悪評は、一〇年や二〇年では覆せないから、多くの人はいつになっても山火事を生態系の健全性のために欠かせないものとは考えず、克服すべき敵と見る。だって、スモーキーベアー〔米国林野部のマスコットであるクマのキャラクター〕が悪者なはずないでしょう？　というわけだ。

マスコミや政治が煽っても、火はいずれは鎮火する。現場に十分な作業員がいて、雨続きで相対湿度が上がって火事の燃料となる木が湿り、あるいはお決まりの九月の霜が降りれば、山火事の季節もやがては終わる。消防基地が引き払われ、厚ぼったい給料袋が新しいトラックや飛行機のチケットや去年の請求書を払うのに消えていった後、灰は土壌中に浸み込み始める。焦げた幹はくすぶり、根は地中で炎の暖かさを保つ。ロッジポールマツは山火事の魔力を生殖の儀式に組み入れ、その松ぼっくりが大きく開いて種子を拡散するのは温度が極端に高いときだけだ。次に夏が来るまでにはアミガサダケが地面から顔を出す。ファイアウィード〔山火事などで地面が焼けた後で、他の植物よりも早く生えて群れを成す雑草〕はやがて花の大群になり、焼け跡を緑色の植物が彩って、有蹄動物が餌を食べにやってくる。

テレビのアナウンサーたちは大きな山火事後の黒焦げの風景を「大惨事」「崩壊の跡」と呼び、テレビで煙を観る人は「なんてひどい」と言う。ある意味ではその通りだが、そうでない部分もある。この土地は、大昔からずっと、アナウンサーも緊急時対応策も存在しないところで、燃えては花が咲くのを繰り返してきたわけだし、実際、いったい何が崩壊したっていうんだろう？　崩壊したのはおもに、「支配できる」という人間の根拠なき幻想で、それは粉々にされる必要があるのだ。だがその一方、森は一〇年前と比べても変化している。気候の変動が、木の寿命、気温、落雷の増加、積雪の深さ、雪解けの時期に与えた影響が記録されている。そのすべてが森に不均衡をもたらす。山火事はこれまでになかったほど、長く、熱く、そして頻度が増している。私たちのせいだ。恥ずべきことに。

山火事が衝撃的なのは、一つには、それが私たち人間をいやおうなしに、母なる自然のすさまじさと対峙させるからだ。そのとき、重要なことのすべてが浮かび上がる——仕事、家、お金、社会的な破滅、エゴ、自責の念、権力。そしてそのどこかに、愛も交じっている。森や、森に住む生き物たちへの愛。木々への愛、特に、常緑の、クリスマスっぽい木には、私たちは知らず知らずのうちにキラキラ光る象徴的な意味を背負わせている。

＊　＊　＊

カラマツは、イエローストーン国立公園からカナダとの国境まで、モンタナ州西部のそこらじゅうに生え、大陸分水界の西側に無精髭みたいに並んでいる。ノースフォーク地区ではその密度が高く、背が低くてねじれたアルプス山麓型のカラマツが生えている。あるいは森に覆われた谷で、原生林の木々に交じっても生える。アメリカ西部のカラマツは東部のアメリカカラマツの近縁種で、落葉性の針葉樹だ。マツ科に属し、毎年針葉を落とし、翌年新しい葉が生える。夏になると、ブラシみたいなその枝や楕円形の球果はエンゲルマントウヒやダグラスファーに溶け込んで、素人目にはごく普通の常緑樹に見える。でも近くでよく見ると、カラマツの特徴ある針葉は小枝にかたまって生えており、他の木々の色のくすんだ針葉と比べると色鮮やかで、ほとんどネオングリーン色をしていることがわかる。カラマツが一番特徴的なのは秋、九月から一〇月にかけて、常緑の衣を脱いで針葉が黄色っぽいオレンジ色になるときだ。カラマツが生えた山の斜面の晩秋は、まるでオーロラが地上に降りたみたいな色彩の帯に彩られ、見事な光景だ。

カラマツはノースフォークでは愛される木だ。秋に美しく、夏の林冠に鮮やかな緑を添えるというだけでなく、寒冷な気候で元気に育ち、薪ストーブで燃やしたときの燃焼温度が多くの針葉樹と比べて高く、良質な建材になり、役に立たないマツや雑木を低木層から一掃する山火事の頻発にもよく耐える。それにカラマツには個性がある。高さ三〇メートルの幹を取り囲むほっそりした枝が空に浮かび上がる姿は、誓ってもいいが、楽しそうだ。針葉は驚いたみたいに気を付けの姿勢で立っていて、カラマツには威厳があると同時に嬉しそうなオーラがあり、冗談好きの老人、あるいは目の回った子どもが均衡を取ろうとしているところを思い出させる。

＊　＊　＊

キントラ湖では、吹雪で一二時間に四五センチの雪が積もった。五月のことで、その後は夏中ずっと高山での作業班に配置されていたから、その年のノースフォークでのヒッチはこのときだけになりそうだった。

主任は私とゲイブ、それにルームメイトのケントを派遣した。ケントはミゾーラ時代からの友人で、私たちをこの世界に引きずり込んだ張本人だ。ゲイブが、ケントと同居していたフロントストリートのアパートで最初に彼に会ったとき、彼は、「俺、トレイルの仕事してんだよ」と言った。「国立公園局に雇われて、グレイシャー国立公園でさ。あんたらきっと気に入るぜ」。この六年間、私たち三人だけでヒッチに行くのはこれが初めてだった。旧友とチェーンソーとノースフォーク。ビールとソーセージを積んだラバを従えて。他には何も要らない。

初日はキントラ湖の先端にある小屋まで、倒れた木を軽く片付けながら一五キロを歩いた。一・五キロごとに二本といったところだろうか、三人も必要ない程度の仕事量だ。次の日はアッパー・キントラ湖まで、出来る限りトレイルを片付けながら行く予定だった。長時間かかるのが普通だったけれど、倒木が少なかったのでなんとかやれそうだと思ったのだ。だが夜明けに起き出して小屋の窓から外を見ると、そこには昨日までとは違う風景があった――雪が舞い踊り、春めいた地表を冬空が覆っていたのだ。

トイレに行くために最初に外に出たゲイブが慌てて戻ってきた。「来て見ろよ、早く！」小屋の周りに深く積もった雪は手つかずで、真っ白な海の上に、クマの足跡がはっきりとついていた。パイ皿ほどもある大きさの足跡が、森から出て小屋の横を通り、湖の岸辺で消えていたのだ。どこへ行ったんだろう？ 泳ぎに行ったんだろうか？ 私たちは岸辺から森へ足跡を逆に辿って調べた。二段ベッドの近くの窓の下で、四つ足の足跡は二足になり、クマが後脚で立ちあがって、ケントのベッドの上方の窓枠に前脚をかけ、鼻を冷たいガラスに押し当てて眠っている私たちを覗き込んだのに違いなかった。**またアイツらだよ。冬も終わりだな。小屋のヤツらがいるぜ。**

小屋の中で私たちは急いで朝食をとった。熱い飲み物を作り、バックパックに荷物を詰め、チェーンソーのガソリンを満タンにしてチェーンを研ぎ、伐採斧の刃を鞘に入れた。クマが出ようが雪が降ろうが関係ない。トレイル整備員は何があろうが仕事をする。それが私たちの誇りなのだ。

一時間後、小屋から四〇〇メートルくらい進んだところで、私たちはそれが無駄な努力であることに気づいた。雪は湿って重く、倒れた木は雪に埋まって、木があるはずのところにチェーンソーを当てようとしても、ケーキのフロスティングを切っているみたいで、ガイドバーが雪に埋もれて見えないのだ。激しく降る雪と安全ゴーグルのせいでほとんど何も見えない。ケントが一本木を切断している間に、近くで二本の木が倒れた。根元の地面が雪解けで緩んでいる木の枝に、季節外れの雪が積もると、重すぎて木は耐えられずに一気に倒れるのだ――夜更かしして疲れた子どもがとうとう倒れ込むように。

雪の降る暗い森の中で、チェーンソーを回すそばから木が倒れる状況で、私たち三人はその日の仕事を切り上げることに決めた。それはついぞないことだった――五年間に、私が休んだのは多分半日、あまりの悪天候で仕事を休むのが妥当と思われたときだけだ（なにしろ高山の現場で雷に遭い、髪の毛は逆立つし、金属性の道具は繁みに投げ込まざるを得なかったのだ）。その日仕事を止めるのを正当化するのは簡単だった。視界が悪すぎるし、チェーンソーも使いづらい。それにどうせこのペースでは、トレイルの掃除は二度手間になるし、他に代わりに出来る作業もない。排水溝は雪に覆われているし、道具置き場はきちんとしているし、小屋は前シーズンの最後のヒッチのときに掃除したからきれいなのだ。それに、理由はさておき、こんな不思議で静かな世界で自由な一日を過ごすチャンスをあきらめることはないではないか？　私たちは道具とヘルメットを森の中に隠し、予想外の雪に感覚を解放した。しばらく一緒に歩いた後、ケントは足が濡れてアキレス腱が痛むといって小屋に戻った。ゲイブと私に熱い飲み物を作って待っていると約束して。二、三キロ歩いたところで私は引き返すことにした。その朝、読みかけで寝袋の枕の下に置いてきた本と、ケントが作って待っていてくれる熱いココアが気になったのだ。ゲイブはもうちょっと先の空き地まで行ってから追いつくよ、と言った。私たちは分かれて反対向きに、真っ白で何も見えない雪の中に消えていった。

歩いて小屋に戻る途中、私の賑やかな頭の中が静かになった。たった一人で雪の降る五月の森を歩くというのは、素敵で、そして奇妙だった——緑のシダに積もる雪。私のブーツの下で解ける雪。木々を支配する静けさ。よく忘れるのだけれど、この時も私は、一人で歩くときの用心のために「クマさん!」と声を上げるのを忘れていた。私は自分の存在を忘れていたのだ。そして小屋まで半分くらい来たところで、私はクマを見た。私の左側、トレイルから外れたところを、枝を踏みしだきながら木々の間をのっしのっしと歩く巨大な雄のハイイログマが、私と同じく単独で、前方の雪を分けるように進んでいた。私には気づかない。小屋の窓を覗き込んだクマだろうか? それはわかりようがない。クマの背中には白い縞模様ができ、脇腹は、頂上が蛇腹状になった高い尾根から延びるスキーのスロープのようだった。私は立ち止まった。血管の血が騒いだ。絶え間なく降る雪の中を、特に急ぐ理由がない太った男性が優雅に歩くみたいに、右に左にと体を揺らしながらゆっくりと歩くクマを私は見つめた。三〇メートルないだろうか? 私の意思とは関係なく、私の手が宙に伸びるのが見えた——手の平を外向きにして、招いているような、身を護ろうとしているような。気がついて、私は手を下ろした。

クマを驚かせたくはなかった。今から大声を出せば警戒させることになってしまうし、この静寂を破りたくなかった。私はクマを見ていたかったのだ、決して見失わず、雪の中を一日中でも追いかけて。本当だ。クマと並行して歩くのは、突然私に気づく危険があるので出来なかった。驚いたら襲ってくるだろう。それほど近くにいたのだ。

私は歩き続けた。クマも歩き続けた。一分ほどするとクマは私の方を向き、四角い頭を揺らして立ち止まった。止まった、というか、歩を緩めただけだ。私に気づいたのだろうか、それとも最初から私がいることを知っていたのか？　クマはほとんど駆け足で森に向かっていき、消しゴムで消したみたいに私の視野から消えた。白い斑模様のお尻が見え、それから何も見えなくなったのだ。雪は降り続けた。再び歩き始めたとき、私は「クマさん」と大声を出した。「クマさん」と私は歌った。「ねえ、見たわよ、白銀の世界の茶色いクマさん、そんなに大きいのにどうしてそんなに優雅なの、どうしてそんなに近くて、そんなに遠いの？」

翌日、雪はほとんど解けて、そこらじゅうに木が倒れていた。私たちはツールを隠したところまで歩いて、二人はチェーンソーを使い、一人は折れた枝を運んで、前日の秘密の罪をあがなおうとがむしゃらに働き、出来る限りの範囲を片付けた。私たちはアッパー・キントラ湖にやっとのことで辿り着いた。最後に解け残ったぬかるんだ雪に足を取られ、絡まりあった木を次から次へと、ほとんど一歩ごとに切らなくてはならず、時間がかかったのだ。トレイルにはさらにクマの足跡があった――半分茶色、半分は白で、一組は私の手より大きく、もう一組はずっと小さい。足跡は一日中、私たちが進む前方にあって、ときたまトレイルを何メートルか外れてはまた戻ったりしていたが、やがて雪に覆われた草原を横切るとそれっきり見えなくなった。足跡はまだ新しく、その日の朝できたもので、縁がはっきりしていた。クマが二頭、おそらくは母グマと、大人になりかけの子グマだ。湖に現れた好奇心の強いクマとも、前日見た、かんじきみたいな足をしたオスのクマとも違う。その日、母グマと子グマを見かけることはなかったが、彼らはそこにいたのだ――私たちをじっとうかがって。

＊　＊　＊

使い込まれた木製の斧の柄は、手の脂が染み込み、なめらかで、やわらかいと言ってもいいくらいだ。長く使えるように木の柄を正しく手入れするには、割れ目やひびが入ったところに紙やすりをかけ、その部分が裂けたり手にマメができないようにすること。乾燥していると感じたら、亜麻仁油か牛脚油を塗り込む。そうやって、友達に対するように優しく、気を使って手入れすれば、斧も友達と同じく信頼できるようになる。私が仕事で使ってきた斧は共用の道具で、誰か一人の持ち物ではなく、作業場だったり、特定の整備班だったりが何年にもわたって所有するものだ。そういう道具の一つの柄に油を染み込ませるとき、あるいは斧を振り下ろしている最中に私の湿った手の中でそれが回転するのを感じるとき、私はこれまでこの斧を手にしたすべての人のことを思い描く。男性も女性も、バックパックにそれを縛り付け、肩に担ぎ、その腕からそれが重たい弧を描くのを感じたすべての人を。彼らはみんな、先生であり、目撃者だ。そして彼らが私にこの斧を引き継ぐのだ、柄の汗を拭き取り、私の手にそれを握らせて。

プライバー

使い方——てこ棒とも呼ばれるプライバーは、トレイル整備、特に、階段、擁壁《ようへき》、排水溝や壁などが、金属でも木でもなく岩でできている高山地帯での作業には、欠かすことが出来ない（森林限界より高いところには、小さくて節だらけのタカネカラマツやねじれたトウヒしかなく、建築資材としては使えない）。プライバーは一・五メートルのものが一般的で、重さは七〜八キロ、片方の端が斜めに曲がっている。

単純な仕組み——プライバーはてこの作用で機能する。斜めになった先端を、凸になった方を地面に向けて岩の下に差し込む。てこの支点を定めて柄を下に少し押し下げれば、力が倍増されて岩が持ち上がる。凸の曲線を岩に向けたのでは、支点が正しい位置にないので利点は失われてしまう。どんな道具もそうだが、プライバーは賢く使わなければならない（言葉と同じで、道具というものは下手な使い方をすればその美しさも意味も不注意のために失われてしまう）。物理学的なことを抜きにすれば、プライバーは、要は重たい棒のことだ。

危険防止——てこの支点はいつ外れるかわからないので、手（手袋をする）と爪先（革のブーツを履く）にはよく気をつけること。二人以上で一緒に使うことが多いので、チームワークも重要になる。作業を始める前に必ず、参加する全員が、作業の全体像と一つ一つの作業工程を理解していることを確認する。何をしようとしているのかわからなかったり、現場に後から来た場合は、邪魔にならないよう脇で見ていること。

重さ——プライバーは鍛鋼でできていて、大きな重量がかかってもほとんど曲がることはない。肩に担いで歩くには辛いが、その重さに利点があることは、シャベルをてことして使うとほとんどの場合柄が折れるか先が曲がってしまうのと比べれば明らかだ。また、ドロップハンマー代わりに使って岩の割れ目を広げたり、動かないようにしっかり車止めを打ち込むときにもその重さが役に立つ。

比較——肩に担ぐもののうち、プライバーより重いもの——削岩機の発動機部分、ガソリンを満タンにしたスチールの036型チェーンソー、柄にドルマーの二〇リットル入りオイルをぶら下げた斧、刈払機、鉄筋の束、麻袋に入った木杭、レバーホイスト。プライバーより軽いもの——ガソリンが空の026型チェーンソー、レーキ、シャベル、スキー、テントの支柱、八フィートのツーバイシックス、釣り竿。

似ているもの——掘削棒（スパッドバーともいう）とプライバーを間違えないこと。掘削棒は一・五～一・八メートルあり、片方の先端は平らな、櫂のような形で、反対側には円盤形の持ち手が付いている。初心者は道具置き場からこちらを持ってくるかもしれない。平らな先端は支柱を立てる穴を掘るのに、円盤は土を平らに押さえるのに便利だが、てこに使うには長すぎるしやわらかすぎて、岩が相手の作業に使うと、顔に跳ね返りかねない。「魔法の棒」とか「猫の手」とも呼ばれるタイプもある金梃は、貼り合わされた板や打ちつけられた丸太から釘を引き抜くためのかぎ爪がついているが、短すぎて岩を動かすのには使えない。他にも先端が角張った鋼鉄の棒があり、土を上から押さえたり叩いたりするのには使えるが、先端が斜めに曲がっていないので、重いものを動かすのには役に立たない。

よくある怪我――柄が手から滑ったり、作業の相棒が予想外の動き方をしたりして、唇を切る。てこの作用を使わずに腕の力だけで動かそうとして腰を痛める。突然支点から岩が外れて落ち、指を怪我したり爪先をはさまれる。プライバーの力学的な優位性をもってしても、体重五六キロにも満たない自分には動かすのは無理だとわかったときの、傷ついたプライド。それから、支点を持ち上げるときには股に気をつけること。プライバーの柄は決して跨がない。跨いでいるときに岩が外れたら、女性なら絶叫するし、男性なら吐くことになる。

2 高山地帯

何もかも、教わったのは森林限界の上

スペリー

スペリーのトレイル整備隊の物語はすなわち女たちの物語だ。この仕事は、「男子」の数が「女子」を少年野球と同じくらいの割合で上回るのだが、グレイシャー国立公園の西側に位置する高山の王国の一つ、スペリー地区について言えば、私が働いていた時期、仕切っていたのは女性だった。私はたまたま、この仕事を始めた最初の年にこの女系一族に加わった。リーバにくっついて、両手に道具を抱え、彼女の早足とひっきりなしのおしゃべりに後れをとるまいとしながらこの地区をあちこち歩き回ったのだ。あの頃、リーバはとてつもなくかっこよかった——威勢が良くて、口が悪くて、スキーが大好きで、冬場の趣味を満喫するために夏の仕事をする。空を背にして連なる稜線を元気よく歩きながら、彼女は色んな話をした——「あの保持壁はアビーが造ったんだけど、彼女、親指を骨折してたのよ。ミドルフォークの整備隊の男どもは、ヒッチのたびに必ずどこかの山を、勤務時間中に登るんだから！　誰それはチェーンソーのチェーンを研ぐかもしれないけど、ほとんど毎回、後ろ前に付けるのよね。ダニーったら、うんちしに行って道に迷ったことがあるのよ、笑っちゃうったらさ！　同じ木に二回もチェーンソーが嵌ったこと誰かにしゃべったら、私はそんなのウソだって言うからね！」ときには愚痴も言ったし、自信がないときは周りに当たり散らしもしたけれ

ど、少なくとも人のことを話のだしにするのと同じくらい熱心に自分のことも笑いものにする、その笑い声のおかげで陰口にはならなかった。彼女はまるで乾杯の杯を上げるように、トレイルに伝わる物語を自慢げに話して聞かせてくれたし、私はそれが聞きたくてたまらなかったのだ。

他の女性たちは、私が最初に配属された班の班長だったリーバほど重要な存在ではなかったけれど、同じくらい印象的だった。シェリーは身長が一五〇センチあるかないかだったけれど、彼女の二倍も図体があろうかという男どもより酒が強かった。しかも、チェーンソーを一度分解して組み立て直しても、ねじやEクリップを一個としてなくさなかった（私自身、それをなくしたことが何度かあってからは、ますますその腕前に感心するようになった）。シェリーはロースクールを出たのだが、卒業後、弁護士にはなりたくないことに気づいた。そこで学資ローンの返済のために季節雇用者になったのだ。今でも返済し続けているとしても私は驚かない。アニーは頭が良くて柔軟で、上級学位をいくつも持っており、すごい裁縫の才があった。冬は大都市でオペラ用の衣装を縫い、擦り切れた作業服を芸術的センスで繕った。ある年など、チームの全員にハイキング用のキルトを縫ったことがあった――ナイロンのプリーツスカートで、ちゃんとファステックのバックルが付いているやつだ。アニーは突飛な人で、毎年違う男の子に惚れるのだったが、一番ご執心だったのは彼女のマウンテンバイクだった。その乗りっぷりは大胆不敵で、デートのお相手は膝を擦りむき、息を切らして、泥まみれで置いてけぼりを喰うのだった。それからアビー。私が仕事を始めた頃には彼女はすでに伝説だった。長年班長を務め、私の二年目に、アラスカでのトレイル整備の仕事のためにグレイシャーを去った。アビーは、ほとんどの女性は決して手に入れられない上半身の強さを持っていた。ウルトラマラソンが流行《はや》る前から参加していて、彼女の焼くブラウニーはすごく美味しかった。チェーンソーの扱いが素早く、頭の上の枝をスイスイと切り、瞬く間にノッチを入れた。彼女のことはみな尊敬を込めて口にした。彼女には実力があったが、ただちょっとそそっかしいところもあった。彼女のすることは誰も予測ができなかった。

私はこういう女性たちに弟子入りしたのだ。私は彼女たちを観察し、血管の浮き出た手を、目尻から延びる日に焼けたシワを、大らかな口の悪さを、ログーブーツを履いて歩く姿を羨ましく思った。最初のうち、私は彼女たちとは対照的に痩せっぽちで青白いような気がしたし、本を読んでばかりの手は軟弱で、ブーツの紐はほどけてばかりいた。スキーも出来なかったし、ミラーライトが嫌いだった。あれから随分経ち、若い女性たちが頼りにするベテランに自分がなった今、リーバやアニーやアビーやシェリーは自分たちを誰かの手本だと感じていただろうか、と考える。彼女たちが持っていたものを私が欲しがっていたことを、彼女たちは知っていただろうか——それが何なのかは私にもはっきりとはわからなかったけれど。

一緒に過ごした最初の夏から一六年経った今も、リーバは私の友人だ。彼女は今は看護師をしており、元気のいい娘二人と、木骨造りの家やログハウスを建てる仕事をしている夫のロブと暮らしている。毎年クリスマスに送られてくる手紙には、私たちが造った岩壁の脇を娘たちと一緒にハイキングしている写真が添えられている。アニーからはたまに絵葉書が届く。学校に戻って、中西部で、私たちの母親世代が「まともな仕事」と呼んだ類の仕事に就いたけれど、モンタナの家はそのままだ。アビーとシェリーは他の国立公園に移り、その後どうなったか知らない。でも、道具を研ぐときとか、膝を曲げてテレマークスキーのターンをするときとか、岩を使って、人間より長持ちする壁を造る方法を新人に教えるとき、私は彼女たちのことを考える。フランネルのシャツとタンクトップとワークパンツを身に着け、バックパックを背に日の光の中を揚々と歩き回り、私に未来の可能性を見せてくれた彼女たちを。あの頃私は、彼女たちの悩みや不安を知らなかったし、摂食障害があったり、新婚の夫と喧嘩したり、関節が磨り減っていたり、本気で恋愛したいと思っていることなどは想像もしなかった。後になって私は、彼女たちの欠点——気が短いとか、すぐ人のせいにするとか——を、そして、弱点があるからこその豊かさを知ることになる。でもまず最初に私が見たのは彼女たちの強さだった——自信と生命力に溢れた。私はそこから目を離すことが出来なかった。

＊　＊　＊

今世紀に入り、ラバ言葉を知っている人はほとんどいなくなってしまった。第二世代の移民が話す言葉や、自分で想像したままごと言葉を大きくなって忘れる子どものように、それはほとんど失われた方言なのだ。パッカーはこの言葉を流暢に話す——ラバに荷物を積む、乗る、世話をする、といったことについて話すときの言葉と、ラバに対して言う言葉の両方をだ。ラバに荷を積むことについて話すには、こんな言葉を使う。

ストリング——名詞。一頭のくつわと、その後ろにいるラバのサドルの輪を結ぶロープで繋がった、ラバの一群のこと。「今日のストリングは五頭にしよう」というふうに使う。パッカーは馬に乗ってストリングを先導するが、道が険しいところでは馬から下りて手で引くこともある。

ロード——名詞。同じ重さの包みを、ラバの荷鞍の両側に一つずつ振り分けたもの。ロードは、クマに襲われても壊れない軍隊用の弾薬箱（食べ物や必需品用）かツールボックス（蓋のない木箱で、革のストラップで中身を固定する）、または「ダッフル」と呼ばれる袋（衣類、テント、寝袋用）でできている。一つのロードは包み二個分だが、それで「一つ」と数える。それを運ぶのに必要なラバの頭数と一致させるためだ。「ロード何個分？」と聞かれたら、「三つ」というふうに答える。六つの包みを三つのロードにして、三頭のラバで運ぶ、ということだ。これを間違って、「ロードが六つ」と言ってはいけない。間違えると、パッカーは必要なラバの二倍の数を準備してしまう。あなたが間違ったことがわかったら八つ裂きにされる。

マニー——名詞／動詞。オフホワイトのダック地（一年経つと茶色くなる）でできた、大きな四角い布。備品類を包んで、マニーロープで荷鞍に結びつけやすいロードにする。動詞は、そうやってロードを準備する、という意味で使われる。たとえば「マニーするんで、八時前には納屋に行かないと」とか「マニーするの手伝おうか？」というふうに。

ラバに話しかけるときには、落ち着かせたいときは小さい声で、命令するときは大きな声で。ただしラバがびっくりするほどの大声を出してはいけない（大声で悪態をついても大混乱が起きないのは、かなり腕のいいパッカーだけだ）。歌でも、罵り言葉でも、自然に口を衝いて出る、その場にふさわしいと思える音を状況に応じて出す。ラバのことがよくわかっていれば、何を言えばいいかは本能的にわかる。

ラバ言葉の覚え方は、どんな言語を覚えるのとも違わない。それに浸かるのが一番いい。何も言わず、耳を澄ませて納屋にいる。しばらくは口を開かずに、とにかくパッカーが言っていることを聞く。使い方を覚えた言葉を、使ってみる心構えができたら使ってみる。最初は奇妙に聞こえるだろう、あなたにも、他の人にも。謙虚でいることが大事だ。

＊　＊　＊

スペリー地区のほとんどは、森林限界より上の高山地帯にある。高山で働く整備員の守護聖人アルキメデスは、「立つ場所さえくださるなら、世界を動かしましょう」と言った。彼が使ったてここそ、私たちが一番良く使う道具だ。私が初めてプライバーに出会ったのは、スペリー・トレイルを半分ほど登ったところにある急勾配のスイッチバックだった。私の班が、石で土留めをした階段を造ることになっていたのだ。リーバは、使うつもりの岩の一群を指してやり方を説明した。トレイルの勾配に直角に岩を埋めて、階段の役目が半分、浸食を防ぐ盛り土用の柵としての役割が半分。彼女が選んだ岩はトレイルから二十数メートル離れた斜面の上の方にあって、高山植物がその上に繁っている。大きい。明らかに大きい。リーバは私に、岩を相手に作業するときに一番大事な原則を教えてくれた――一人で動かせるなら、その岩は小さすぎる。私一人では大した岩を動かせなかったが、言おうとしていることは明白だった。大きい、ということは安定性を意味し、安定しているということは耐久性を意味する。岩で造ったものは、通行量、浸食、そして長い時間に耐えなければならないのだ。

私たちは岩のところまで斜面を上った。リーバは、ポール・バニヤン〔アメリカ入植者たちの民間伝承に登場する巨人で、伝説の樵《きこり》〕がハックルベリー・フィンを真似して荷物を縛り付けた枝を担いでいるみたいに、プライバーを肩に担いでいた。私はブーツの爪先でリーバが選んだ岩を蹴ってみたが、岩はびくともしない。リーバは岩の縁をつるはしで掘って、プライバーの先端を突っ込めるだけの隙間を露出させた。そして、プライバーを押し下げて、岩を持ち上げ、元の場所から動かした。プライバーの使い方は一目瞭然で、それがどうやって機能するかはどんな間抜けの目にも明らかだけれど、それをもっと賢く使うためのちょっとしたコツがある。試行錯誤を重ねて私は、ほとんど力を使わずに岩を持ち上げ、その下に石を詰め込んで傾かせておいて、位置を変えることが出来るようになった。岩を前に移動させるときは、プライバーを前面の端っこに差し込んで左右に漕ぐように動かす。ジャッキで大岩を高く持ち上げてひっくり返し、岩が勝手に動くようにすることも出来る。作業現場より高いところにある岩を選ぶということも覚えた――一度岩をひっくり返せば勢いよく転がり始めるから、あとはそこからどけばいい。私はプライバーが好きになった。私はチビで、プライバーは優雅だ。その二つが一緒になると一種の強さが生まれる――そして私は、ヒッチの六日目に飲みたくなるミルクシェイクよりももっと、強さが欲しかったのだ。

もちろんプライバーは私よりずっと力のある人たちの力も増幅したわけだから、彼らが私に勝っていることに変わりはなかった。マックスが持つとプライバーはまるで料理の道具みたいに見えた。私が両手で持ち上げなければならない器具を、彼はつまようじみたいに片手の指で操った。あんなふうに力があるというのがどういうことか、私には想像もつかなかった。身長一八七センチ、引き締まった九五キロの体で、マックスが誰かの助けを必要としたことはついぞなかった。トレイル整備の仕事を始めて一五年、彼がやり方を知らないことは何もなかった。遠くから、頑固なまでの冷静さに裏打ちされた、神話めいたその実力で、彼は私を威圧した。でも間もなく、マックスは恥ずかしがり屋で不器用なだけで、彼が道具類をトラックに放り込んでいるのを初めて見たときに私が感じたよりも優しい人なのだということがわかった。彼は仕事に対してすごく真剣で、思いもかけないときにカッとなったりもしたけれど、同時に謙虚な人で、ほんのちょっとでもからかわれれば真っ赤になった。私は辛辣なジョークや、ばかげた顛末をこと細かに盛り込んだ話を身振り手振りでしてマックスを笑わせようとした。

ある年の夏、私たちは何週間もの間ハイライン・トレイルで作業した。それは岩盤を削って造られた、グレイシャー国立公園でも一番重要なトレイルだった。マックスは、花崗岩の岩壁からロープで垂直にぶら下がりながら、私の太腿ほどもある腕で重さ三五キロの削岩機を操った。私はプライバーの先を使って、手が届きにくい隙間を削ったり、割れた岩の破片をシャベルでトレイルの脇にどけたりした。昼休み、メンバーの機嫌がいいのとパノラマの絶景に高揚した私は、プライバーの一端を地面に突き刺し、柄をフロアマイクのように掴んで「アイ・ラブ・ロックンロール」を熱唱した——歌詞をトレイル風に替え、ジョーン・ジェットも真っ青の腰の振りっぷりで。目の端にマックスが、頭でリズムをとりながらにっこりしているのが見えて、私は嬉しくなった。人にはそれぞれ、得意なことがあるのだ。

＊　＊　＊

スノーリリーは雪が解けたばかりのところに咲く。まるで去っていく冬の残り香のように、つつましやかな花だ。アバランチリリーと呼ばれる花は、雪が遅くまで残るクーロワール〔山腹の深い峡谷〕や雪崩の堆積地帯に咲き乱れる。春にはクマがこうしたユリ科の植物の根をねらって土を掘り返す。ネイティブアメリカンにとっては大切な食物で、スープにしたり生で食べたりする。夏に長いこと咲くヤナギランや頑丈なヒエンソウと違って、これらのツンツンした黄色いユリ科の花は、徐々に上がっていく雪解けのラインに沿って咲き、あっという間に通り過ぎる。解けかけの雪の塊から顔を出すこともある。六月には低いところで、八月には高地で、今週は雪があったかと思うと次の週は花が咲き、その次の週には消えてしまうのだ。季節の変わり目に咲いて冬を明るく彩るスノーリリーよ、君に乾杯。

観光客がトレイルドッグに言うこと

金でも掘ってるの？　俺も若かったらなあ！　誰を殺したんだい？　馬の糞は自分で拾うの？　探し物は見つかった？　通勤が大変だね！　警備隊員の帽子はどうした？　あら、偉いわね、森のお掃除してるのね。強制労働？　何した罰？　ありがとね君たち。いいオフィスだね！　クマを見た？　服役中なの？

トレイル整備隊の女性はプールにいる犬のようなものだ。泳げても、飛び込めば注目される。女でこの仕事をするという事実はそれだけで目立つのだ。まず、お決まりの品定めがある――どんな状況でも女性なら慣れっこのヤツだ（どんな感じ？　俺のタイプ？）。そういう暗黙のコメントは、後になって、私たちが仲間の一人になるとこっそり聞かされることもある。「俺の班にいい女がいてさ！」とか、「あいつのタンクトップ姿見た？」とか。それから、肉体労働ならではの、別のレベルの品定めもある（力ありそう？　文句たらたらのタイプ？　下ネタ平気かな？）。こういう品定めはもちろん一方的なものではない。女だって、男たちを、あるいはお互いを、品定めする。でも「新人の女の子」がトレイル整備の作業場に足を踏み入れたとき、その子は男ども全員に点数をつけている場合ではない。後になって点数はつけるかもしれないが、その場には男がたくさんい過ぎるし、みんなあまりにもじっとその子を見つめている。空気がプレッシャーに満ちている。動物的な本能を発揮して彼女に集中しているのだ。

私たち女は、女に飢えた男たちの女漁りよりも表向きは思いやりのあるやり方で特別扱いされることがある。男性は、チームに女性がいると男が正直になれるとか、会話の質が上がるとか、女性は「もっと必死に、ではなくて、もっと賢く」仕事をするから、女性がいるのはいい、と言う。それはだいたい全部当たっているし、男性は善かれと思ってそう言っているのだということもわかる。でも、ある人を基本的に誰かの逆の立場に置く分類はどれもそうなのだが、分類される立場から見ると、そういうご親切な分析はうっとうしいことがある。たとえば黒人――すごいリズム感！　ゲイの男性――色彩感覚がすごいよね！　赤毛――情熱的！　といった具合に。人にへつらうようなステレオタイプは、意地悪なステレオタイプと同じくらい不愉快だ。だって、自分で自分の容れ物を作る前に他人が自分の容れ物を作ってしまうわけだから。

中には、ステレオタイプに反抗してやり過ぎてしまう女性もいる――誰よりも粗野で、汚くて、男っぽくなろうとするのだ――が、そういう振る舞いは、正直なところ、それが男性だろうが女性だろうが、誰であろうと魅力がない。この、聖女と売女という二分法の肉体労働者版、つまり、女性はチーム一のあばずれか、またはメンバーを清潔でお行儀良くさせておく、地に足の着いた母性愛の塊みたいな人のどちらかで、その中間はまったくない、という考え方には、私はまったく興味がない。いったいどんな女性が、一番不愉快な人間になりたくて、いや、もっとひどいのは、周りを啓蒙したくて森で働くというのだろう？

自分の性を意識するのに男性は必要ない。女性ばかりのときには、私たちは女同士で角突き合わせ、目を光らせあう。人が自分を値踏みする世界で育ち、人や自分を厳しくチェックすることを教え込まれている私たちは、自分の体について持っているイメージを互いにぶつけ合う。常に外見を気にし、リップグロスはいつもつやつや、という人もいるし、お昼休みに頑として裸で泳ごうとしない人もいれば、誰にもお尻を見られないように、列の最後尾を歩きたがる人もいる。いつものことだからみんなわかっているし、区分けもできている――大食いなのは誰で、食べても太らないのは誰。背中を痛めている人、膝の手術をした人、胸が大きすぎて下り坂が大変な人、小さすぎてだぶだぶのTシャツを着るとわかんなくなっちゃう人。仕事が終わって汗だくのブラジャーを外すときは上手に目を逸らす。肩や背中に日焼け止めを塗り合う。私たちはお互いの体を意識し合う――美しい角度、汗の匂い、なめらかな曲線と三段腹――そうして互いの周りを回りながら踊るダンスは、中学で、会社勤めで、ロッカールームでお馴染みのものだ。違うのは、私たちは徹底的に肉体の中に存在しているということだ。

意外なことに、まさにこの、存在感に満ちた肉体のおかげで、性別とは無縁でいられることもある――文化が定義する役割や肉体の部分部分がバラバラになって、私たちはただ、ともに働く人間と人間になる。最高なのは、男も女も、持てるもののすべてを要求されるときだ。そういうとき、脳や筋肉の中には、余分なもの――誰の方が強いとかいいケツしてるとかあいつと寝たいとか――が入り込む余地も意思もない。お互いの値踏みもしないし、自分に点をつけることさえ忘れて、つかの間、意識や評価から自由になる。知り合って長くなればなるほど、そして最初の頃に感じたフェロモンの神秘が人間というものの神秘へと深まったとき、自意識は消え去る。それは、たとえば大きなプロジェクトがもう少しで終わるというときにざあざあ降りの雨の中を何キロも歩かなければならなかったり、大汗をかいて働いたり、近くにクマが出たり、夕飯が美味しかったり、そういうときに起きる。それは私たちの動き方を見ればわかる——自分の家で、誰が見ているかなんてお構いなく、頭をからっぽにしてくつろいでいる子どもみたいな自然さだ。そんなふうに、体の存在が圧倒的に重要な瞬間にあって、私たちが自分の思い込みやものごとの善し悪しの判断を手放せるのは、ヒトとしての皮膚が消えてしまうからなのかもしれない。汗をかき、体を動かし、呻き、終わったらリラックスし、たらふく食べ、空に向かって腕を伸ばすとき——私たちは男性でも女性でもない。私たちは動物なのだ。

もちろん、その後に私たちは、鼻をクンクンいわせ、互いの尻を追いかけ回し、柵の支柱におしっこを引っかけ、ポジション争いをし、誰かとくっつきたがる——それこそ完全に動物のすることではないか、とあなたは言うかもしれない。でもそれはセックスだ。セックスは単純なのだ。性別という影に常に付きまとわれている私たちにはせいぜい、男と女が一緒に、懸命に働くときに露わになる、些細な欠点や、誤りや、ぎこちなさを許し合うことしか出来ない。自分の体に完全に満足な人はほとんどいないし、私たちは常に、「異性」であることと「同じ人間」であることを結ぶスペクトラムのどこかに自分の位置を定めようとしているのだから。

＊　＊　＊

スペリー・シャレーは、一九一四年に建てられた、優雅な二階建ての建物だ。この土地で採れた岩を使った土台と木の柵のついたポーチが、スペリー・クリークを見下ろす崖っぷちに建っている。スペリー・クリークの源流は大陸分水界から西向きに流れ出て、コミュー・パスの下の懸谷を通り、七五〇メートル下のマクドナルド・クリークに合流する。スペリー・シャレーの設計を見ると、国家主義が強かった国立公園局創設当時に意図されたとおり、アメリカ風ヨーロッパ、という趣がある。エリート階級の旅行者にとって、行き先としてスイスと競い合う場所、というわけだ。

今は新しいキャビンになっているが、私が働いていたときは、スペリー・トレイルの整備隊用のキャビンはシャレーの後ろ、大きな岩の上に建っていた。荒削りで不恰好で、この地方の建築スタイルとは似ても似つかない。小屋はペンキを塗ったベニヤ板製で、シャレーのようなスイスっぽさもないし、ミドルフォークの警備隊用キャビンが持つ時代がかった魅力もなく、スペリーの小屋は、高山地帯で作業員が寝泊まりするのに必要最小限の施設に過ぎなかった。高山地区の北東にあるグラナイト・パークの整備隊には、ロフトと正面ポーチつきのすばらしいログキャビンがあって、キャビンの前の岩にあけた穴からグラナイト・クリークの冷たい水がバスタブを満たす。だがスペリーの小屋はそんなにラッキーではない――古くなったカーペットの切れ端が床に敷かれ、汚い食器布巾が物干し用の登山ロープからぶら下がり、折りたたみ式テーブルの後ろの棚には長年の間に作業員たちが残していった燃えないゴミが並び、その中には一九四〇年代のMREもあれば、〝マンウィッチ〟〔缶入りミートソースのブランド名〕の空き缶が山ほどあって、腐りかけの土台がとうとう崩れたときには床板を持ち上げるのに十分なくらいだ。

良いところと言えば、あまりに質素な小屋の佇まいのおかげで、作業員がシャレーに泊まっている観光客に邪魔されずに済むところだ。物置かポンプ室に見えるものに興味を持つ客はほとんどいないから、作業員は、観光客から近いところにいながらも、プライバシーは護られる。小屋の後ろには、よほど雨の少ない年以外は名もない小川が岩盤の上を流れていて、夜になると澄んだ空気に星が綺麗だった。シャレーに泊まっている人たちが寝てしまうとあたりは静まり、コミュー・パスの下の圏谷（カール）に落ちる滝の音が遠くに聞こえた。トイレに行くために夜中の三時に外に出た私は、暗い山々に眠気を覚まされ、足が冷たくなるまで、立ったまま夜の音に耳を傾けていたことがある。宮殿みたいなグラナイト・クリークのキャビンやパーク・クリークの警備隊用キャビンの昔っぽい面白さと比べても、ベニヤ板張りで、屋根には錆びて傾いた通気管が見えるスペリー・クリークのオンボロ小屋には不思議な魅力があった。死ぬほど疲れているけど世界に恋しているときは、どんなみすぼらしいあばら屋だって我が家なのだ。

八日間のヒッチの歌

　一日目はウキウキ出かけ、二日目はうかれてヤッホー、三日目はまだまだイケる、四日目にはすっかり飽きる、五日目はほとんど死にそう、六日目にはますますヤバイ、七日目はまるで一一日目、さあ八日目だ、ヤルぞ！

　リーバとスペリーで仕事した最初のシーズンは短かった。私が雇われたのはたまたまで、働き始めたのは七月の後半と遅く、そして九月中旬には季節雇用者はお払い箱だったのだ。翌年は予算が大幅に削減されて私は雇われなかった（ゲイブは雇われたが）。がっかりした。私はミゾーラで働く予定を立て、やっぱり公園整備の仕事が出来ることがわかったときにはもう、それらから身を引けなくなっていた。ミゾーラの夏も決して悪くないのだが、私はまるで一生の仕事をクビになったみたいに、トレイルが恋しかった。「すぐ辞めたやつ」という最悪のレッテルを貼られ、この先仕事をもらうチャンスを逃したのではないかと不安だった。だが次の年の春、新しい予算が付いて、私はこの世界に戻れることになったのだ——すでに、この先一生この仕事がしたい、とはっきりわかるのに十分なだけ、その味をしめていたこの世界に。

　仕事に戻った私はまったくの新人ではなかったが、

私が何も知らないことは誰の目にも明らかだった。結局のところ人は経験から学ぶもので、二年前に二ヵ月仕事をした、というのは大した経験ではなかったのだ。私はスペリーに配属されたが、スペリーにリーバはいなかった。代わりに私の上司はキャシーといって、公園の東側から、この、女性二名のチームを率いるために移ってきたのだった。

キャシーについて私が最初に聞いたのは、彼女が「セクシーだ」ということと、「恋人が死んだ」ということだった。上司になろうという人について、それはあまりにもわずかな情報だったが、それでも不安になるには十分だった。「セクシー」だからって、それはトレイル整備の仕事とは関係ないし、そのセクシーさは、自分が不細工で二流だ、と感じさせる類のセクシーなのか、それとももっと最悪の、他の女性が嫌いで、男をめぐって張り合い、男に媚びを売るタイプだろうか？　しかも死んだ恋人だ。その恋人、トリスタンはやはりトレイルドッグで、前の年の夏、ゲイブが一緒に働いた青年だった。若くて強くてよく笑った。その年彼は、ノースフォークの山頂で、登山事故で死んだのだ。キャシーとは高校の同級生だった。その悲劇を、去年の夏、トレイル整備のメンバーたちはともに乗り越えたわけだが、そのとき私は彼らと一緒におらず、そのことに私としてはどういう態度をとればいいのかわからなかった。キャシーは悲しみに打ちひしがれているだろうか？　その話をした方がいいのか、それとも知らないふりをするべきか？　問題がありすぎた。セクシーな傷心の女性と仕事をするというのは、ものすごく気まずいのではなかろうか。白状するが、私は悩んだ。

でも、会ってすぐに私はキャシーが好きになったのだ。彼女はタフだった——鍛え上げた上腕二頭筋と荒々しいほどの早足に繊細さを隠して。彼女は公園整備の仕事を始めてまだ数年だったし、若く見えた。私自身若いような気がしていたから、これはよほどのことだ（彼女は大学を出たてで、私は卒業して二年経っていた）。私の中の「姉御」な部分が、彼女が私に教える立場にいたにもかかわらず、彼女の面倒を見る自分を想像した。私たちはすぐに仲良くなった。あの頃の私たちがどんなだったかを思い起こすと、それは奇妙なほどだった――私は恥ずかしがり屋で仕事がしたくてたまらず、彼女は用心深くて悲しみを抱え、二人ともプレッシャーを感じながら、何日も何日も二人だけで仕事をすることが多かったのだ。同じような状況でうまくいかなかった経験もある――ほとんど我慢できない相手との二人組のチームで、性格が全然合わず、仕事以外のストレスが限度を超えていた、ということが。キャシーと私はラッキーだったのだ。

傍から見ると、私たちはおかしなカップルだった。キャシーはほとんどやりすぎなくらい女っぽくて、仕事にアクセサリーや口紅やスポーツブラを着けて来たが、一方の私は、ぶかぶかのTシャツと野球帽をかぶったおてんば娘だった（高山の峠道で、肩を組んで一緒に写っている写真を見ると、私は彼女の弟みたいだ）。彼女は近くのホワイトフィッシュという町育ちで、グレイシャー国立公園は彼女にとっては裏庭も同然だったが、私はと言えば、遅れてきた新参者だった。キャシーは『コスモポリタン』誌を読み、スキンクリームのことやマノロの靴のことも知っていたが、私はそういうものを、スーパーのレジに並びながら立ち読みする雑誌でしか知らなかった。それにトリスタンの死は明らかに悲しいことで、愛しい私のゲイブ、私の生活の中の彼の存在は、その喪失感を強めたに違いなかった。

でもこういう違いは、信頼の基礎を築く助けとなったレンガの前には何の力も持たなかった。そしてその信頼は、四年間一緒に仕事をするうちに深まっていったのだ。ともに大学では英文学専攻だった私たちは、本を貪り読んだ。イギリスの風俗喜劇や法廷ものスリラー。そして二人とも言葉遊びが大好きなことがわかり、作業現場への往復で歩きながら楽しんだ。私は一見おマヌケだけど実は真面目。キャシーは一見真面目だけれど本当はドジ。私たちは、小柄で機敏で頑張り屋、度を過ぎた負けず嫌いだったけれど、同時に勝ち負けにはこだわらなかった。私たちは現場でお互いを信頼するようになっていった――「彼女はデキる。彼女なら大丈夫。彼女が見ててくれる」――そうやって、私たちはお互いを自分の生活に招き入れたのだ。私がゲイブとうまくいっていなかったときは彼女が相談に乗ってくれたし、トリスタンの命日には彼に乾杯し、私はキャシーをぎゅっと抱きしめた。

だけど、何よりの信頼の決め手は二人のものすごい食欲だった。遺伝的なものと、肉体労働に伴って上昇した新陳代謝のせいだ。体重五六キロ（ブーツを履いて）の私たちは、ほとんど片手では持てないほどのランチをバックパックに詰めた。学校に持っていくランチを巨大化したヤツだ――ベーグルに具を山ほどはさんだサンドイッチ、冷えたピザ、さけるチーズ、動物の形のグミ、チョコレートバー。寒い日には、私はレストランで食事に付いてくるバターを貯めたヤツをそのまま食べたし、キャシーはあんまりたっぷりとクリームチーズを塗るものだからまるでベーグルの上に発泡スチロールが乗っているみたいだった。山奥のキャビンでの八日間のヒッチ中、スモークしたトラウトをまるまる一匹、作業の後に、クラッカー一箱と一緒に平らげ、小骨を噛み砕きながら「ほんとの夕食」の準備をしたものだ。私たちは、「飼い葉桶」と呼んでいた大きな鉄製のボウルで、チーズたっぷりのキャセロールや大きなブリトーを山盛り食べた。ある晩、『コスモポリタン』誌のクイズに答えて私たちの体格に必要なカロリーを割り出した後に、その日私たちが食べた物のカロリーを計算すると、それぞれ六八〇〇カロリーあった。考えられる最大の許容量（活発に体を動かす妊娠女性の場合）の三倍以上だ。今でも、「男の心をつかむ道は胃袋から」という言いまわしを聞くたびに、私はキャシーを思い出す――私たちは、二リットル入りのタッパーに入ったランチを一緒に食べるうちに心を許しあい、自分たちも驚愕するほどの量の米やラビオリやダンプリング〔小麦粉の団子〕をコールマンのバーナーで料理しながら、友情を燃え上がらせたのだ。

＊　＊　＊

スペリー・ヒルは険しいトレイルだ。マクドナルド・レイクのトレイルの起点から、ヒマラヤスギの森を通り、スプレイグ・クリークの流域を一〇キロほど登って、終点のスペリー・シャレーまで、平らなところは数カ所しかない。一番ひどいのは下の方で、道はでこぼこで雨の後でさえ埃っぽいが、真ん中のあたりにもすごいヘアピンカーブがあるし、シャレーの下の最後の登り坂は、もうすっかりエネルギーを使い切った後にあるうえ、馬に乗って登ってきた観光客が頂上に並んでおしゃべりしているのだから最悪だ。スペリー・トレイルはシーズンの初めはいつも愚痴のタネになる——まだ慣れてねえからよ！　とパッカーは言う——が、一カ月も経てばそんなに大変ではなくなり、それどころか楽ちんになる。行きも帰りも登りがあって、チェーンソーを担いで行かなきゃならないのでやる気が出ないことで有名なトラウトレイク・トレイルや、つかまって登れる手すりが欲しいカットバック・パスに比べたらなんてことはない。

私が仕事を始めた最初の夏の初め、私たちは毎年恒例の爆破作業のためにスペリーの六キロを登った。冬中そこにある雪の吹き溜まりが道を塞いでいてなかなか解けないので、ダイナマイトで爆破しない限り、夏中ハイキング客の邪魔になってしまうのだ。この爆破は毎年、目新しくて興奮した——爆発はドラマチックだし、シーズン初めにつきものの排水溝掃除を一時《いっとき》休めるし、色々な作業班からたくさんのトレイルドッグたちが、雪の中で一日遊ぶために集まってくるのだ。だが、まずはそこまで行かなければならない。ぜいぜいと息を切らし、吐きそうな気分で、パッカーに追いつかれそうになりながら、私は爆破のことも雪玉のことも頭になかった。馬の息が首にかかるのがわかった。今でもこのときの登山は、肉体的にこれまでで一番苦しい試練だったと思う――二日酔いで飲み水もなしにグランドキャニオンをバックパックで歩いて出たときよりも、三週間のスキー旅行中の五日目に、寒さに凍え、爪先が霜焼けで水膨れになったときよりも、アラスカの氷河で、ホワイトアウトに遭いながらクレバスの間を縫って歩いたときよりも。なぜならその日、スペリーの山を歩く私は、その先に何があるのかまったく知らず、ただ自分がヨレヨレであることだけはわかっていたのだから。そして他のみんなにもそれがわかっていた。

あれから私はこのトレイルを、一〇〇回くらいは歩いているだろう――プライバーやチェーンソーや刈払機を担いだり、三五キロあるプーンジャー社の石ドリルを装着したフレームザックに押し潰されそうになったり、落馬してすすり泣いている重たいハイカーを乗せた車輪つき担架を押したりしながら。新人整備員一二人を鍛えようとして登ったこともあるし、スペリー・ヒルの登山時間記録保持者、ジェイク・プレリンに追いつこうとしたこともある。偏頭痛がしているときにも、気温が三二度の日にも、下痢のときも（三〇分おきに草むらでしゃがみこみながら）、岩を揺るがすほどの雷雨のときにも登った。スペリーは苛酷で険しいが、いったん慣れて、それぞれの区域を記憶し、頭の中で道を辿れるようになれば、それほど怖ろしくもなくなる。いつ深呼吸をしてエネルギーを溜めておき、いつ身を屈めて持てる力のすべてを出せばいいのか。いつ水を飲めば吐き出さないで済むか、どの曲がり角の先に真っ直ぐな道があって時間を取り戻せるか、大腿四頭筋が熱くなる短い急勾配が続いているのはどこか。

その爆破の日、パッカーは結局私にはジップロック〔ファスナー付きのビニール袋のブランド〕の袋に入ったアンホ爆薬を渡さなかった。そのときの私は、誰にでも、たまたま調子が悪かったり、パッカーのスリムがことさら厳しくはっぱをかけようとしていたりして、爆破作業から外されることがあるということを知らなかった。ナルシストの私は、屈辱を受けるにしても特別でありたかったから、自分はトレイルドッグの歴史上、最もダメなメンバーに違いない、と思った。後になって、私のことをスリムが「根性あるよ、それは認める」と言った、というのをリーバから聞いた。その嫌々ながらの褒め言葉は、無愛想なパッカーにしてみれば絶賛だったわけだが、私はまったく納得できなかった。根性が何よ！　頑張り屋がくそくらえだわ！　勇敢さなんて、純粋に体力とか、技術的な腕前とか、何でもいいから役に立つものと喜んで交換したかった。人は私を、肝っ玉が据わっているとか、意志が強いとか、タフだとか言う。でも、みんな私の秘密を感づいていたと思う――つまり、私はそういう性質をもともと持って生まれていたのではないということ、何度私がトレイルから逸れて草むらに隠れたかったか、私がからうじてギブアップしなかった理由はプライドだけだった。だけど、有名なその執念以外に何もなかった私は、それにしがみつくしかなかったのだ。生まれつきであろうがなかろうが、根性を手放したら、私には何一つ残らなかったのだから。

＊　＊　＊

ゲイブと私は一度に六日ずつ夏を一緒に過ごした。ヒッチが終わった最初の夜は、一週間の休みは果てしなく長いように思えた。時間はたっぷりあったから、家で過ごす初日はリラックスして、何もせず、洗濯し、シャワーを浴び、本物のキッチンで手の込んだ食事をし、セックスと足のマッサージをし、暑い夜には川で泳ぎ、雨なら映画をレンタルするという贅沢を楽しんだ。次の四日間は、湖のそばでロッククライミングをしたり、キャンプしたり、日帰りのハイキングにあてる――山登りしたり野山を歩き回ったり、遠くから来た客人を大好きな場所に案内したり。最後の日は決まって町に出て、食糧や備品を買い、本屋に立ち寄ってから家に帰り、食糧を分割したり次のヒッチのための食事を一緒に作ったりする。出発前夜にトラックに荷物を積み、ひんやりしたシーツにくるまると、ヒッチ直前だという感覚が強くなっていく。朝には仕事に出かけるということに気がつくのだ――この前の仕事はあまりにも昔のことなので、仕事があるということすら忘れてしまっていたけれど。朝六時、私たちはラブレターをお互いの荷物に滑り込ませ、デイパックの底にお菓子を隠し、納屋でこっそり、軽くキスをする。ヒッチの間はときどき無線で暗号の会話を交わす――「一〇―四、了解、二五三はクリア」というのは、私たちの間では「こっちはすべて順調、いたら食べちゃうぞ」という意味だし、八日目には胃がムズムズして、思春期の若者みたいにドキドキしながら森を出る――今日の午後、彼に会える、と。

＊　＊　＊

整備隊がお気に入りのストーリーがある。東の班が登山者の多いトレイルで石積みの作業をしている。六〜七人の整備員が、数百メートルほどの区間に散らばって作業していると、ハイカーが二人近づいてくるが、一人は遅れ気味だ。一人目のハイカーが、整備員の一人の傍らで足を止める。息を切らし、手を肉付きの良い腰に当て、頭にはクマ除けの鈴をつけたツバ広のサファリハットを被っている。彼が言う――「あんたたちの責任者はどこ？」整備員が――ケントだとしようか――身振りでトレイルの先にいるマーシーを指す。マーシーはノミで石の階段を削っている。彼女は四〇歳近くて、一五年以上ここで整備隊の班長をしている。「あの人？」と言ってハイカーは一瞬黙る。「あのオンナノコがボスなの？」ケントが頷く。もちろん、マーシーがボスだ。当然だろ？

「オンナノコがボス？」ハイカーがもう一度訊く。そしてその友達に大声で言う――「よぉジョー！　聞いたかよ！　あのオンナノコがボスだってよ！」

ジョーが立ち止まる。「何？」

「あのオンナノコがボスなんだってよ！」

「なんだよ、オンナがボスかよ？」

「おお、あの、オンナ、が、ボス、なんだってよ！」

それがあと何回か、大声で繰り返される。顔をピンクに染め、汗びっしょりのジョーが追いつく。二人はしばらく笑い続け、マーシーを怒らせようとするが、効果はない。二人がようやく声の届かないところまで歩いて行ってしまうと、整備員たちはたまらず吹きだし、土の上を転がり、道具をそこら中に散乱させて笑い転げる。息もできないほど。

どんなサブカルチャーもそうだが、私たちは特定のエピソードを選んで繰り返し話す。どんな逸話も全部が選ばれるわけではないのだ。なぜこれが選ばれるのか？　一つには、すごく可笑しいということ。滑稽な振る舞いを再現するのは楽しいし、芝居がかった話は一番よく繰り返されるものなのだ。さらに、このエピソードはやんわりと観光客を嘲笑する――それどころか、観光客自身が自分たちを笑いものにしているところがいい。季節雇用者に共通するものがあるとすればそれは、観光客を笑いものにするのが大好きだ、ということだ。この世界ではこの仕事は地位が低く、ある意味見下されている――時給で働き、感謝もされず、仕事の保証もない――が、私たちにはこの場所にいることによって得られるパワーがある。私たちのほとんどは厳密な意味では「地元住民」ではないが、ここにいるのがどんなに短い期間でも、たとえ出身がカリスペルやカンザスであろうとも、私たちは観光客ではない。今は、ここが私たちの居場所なのだ。

だがこのエピソードの場合、観光客も重要ではない。大事なのは「オンナノコがボスだってよ！」という部分なのだ。この簡単な一言から、そこにあると本能的にわかっていながら私たちがめったに口にすることのない、ある複雑な状況が見えてくる――序列というものの意味、誰が誰の言うことを聞くのか、性別についての思い込みの再編成、そして、私たちが完全に平等で、もうそのことについて考えることもなくなるまでに、まだどれほどの距離があるか――。このエピソードには、ハイカーの驚きようといい、彼が理解できずにいる事実といい、何かこう、完璧なものがある。滑稽だし、無知丸出しでさえあるけれど、このエピソードはある真実を突いている。実際に、そのオンナノコがボスなのだ。整備員たちが笑い転げている間、マーシーはにっこりしながら、石片が剥がれ落ちるまで岩をノミで叩き続ける。

＊　＊　＊

辞書によれば、粘土岩は堆積岩で、細かい粘土粒子が固まったものだ。地質学では、粘土岩は泥が石化したもの、圧縮された沈泥で、頁岩《けつがん》、粘板岩、片岩と近い。美術的観点から見ると、ロッキー山脈の粘土岩はピンク色と緑色（それは鉄が酸化するからだ、と科学がちゃちゃを入れる）で、雨が降ると色が鮮やかになり、ゴーギャンの色調になる。トレイルドッグによれば、ルイス山脈を囲む峠道や尾根には粘土岩がたくさんある。多くの堆積岩と違い、粘土岩は簡単には割れない。が、割れると斜めの平面を作り、継ぎ目をしっかり繋ぐ必要のある石積み作業には理想的だ。経験によれば、コミュー・パス手前の最後の上り勾配のてっぺんで、トレイルがぐるっと曲がって平らなところを通るが、そこの岩はまるで空から大きなサイコロが降ってきたように見える。巨大な塊の上に登ってランチを食べれば眼下に拡がる五キロのトレイルが、小さなシャレーに続き、その先のマクドナルド湖を通ってアプガー・ヒル、そしてノースフォークまで続いているのが見渡せる。地史学によれば、先カンブリア紀の地層に見られる堆積岩は第三紀の間に、ルイス衝上断層によって東の白亜紀の地層の上に押し上げられた。森林警備隊によれば、この国立公園では少なくとも一〇回の氷期があった。霞がかった遅い午後に言わせれば、下界の谷は三二度あるから、陽の当たる岩の上にもうしばらく座って、風が汗をかいた肌を乾かす間、髪を太陽に暖めさせておくといい。風は囁く――太陽、水、土、休息、石。

＊　＊　＊

パッカーはカウボーイだ。私たちのパッカーは、シェルドン、スリム、そしてグレッグ。スリムは背が高く、痩せぎすで、チャート（石英を主成分とする堆積岩の一種〕みたいに硬い。グレッグは丸くて楽しい人で、太ったお腹に「ハンドルバー」型の口ひげで田舎訛り。そして一番ハンサムなシェルドンは、もの静かでセンスが良く、髪は薄茶、聞き取りにくい、抑揚のないしゃべり方をする。白いフェルト帽を被り、休日には派手なウェスタンシャツの裾をアイロンをかけたラングラーのジーンズに突っ込んでいた。グレッグは普段は大抵麦わら帽子を被り、「クロンボ」とか「こんちくしょう」というような言葉を使いがち。スリムは一九五〇年代の西部劇の悪者から剥ぎ取ってきたみたいな黒い帽子を被っていた。初対面では彼の口の悪さにギョッとするが、後になって、彼の悪態に慣れっこになった頃、今度はその高音の、女の子みたいな笑い声にギョッとするのだった。

＊　＊　＊

　グレイシャー国立公園には一生登る分の山がある。私が最初に登ったのはリンカーン・ピークで、スペリーのキャビンのすぐ上にあった。リンカーン・ピークを知っている人は誰でもにやりとするだろう――だってそれはピーク〔尖った山頂という意味〕と呼ぶほどのものではなく、ゴツゴツした岩稜やら、尾根の反対側の空が見える窓くらいの大きさの穴のあいた岩やらがところどころにある、稜線の出っ張りの一つにすぎなかったのだ。山の頂に登ったことはそれまでにも何度かあった――大学生のときにシエラ・ネバダ山脈のガレ場をよじ登ったこともあったし、ホワイト山地のあまり高くない山頂をスノーシューで登ったことも、ヨセミテで典型的な六ピッチの岩稜クライミングを補佐したこともあった。でも、一人きりで山にいたという経験は少なく、自分の判断を信頼するには不十分だった。どこから先が「険しすぎる」のか？　どういうルートが最適か？　危ないのはどこか？

　リンカーン・ピークからは、山並みのもっと先の方に標高二七四三メートルのガンサイト・マウンテン、ガンサイトからコミュー・パスをはさんで反対側には二七一二メートルのマウント・エドワーズが見え、そして南東には、グレイシャー国立公園で三〇〇〇メートルを超える五つの山頂の一つ、巨大なジャクソン氷河がそびえ立っている。この地区でヒッチをしている間に私はこの三つの山頂をそれぞれ数回ずつ登ったが、リンカーン・ピークまでの短い登山ほどよく覚えているものは少ない。風の強い夕刻で、小雨が降っていた。リーバは下の小屋で夕飯を食べているし、観光客はシャレーをうろうろしていたし、ゲイブはグラナイト・パークの分水嶺にいて、私はたった一人、その小さな出っ張りの上で、なかば不安げに、なかば勇敢に、目まいを堪えながら風に身を乗り出して、見慣れぬ地平線を用心深く歩いたのだ。

＊　＊　＊

リーバが私につけた山仕事中の最初のニックネームは「ナンバー2」、鉛筆のナンバー2のことだ（鉛筆の規格で、日本のHBに相当する）。ひょろっと細長くて先端に金髪の消しゴムがついた私は整備班のナンバー2でもあったからぴったりだった。自分がナンバー1ではないことを覚えておくようにというちょっとした揶揄もあった（そんなことはこれっぽっちだって考えたことはなかったが）。ミッチは、ローラ・インガルスに引っかけて私を「ハーフスクープ」と呼んだ（『大草原の小さな家』シリーズの主人公ローラのニックネームはおちびちゃんという意味の「ハーフパイント」）。ある暑い日の午後、岩だらけの土取場で、シャベル一杯の土もすくい上げることができなかったことからついたのだ。長距離トラック運転手の無線のハンドルネームみたいに聞こえる、CBという名で呼ばれることも多かった。パッカーたちのお気に入りは「あのお嬢ちゃん」。後になって、歩幅が広いことからついた「ストレッチ」、冷えた状態からかけようとしてなかなかかからないディーゼル車のエンジンを、十代の男の子みたいにがんがんにふかしがちなことからついた「スロットル」というのもある。山で一緒にスキーをする仲間からは「スニック」というあだ名をもらった。外に一〇分以上いると決まって私がスニッカーズを食べたからだ。

「問題児」――たぶん、問題ばかり起こしていたから。

＊　＊　＊

スペリーの整備隊は、一シーズンに必ず一度はエレン・ウィルソン湖でヒッチをした。ターコイズ色をした小さな湖で、ものすごく水が冷たくて、焼けるような八月の日でも泳げば大声を出さずにいられない。ある朝、キャシーと私は、ラバの荷物に隠して持ってきた一人乗りの釣り用ゴムボートに空気を入れ、ボートを漕いで作業に出かけた――私たち二人、二人分のデイパック、石積み作業用のツールをゴム製のボートに押し込んで。私たちはゴムボートを崖の下に係留して、作業場までガレ場をよじ登り、こんなかっこいい通勤の仕方はどこにもない、とご満悦だった。ところが、午後五時半になる頃には、午後の風が谷の上流に向かって吹き始めていて、ラッシュアワーの帰宅並みに歩みは遅く、帰りは二時間もかかってしまった――石積み作業に疲れた腕には、強い風に逆らって漕ぐことがほとんど不可能だったのだ。私はミサゴやイヌワシが上空の風を滑るのを眺めた――私たちの行く手を阻む風が彼らの飛翔をアクロバットにまで高めるのを。その後、ゴムボートが使われることはなかった。代わりに私たちは仕事から二〇分で歩いて帰り、交代で湖で泳いだ――キャシーは作業でついた日焼けの跡がわからなくなるようにビキニの紐を下にずらし、私はスポーツブラと、古くなったカーハートの作業パンツの脚をポラスキーで切り落とし、忘れてきたショートパンツ代わりにして。

エレン・ウィルソン湖からやってくる嵐は烈しいものだった。八日間のヒッチのうち七日間がざあざあ降りだったこともある。キャシーのエアマットはものすごくぶ厚くて、半分だけ空気を入れた状態でテントに押し込み、残りはテントの中で膨らませた。おかげで彼女はマットの上で高々と、雨にも濡れなかったが、一番新しく整備隊に加わったバーナデットは、床に水溜まりができて寝袋がびしょびしょになり、最後の二日間、低体温症になるきわどいところで仕事をした。

エレン・ウィルソンはそういう嫌なオンナなのだ。

八日目になると私たちはキャンプを片付ける——クマ除けの竿からクーラーボックスを降ろし（しなびたレタスの葉、グニャグニャになったさけるチーズ、玉虫色に光るローストビーフが一切れ、解けかけの氷に浮かんでいる）、テントをたたみ、それぞれのボックスにツールを収納。パッカーたちが私たちのキャンプまでの長く険しい山道を下りてくる間、私たちは、ここからトレイル起点に停めてあるトラックまでの焼け付くような一五キロの道程に備えて湖で一泳ぎする。すぐ後ろにラバの列を従えての帰り道、スペリーのキャビンにずっと近いところにある、氷河が解けてできた小さな沼を通りかかる。ウィリー・ネルソン湖というニックネームがある。エレン・ウィルソン湖から戻ってきたばかりの私たちは、この沼の水面の藻をどかして泳いだヒッチを思い出して笑う。ゴムボートで沼の半分は覆ってしまうだろう。私たち、それほどまでして泳ぎたかったんだろうか？

観光客が女性トレイルドッグにかける言葉

あんたみたいなキレイなお嬢さんがどうしてこんな仕事してんの？ 男が全員だらしないとか？ 若かったときその仕事しとけばよかったわ。へえ、あんた強そうだね！ すごいねえ。オンナノコが汚れてるってのはかなりセクシーだっていつも思ってたんだ。誰にツールをここまで運んでもらうの？ 俺、女房と離婚してあんたたち二人と結婚するよ。うちの息子たち、あなたがたと一緒に写真を撮ってもいいかしら？ お母さんが見たら何て言うかしらねえ！ うちの娘たち、君たちと一緒に写真を撮ってもいいかな？

真夏になり、長い移動距離と重たい岩相手の苛酷なヒッチの後、私は自分の体を眺めて、それが変化したことに気づいた。筋肉がついたのだ——家族の中で一番小さく、皮膚が薄くてぎすぎすと骨張った私に。整備隊の仕事を始めた最初のシーズン中に、私は自分がようやく少女から大人の女に変化したような気がした。

女性の多くが言うように、優しくふっくらしたとか、お尻が大きくなってやわらかい肉がついたとかいうのではない。そうではなくて、肩から上腕二頭筋にかけての張りのある曲線や、痩せた膝の上の堂々とした大腿筋が私を女性にしたのだ。私の体には、それまで感じたことのなかった存在目的と能力があるように感じられ、状況を掌握して自分のやり方を決められるのだという気がした。三〇キロを早足で歩くことも、重い荷物を担いで坂を登ることもできた。大きな岩をてこで動かすこともできたし、前は両手で胸のところに持ち上げるのがやっとだったものを片手で運べるようになっていた。

その夏、私は誰にでも力こぶを作ってみせた。怪力男のポーズをパロったのは風刺を利かせて私の得意さを和らげるためだったけれど、タンクトップを着た私は、バーで、頼まれれば力こぶを作り、全然知らない人たちに上腕筋を触らせた。私はそれまで、女っぽく消極的に人を誘惑することに興味を持ったことはなかったし、その新しい腕は、潜在的な力に私を酔わせた。単に私の見た目がどうだというだけではなくて、私には私の力で出来ることがある――瓶の蓋を開けるとか、お尻を触る手を払いのけるとか――ということ、この世界を掌中にし、しっかりと摑んで、そうしたければキンタマを蹴っ飛ばすことも出来るということがわかったのだ。私たち女性は長い間、私たちの体は見せるためのもの、並べて鑑賞するもので、私たちは、誘惑――肉体的な強さがない代わりに心理的に相手を支配すること――でパワーを得るのだと教えられてきた。そんなのは全部サヨナラだ。もともと私には向いていなかったし。私は私のパワーを私の体の中に感じたのだ、それ単独で。

脈絡もなく、私は暴力的な行動を夢想した――自分の手を眺めて、この手には何が出来るだろう、と考えたのだ。荒馬を馴らすことが出来るだろうか？　素手で板を真っ二つに出来るだろうか？　誰かの首を絞めて殺せるか？　暴力は私を驚かせたし、傍で見ている人には私はそれでもまだ笑っちゃうほど痩せっぽちで、暗い路地で出会っても逃げなきゃとは思わなかっただろう。でも、私が考える「自分に出来ること」の中身は変化していた――無意識に物を持ち上げるようになったし、スーパーでレジの人が荷物を運んでくれようとするのをきっぱりお断りしたし、きつく締まったラグナットも外せたし、与えられた作業について、出来なかったらどうしようと心配することもなくなった。トレイル整備の仕事では、それはすなわち、自分の手に負えない状況に陥りやすいということを意味した――私は決して万能ではなかったのだから（万能な人なんてほとんどいない。ただし、マックスはそれに近いように思えたし、おかげで私は頑張りつづけたのだ）。私はときおり、出来ない、と気がつく前に仕事を抱え込むことがあった。プライバーを持つと、プライバーがあればこそなのを忘れて、私に出来ないことはないような気になった。私は以前から、強いことと同じくらい優しさや弱さを大切だと思っていたけれど、その夏の私は、筋肉を見せびらかし、ほら見て、こんなことが出来るのよ、と自慢するのが楽しかったのだ。成金があっという間にお金を使うのはこういうわけなのだ、と私は思った。ずっと欲しかったのにもうちょっとのところで手が届かずにいたものを、みだりに使うな、と言っても無理なのである。

今では私は自分の体とそのリズムに――作業によってそれがどんな形になったり変化したりするか、ということに――すっかり慣れてしまった。山道を登ることが多い夏は、大腿四頭筋はサンドバッグのように硬くなり、心拍数はすっかり安定してなかなか上がらない。岩を使ったプロジェクトが一カ月も続くと、朝は腰が痛いが、自慢の腹筋が出来上がる。丸太を使った作業をすると、背骨の脇の広背筋が張ってレンガみたいに硬くなり、触ると痛いし、手は樹脂に覆われる。動力つき手押し車が使える、フロントカントリーでのプロジェクトのときは、腰痛は治るが腕はふにゃふにゃになってしまう。

二〇代半ば、どんどん強さを増していた頃の私は、後になって、痛みや故障や手術や術後の回復期などを経験することになるとは予想も出来なかったし、長い年月にわたる労働の結果、他の人たち――私より年上だったり、この仕事を長くしている――に起こったのと同じことが自分の身にも起きるということもわからなかった。でも私は、絶好調のときもヨレヨレのときも私とともにあった大事なこと、本からしか物事を学んでこなかった私に肉体労働が教えてくれた多くのことの一つを学んでいたのだ。それはつまり、自分の体は立派に仕事が出来る、ということだ。我慢強く、その限界を知り、弱点に気をつけつつ、本能的に大丈夫とわかっているときにはその限界を超える。そうすれば、私の肉体は頼れるパートナー以上のものになる。それは私自身なのだ。ツールであり、我が家なのである。

＊　＊　＊

暑い日にスペリー・ヒルを登りながら、キャシーが「モンタナ・カウガールの恋歌」を教えてくれた。デュードロップ・インとかパッカーズ・ルースト〔どちらもモンタナ州のコラムという町にある酒場の名前〕にぴったりの歌で、こんな具合だ。まず、頭を後ろに倒して髪をほどき、首筋に振り下ろす。片側をちょっと上げた腰に手を当てる。そうしたら足で馬の駆け足のリズムをとり、大きな声で歌う。一本調子で、最後の音節は一オクターブ上げること――「立てて、入れて、出して、髪を乱しちゃイヤよ！」踊れるところを探してやってみるといい。これでカウボーイバーの男たちが群がってこなかったら、何をやっても無駄だ。

＊　＊　＊

グレイシャー国立公園には、一一六〇キロ分のトレイルがある。他の国立公園のほとんどと比べてずっと長いが、公園ができた当初、つまり車道ができる前の、観光客のほとんどが徒歩か馬で散策した頃には最長一六〇〇キロ以上あったから、四五〇キロ近く短いことになる。当時、市民保全部隊や地域の自然保護警備員や探検家たちが猛烈な勢いで造ったトレイル網は、精密に造られた芸術的なものもあれば、必要最低限のやっつけ仕事もあった。

昔は森林警備隊もトレイル整備の作業をした。その頃の作業というのは、斧や両挽き鋸を担いで歩いては、トレイルの草を刈ったり、風で倒れた木を片付けるというものだった。今は、トレイルの距離も長いし、歩く人が引きも切らないため、整備員が新しくトレイルを造ることはほとんどなく、生計を立てるための仕事は、排水溝やトレイル地表のメンテナンスや草刈り、それに、冬の間に倒れた木の撤去などだ。だがたまに、トレイルが決壊したり、水浸しになったり、ビーバーが巣をかけて移動しようとしないせいで、トレイルの道筋を変更しなければならないことがある。そうすると、埃を被っていた測量器具——アブニー水準器、測量用の一時標識、傾斜計など——が引っ張り出され、トレイル整備員が新しいトレイルを造ることになる。

キャシーも私もトレイルの測量はしたことがなかったが、班長は通り一遍の指導のあと、ガンサイト・パスへと私たちを送り出した。私たちが泊まるキャビンの外で傾斜計を初期化したとき、キャシーには私の眉毛が、私には彼女の、頭のてっぺんで髪が盛り上がっているところだけが見えていた。トレイルの、スイッチバックを造る現場では、そこより上のトレイルの傾斜角度とそこより下のトレイルの傾斜角度をうまくつなぐ曲線を造ろうとしたが、一二パーセントという勾配は思ったより難物だった。私たちは何時間もかかって、一人が片目をつぶって傾斜計を覗き、もう一人が、目に埃が入らないように吹き飛ばしながら測量杭を持ち、測った箇所に印をつけた。ようやく頼りなげなピンフラッグで斜面にトレイルの道筋の印を付け終わると、私たちはせっせと土を掘り、仕事を終えて現場を去るまで巻き上がった土埃が収まることはなかった。眉毛まで埃だらけになり、肌は二回り茶色くなって触ると粉っぽく、白いTシャツは汗と汚れの混じった染みで横縞ができ、唇はカサカサで痛かった。

ヒッチの最後に、私たちは出来上がったトレイルを歩いてみた。足元から埃の輪が舞い上がった。私たちが思ったよりも勾配は急だった。もしかしたら私たちが「基準点」としたところがそもそも基準点でなかったのかもしれない。あるいは誰かが傾斜計を落として、きちんと作動しなくなったのかもしれない。それとも私たちのどちらかが、パーセントを読むべきところを角度で読んだのかもしれない。その結果、出来上がったトレイルの勾配は、五パーセント（車椅子用傾斜路）と、三二パーセント（古くはブラックフット族の主要道で、どんなハイカーにとっても――マックスでさえ――きついカットバック・パス上部区画）の間のどこか、ということになってしまった。今度やるときは、今回の失敗から学んで、測量をもっと上手くやろう、と私たちは誓い合った。

だが、「今度」はやって来なかった。その後モンタナ州でのトレイル整備で私は一度も傾斜計を手にしていない。下草が伸びるのは早く、毎年、冬には木が倒れ、排水溝は馬の蹄が蹴り上げる石で詰まる。整備と建造は常に、バランスの問題だった――是が非でもルートの変更が必要なトレイルは多く、変更さえすれば問題は金輪際解決され、毎年毎年修理をする必要がなくなった。だが、大規模な修繕が出来る予算はめったになかった。手術よりも絆創膏を貼っておく方が安いのだ。とは言え、絆創膏を貼るのにだって時間はかかる。毎年、予算の縮小と人員削減のせいで、歴史のあるトレイルの一部が失われていった。作業場には、トレイル全盛期の古びた白黒写真がかかっていた。中央の両挽き鋸を三〇人の整備員が囲んでいる。まだ大々的な観光ブームの気配もなかった頃だ。膝上までのパンツにサスペンダーをした、この元気そうな青年たち（それににっこり笑っている三つ編みの女性が一人）は、私たちみたいな少人数の整備隊が、なんとかトレイルを歩けるようにしておくためだけに必死で働き、古いトレイルが下生えに呑み込まれていく間も、新しいトレイルを造れる場所のことを夢見る日が来るなんて、想像も出来なかったことだろう。

トレイルドッグが観光客に言いたい言葉

うん、ハイカーを食べた例のクマ、昨日見たよ。あなたたちはここでお金払って休暇中なのよね、あたしは払ってもらってるのよ。警備隊員じゃないよ。私はあなたのオフィスにずかずか入って写真撮らせてなんて言わないわよね？　そうだね、この仕事最高だよ。だめ、水はあげられない、まだ六時間も仕事だし、必要なのよ。うん、ここでは足の鎖はずしてくれるんだ。いいえ、ラバの糞は拾わない。冬はスキーよ。どういたしまして、喜んで。違うの、警備隊員じゃないの。ええ、大学は出たわ。あんた年寄りのデブだし性差別主義者だし、あんたがあたしにベタベタしてる横であんたの奥さんどんな気持ちだと思うの？　写真はお断りだね、養育費の支払いから逃げてるんだから。あなたの息子さんに仕事を斡旋することは出来ないと思います。冬は物書きなの。ここ何百万坪もあるのに、あたしの作業現場のど真ん中でおやつ食べなきゃいけない？　警備隊員じゃないってば！

ね、ここ綺麗でしょ？　すごく綺麗だわ。

スペリーの山小屋ではネズミが問題だった。いや、スペリーのキャビンの住人がネズミに困った、と言うべきかもしれない。七月中旬のある蒸し暑い夜のこと、二段ベッドのシーツの上で寝ていた私は、爪先から私の素っ裸の体の上を駆け上がるネズミで目を覚ました。ネズミは私の髪の毛の中に潜り込み、からまった髪の中でちょっとじっとしたので、私はネズミを掴んで壁に思いっきり投げつけた。私の叫び声で目を覚ましたキャシーは、私の埃だらけのもつれた髪の中で動けなくなり、恐怖におののくネズミを想像して笑った（前みたいなスポーツ刈りだったら中を通りやすかっただろう）。朝になると、ベニヤの壁にはベタッとした染みがあったけれどネズミの姿はない。多分、備品庫の潤滑剤の隣で傷を舐めているのだろう。もうそのネズミを見ることはないだろうと私たちは思った。

ところが次の日、夕食を食べていると、壁の中を走るネズミの足音がする。そもそも、キャシーも私も、ネズミにキャーキャーワーワー言ったりはしない。毎年、シーズン最初のヒッチでは、怖ろしいハンタウイルスが鼻の中に入り込むのを防ぐためバンダナで顔を覆って、ネズミの糞を律儀に掃除したものだ。トイレ小屋にあった野ネズミの死体も、大騒ぎせず捨てた。とは言え、私たちは、いずれはやらなくてはならない仕事を何時間も先延ばしにした――ネズミがどこかに行ってしまい、何も殺さずに済むように願いながら(死んだネズミを捨てるのは、ネズミを意図的に殺すよりずっと簡単だ)。でも寝る時間が近づき、その嫌な仕事をやらないわけにはいかなくなった。我が家を奪還しなければ。

私たちは慎重に罠を用意した。木製で、チーズの形をしたプラスチック製の餌置きが付いているヤツが一番強力そうだった(ゲイブの班はそれに「死のチーズ」とあだ名をつけた)。私たちは、餌置きにピーナッツバターを塗った罠を小屋の床の中央に置いて寝たが、夜中にパチン! という音で目が覚めた。カチャカチャいう音とキーキー声に耳を塞ぎ、自分の快適さのために小さな動物を殺す必要なんかないというふりをして、私はまた寝てしまったのだ。キャシーは魚だけは食べるベジタリアンで、朝、彼女が鉄のフライパンでクロワッサンをバターで焼いている間に、私は罠を掃除し、彼女の倫理観をからかった――動物を殺すなら、せめてそれを食べてその魂に尊厳を与えるべきじゃない? 彼女がネズミと私にあっかんべーをするので、私は尻尾をつまんでネズミを外の岩場に持っていき、森に放り投げた。硬くなったネズミはひょろひょろの木々の上を飛んでいった。川をはさんだ向かい側の崖に、この辺を縄張りにする大きな雄のシロイワヤギが見えた。逆光を浴びて岩の上に立ちながら誇らしげに睾丸をゆらゆらさせるので、「デカ玉」と私たちがあだ名をつけた美しいヤギだ。何ともわかりやすい皮肉だった——つまらないネズミはさようなら、美しいヤギよ、こんにちは。

何事も文脈次第なのだ。あのネズミが外にいて、子ネズミに食べさせる餌を巣に運ぶのを見れば、私たちはそのネズミを小さくて可愛い、と思っただろう。動物には見えるところまで近づきたいと思うが、尊厳は距離を置くことで保たれるのである。私たちに慣れたヤギの一家が、トレイル脇の岩から私たちの尿を舐めようとしてほとんど私たちに突撃してくるのは、見た目には麗しいがうっとうしい。キャシーのランチボックスを引きずっていこうとしたナキウサギは煩わしいので、私はまるでゴリアテのように石を投げつけてナキウサギを気絶させてしまった。作業場に押し入ってガソリンの缶に穴をあけ、チェーンソー用オイルの容器に咬みついたハイイログマは、もはや野生動物とは思えない。作業現場に忘れてきたフリースに穴をあけたマーモットに、整備員の一人はプラスキーを振りかざして、「セーターにしちゃうぞ!」と威嚇した。近すぎたのだ、やりすぎなのだ。だが本当に皮肉なのは、そうした動物たちが野性を少しばかり失ったとしたら、それは私たちのせいだということだ——キャビンや、キャシーのランチボックスや、岩にかかった私のおしっこのせいなのだ。私たちと動物たちの生活が近づけば近づくほど、その関係は複雑になった。可愛くて、うるさくて、敵だけど友達で、気が荒くて、哀れで。

排水溝の向こう側の崖で、デカ玉が威風堂々とツンドラ植物を食べている。キャビンのポーチの眼下に広がるみすぼらしい森のどこかで、死んだネズミが腐葉層に横たわり、お腹をすかせた動物に食べられるのを待つ。私は小屋に戻ってクロワッサンを食べる。

＊　＊　＊

ゲイブと私は夏の間、一度に八日ずつ離ればなれですごした。水曜日の朝が来るたびに別れて、また長い一週間、ちょっとうんざりしかけている整備隊仲間とくだらない仕事をするために森に向かう。六日間の休みは短すぎてやる気が戻ってこない。時間に遅れそうな朝の別れは慌ただしく、ピリピリしていて、「グラノラ全部食べちゃったの?」とか「どうして夕べ俺のブーツ乾燥機に乗せなかったんだよ」と言い合いながらの朝食は、十分に時間が経って「ごめんね」という言葉が意味を持つものになるまで、一週間宙ぶらりんのままだ。最初の数日間は淋しい——一番の相棒が川をいくつも隔てたところにいて、妹のことや、この冬の仕事の心配や、犬を飼いたくてたまらないことを話す相手がいないのだ。生理が始まった日に手加減してくれる人も、肩を揉んで、お前の足首太くないよと言ってくれる人もいない。予定していた無線でのデートは送信が途切れて中止になったり、お仕着せな感じがして相手がますます遠くに感じられた。ヒッチが終わるときには二人ともくたくたで怒りっぽく、六日間はあっという間に過ぎる——ジップロックの袋を洗ったり、請求書の支払いをしたり、食べ物を買いだめしたり。いいね、と思ったものをさっと行ってさっと買う、ということはまずなくて、いつも必ず、山ほどのリンゴとか、クリフバー〔グラノラバーの商品名〕を箱単位でとか、馬も窒息しそうなほどのパスタとかを買ってしまう。行く客、来る客が引きも切らず、二人きりになる時間はない。そして、優しくしなければ、愛情を持って接しなければ、マッサージしてあげなくちゃ……というプレッシャー。あと二日で、また離ればなれだ。

＊　＊　＊

「指をブドウみたいに潰した」という言い方を聞いたことがある。皮膚の薄いところといい、ゆっくり潰れるところといい、濡れた感じといい、まさにその通りだ。私は右手の中指を、山奥に一五キロ入ったところで保持壁を造っていたときに潰した。置いてあったロックハンマーにちょっとだけ手が届かなかったので、小さい岩を使って大きめの楔を打ち込もうとして、ぐしゃっ、とやったのだ。そこはキャビンから五キロ上だった。どうせ間もなく終業時間だったので、我慢してその日の仕事をせずに済んだ。キャシーが近くの吹き溜まりからバンダナに一杯雪を詰め込み、私はきつく縛った指を頭の上に上げた。血が腕を流れ落ちた。帰り道が下り坂でよかった——私は足元がフラフラで、青ざめ、顔には冷や汗をかいていたのだから。下から登ってくるハイカーたちは私のために道を空け、振り向いて、岩の上に血痕を残しながらヨロヨロと下りていく私を見つめた。キャビンの外まで来ると私は吐いた。キャビンの中で、大声を上げまいとして意味のない歌を口ずさみながら、どろどろした指の皮膚と肉をボウルに張ったぬるま湯で洗い、添え木を当て、ズキズキする痛みにチョコレートミルクで痛み止めを四錠飲んでベッドで気を失った。翌朝、ブドウは熟す前のプラムくらいに腫れていた——庭に生えている木になった、皮がピンと張ったやつだ。ヒッチが終わるまでずっと、そこが脈打つのが感じられた。私は包帯巻きの指のために、手袋の中指を切り取った。ロックハンマーをしっかり握ることが出来ず、変な感じだった。爪が剥がれた指は、想像したよりも長い間痛み、何カ月も触ると痛かったたし、それから何年経っても凍傷痛になりやすかった。

そのヒッチから戻ると、シェルドンが、ロウアー・ナイアックのキャビンでラバのストリングが暴れ、指を骨折したことがあるという話を聞いた。彼は片腕でラバに荷物を積み、一五キロを馬に乗って帰る間それについて一言も言わなかった、という話だった(この話が伝わっている唯一の理由は、彼が山から帰る途中で整備隊とすれ違い、誰かがマニーに血が付いているのに気づいて、膝にぴったりくっつけている腕はどうしたんだと訊いたからだ)。それは尊敬すべき冷静さだし、私が豪傑じゃないことはここまで読めばもうわかってるとは思うけど、シェルドンってばまったくもう、一言の泣き言も漏らさず、ひとかけらの同情を誘う巧妙な手口を使おうともせず、気難しいラバを納屋から引っ張り出すみたいにしなきゃその話さえしないなんて。もしかしたらキャビンで一人のときには盛大な金切り声を上げ、ポーチを蹴っ飛ばし、ぴょんぴょん跳ね回って目一杯悪態をついたのかもしれない。目撃者がいないんだから、それは私たちには永遠にわからない。カウボーイが愚痴を言っても、誰もそれを聞かなかったのなら、愚痴を言ったことになるだろうか？

「なんと清々しいことだろう、すべての荷を解かれた荷馬のいななきは」

ヒッチから帰ってきたときの、心地好い納屋の音を、この禅語はよく表していると思う。

スペリー・トレイルはコミュー・パスに続いていて、その終点には、市民保全部隊の整備員が一九三〇年代（不景気になったら森の中で国の仕事ができた時代だ）に岩の壁面に爆薬を使って掘りつけた、長さ一五メートルの細い階段がある。毎春、私たちはここにロープ製の手すりを取り付け、疲れたハイカーの体重を支えられるように、階段のてっぺんに金具をしっかり留めつける。秋になると、冬の寒さで階段が氷の滑り台になってしまう前に手すりを取り外す。こういう岩の細工物はスペリー地区のあちこちにあり、トレイル沿いに、数十年の間にできた岩の建造物を見かける。一〇段も重ねた、要石の大きさがソファーほどもある岩壁。私たち五人がかりでやっと動かせた、表面を平らにしたピンク色の岩。ゆるい勾配の斜面に階段がついた上り坂のカーブ。岩がごろごろしている斜面を支える保持壁。数えきれないほどの時間が、一シーズンどころか五シーズン、いや、二〇シーズンにわたって費やされたのだ。

ある夏のヒッチで、キャシーと私は石を積んで階段を造ったのだが、その後六日間の休みから戻ってみると、一〇〇年ぶりという暴風雨が吹き荒れ、豪雨が高山地区のトレイル網をめちゃめちゃにした後だった。スイッチバックには水が勢いよく流れた痕跡があって大きな割れ目ができ、その中に降りて反対側に這い上がるのに一〇分もかかり、トレイルというよりも地形そのままだった。その前の週に自分の目でそこを見ていなかったら、水が何かをこれほど急激に変化させられるとはとても信じなかっただろう。積んで階段にした岩はなくなっていたし、その階段を造った道の一画もなくなっていた。私たちは二人ずつ組になってプライバーを持ち、四本の腕と一二〇キロの体重が、台所の家電製品ほどもある大きさの――私たちより三〇センチも背が高い岩の一つには「冷蔵庫岩」と名付けた――残骸と格闘した。危険な岩をてこでスイッチバックの縁から落とし、一トンもある大岩がタンブルウィード〔秋に地面から根が離れ、風に吹かれて地面を転がる植物の総称〕みたいに斜面を転がり落ちて峡谷に飲み込まれるのを見て私たちは歓声を上げた。私たちは何日も、地面を掘り、てこで岩を動かし、三メートルも積もった土砂溜まりを掘り起こした。手袋をしていても岩の尖った角で手は切れ、夜は体が痛くて動くこともできずベッドに倒れ込んだ。観光客がいると、私たちはやれやれというように首を振って、「こんなの初めてだよ」と言った。七〇年代から整備の仕事をしている主任でさえ、これは歴史に残る、と言った。まるで、山の斜面にあるすべてのものが、何か他のものと場所を入れ替わったみたいだった。重いものなんてないかのように。永続性なんてつかの間のものみたいに。

＊　＊　＊

ウィンストン・ガルトはスペリー地区の機械整備工で、ちょっとナチスを思わせる細い口ひげを生やしていたけれど、親切そうな、人助けが好きそうな雰囲気で、みんなそんなことはすぐに忘れた。すごく特徴のある南部訛りがあったので、無線では自分の番号を言う必要がなかった。彼の訛り自体がハンドルネームだったのだ。クアーズ・ライトを愛飲し、吐く息には、ダブルミントガムや香料入りのマウスウォッシュの匂いに混じってビールの匂いがした。ウィンストンはシャレーを囲む国立公園局所有の建物の管理をし、機械に関連することのすべてを監視していた。一億円もするコンポストトイレ設備の適切な酸素量を維持したり、何かが緩んでいれば締め直したり、壊れたものを修繕したり。

だいたい二~三人いる女性整備員に目をかけてくれて、ラバの積み荷にあったガスランプ用のガスマントルや、予備のトイレットペーパーや、ラジオ用の新しい電池を、気を利かせて届けてくれたりした。私たちがウィンストンを必要とすることはあまりなかったけれど、たまにそういう必要があると、すぐ近くに彼がいるのはすごく助かった。私たちはときどき、夜、彼が寝泊まりしているコンフォート・ステーションに行ってビールを飲み、トランプをした。私たちの小屋には水道はなかったけれど機械管理用の建物にはあったので、ウィンストンはいつも私たちにシャワーを浴びにおいでと言った——Tシャツは汚かったし、髪はチェーンソーや削岩機のガソリンの匂いがしたから。私たちは大体、一回のヒッチにつき一回、こっそりシャワーを浴びた。それ以上は、薄汚いトレイルドッグとしてのプライドが許さなかったのだ。ウィンストンはそれが理解できなかった。「なんでサッパリして寝ないんだよ?」と、口ひげを撫でながら彼は言ったものだが、説明するのは難しかった。

シーズンも後半のある夜のこと、私はスペリーのキャビンで、ひどい頭痛と鳴り止まない二酸化炭素警報器の音で目を覚ました。混乱した頭で、私は暗い中を手探りし、プロパンガスの栓を閉め、他の二人を起こした。私たちは寝袋を引きずって、斜面の上手の、使われていないシャレーに避難し、ポーチで新鮮な空気を吸いながら眠った。翌日ウィンストンは、ガス漏れの原因になった、ガスヒーターのひびの入った留め金を交換し、私たちが死ななかったのは小屋が隙間だらけだからだ、と言った。秋口の冷たい空気に扉は閉めてあったので、小屋は「死の空間」になりかねないところだったけれど、壁の下の割れ目や、床を支えるフレームが歪んで持ち上がったところや、普段私たちが汚くて使えなくなった食器布巾を詰め込んでおく隙間や——そういうもののおかげで私たちは助かったのだ。

ウィンストンは、小屋がオンボロすぎて人も殺せない、というので大笑いした。その夜、彼は私たちを夕食に招待してくれた。私はシャワーを浴びた。そして私たちはトランプをし、ウィスキーを飲み、間一髪で助かったことに祝杯を挙げた。

野性とは。空を見あげて大声で叫ぶ、世界のすべてがそこにある瞬間。野性とは。手なずけられない、縛られない、強制されない、まとまらない。野性とは。大きかったり、小さかったり、でもいつだって開いている。開いた口、開いた季節、開いた扉、開いた心。

グレイシャー国立公園のトレイルドッグのスキー好きは強烈だ。特に、かかとが自由に動かせて、膝を曲げて回転するテレマークスキーは、モンタナの山奥に多い広々した鉢状の斜面や木の間を縫うパウダースノーのスロープにぴったりだ。冬場は地元ホワイトフィッシュのビッグマウンテン、コロラド州のボーズマン、ワイオミング州、ユタ州などのスキーリゾートで、スキー場のスタッフとして働く人が多い。トレイル整備員の中にはテレマークスキーのアメリカ代表チームの選手だった人も何人かいるし、モンタナ州で何シーズンか仕事をした人のほとんどが、パウダースノーの虜になった。

私がリーバの部下だった年、リーバはスペリーのキャビンにテレマークスキー用具を持ってきた。パッカーをおだてて、スキー板を荷の外側にくくりつけ、ブーツはキャンバス地のダッフルバッグの中に隠してもらったのだ。中西部育ちで、学資ローンの返済でお金がなかった私は、それまでダウンヒルスキーの経験がなかった。山頂を見上げると、遠く思われ、わずかに見える白い部分はあまりにも高く、スキーをするなんて、スキーきちがいを自称するリーバの希望的観測なのではないだろうかと思ったのだった。だがコミュー・パスで作業した最初の日、終業時間が過ぎてから、リーバは山を歩いて登ってその尾根を滑り、それからスキー用具を低木の繁みに隠した。毎回五キロの山道を用具を持って登らなくて済むようにだ。ものすごく高価なプラスチックのスキーブーツの内側の布をマーモットに齧られはしたけれど、その価値はあるの、とリーバは断言した。コミュー・パスの小さな沼を探検したりマウント・エドワーズの崖錐をうろうろしながら、私はリーバが上の方でやわらかな夏の雪原を跳ねるように回転するのを眺めた。やってみる価値はありそうだった。

次の年、キャシーは、アルペンスキーはするけれど（ホワイトフィッシュのリゾートタウンで育ったらスキーをしない人なんていない）、テレマークスキーはやらないし、どうせそんなに上手くない、と言った。ミシガン州育ちの私は子どもの頃、板の裏がウロコ状になっているクロスカントリースキーを履いて、ゴルフコースや小さな自然保護区をドタドタと回ったりはしたけれど、山で、スピードを出して滑降をする心の準備はできていなかった。でも雪の中で急斜面を歩くことには慣れてきていたので、少なくとも理論的にはスキーも出来そうな気がしたのだ。その年、板をカービング・スキーに、ブーツをプラスティックにアップグレードしたリーバは、私が試したがっているのを知っていたものだから、それまで使っていたスキーと革のテレマークスキー用ブーツをくれた。私は本当に滑ってみたかったのだ。パッカーに運んでくれと頼むのは気が引けたので、キャシーと私は二人で、一組のスキー板を一本ずつ担いで運んだ。そのときの写真は後になって山スキーの仲間たちに、なんで一人一本しか板がないの？　とさんざん笑われた。

キャシーはたしかにテレマークターンではなくパラレルターンをしたけれど、彼女の言う「あまり上手くない」は、五歳で超上級者向けコースを滑るのが当たり前のスキータウンの、あり得ない基準に照らして言っただけだということが、最初に滑ったときに歴然とした。私が恥をかくのは必至だった。でも引き返すには遅すぎたので、私はブーツの紐を締め、爪先を下に向け、スキーでよく使われる「ヤードセール」〔自分の家の庭に不要になったものを並べて売ること〕という言葉のお手本を示して見せたのだ——いわゆる「衝突炎上」型の転倒で、サングラス、帽子、手袋、ポール、バックパックが雪の上に、バーゲンセールよろしく散らばったというわけである。キャシーは笑わないという約束を破って笑った。でも責められなかった。一滑りするごとに雪の上に大の字になりながら、自分の不器用さをそれほど痛感したことはめったになかった。こんな調子で数時間経って、その夜、私の体は、まるでタランティーノの映画の中でタイヤレバーでボコボコにされたかと思うほど痛んだ。それが私の初体験だ。最高だった。

数年後、今度は私が、シーズンの初めにスキー板とブーツを担いで登って新人をびっくりさせる班長になっていた。私はそれをコミュー・パスに隠して、マーモットが私の中古のスキー用具を放っておいてくれることを祈った。そして夕方、仕事が終わってから、缶詰め入りのシチューが待つキャビンまで下りる前に滑るのだった——ちょうどリーバがそうしたように。私はガンサイトの斜面の下の方をノロノロと、恐る恐る滑ることから始め、それから雪原の真ん中あたりまでスキニング〔スキーを履いたまま斜面を登ること〕し、プルークボーゲンで滑り降りるようになった。最終的には、膝を落とした危なっかしいテレマークターンでスピードをコントロールし、二〜三回のターンに一度転んでは、解けかけの雪にマンガみたいな体の形そのままの穴をあける程度になった。まだ下手くそで、ぎりぎり「中級」と言える今くらいになるのは何年も後のことだったが、少なくともほぼ体を縦にしていられるようになったのだ。だんだんわかりつつあった——雪の中では私は元気になれるということが。

私の誕生日は七月半ばで、ヒッチ中のことがほとんどだったので、私は自分が率いる整備班に数日残業させて、その分、誕生日は午後を休み、氷河の上でスキーをした。一度、友人のブレントが登ってきて一緒に祝ってくれたことがある。私よりずっとスキーが上手いブレントに誘導されて、私たちは歓声をあげながら雪に覆われた氷河を滑った。やわらかなざらめ雪のスロープは途中から硬い氷になり、スキーのエッジは細いクレバスの割れ目の上を軽快に滑ったが、やがて私がみっともない転び方をして指の関節を切ってしまった。傷は、網の目のような小さな傷跡になって、酷使されてばかりの私の体にまた一つアクセサリーを加えるほど深かった。私は血のついた氷の一部を切り取って、キャビンに歩いて戻りながらそれを舐めていた。キャビンではブレントが巨大なブリトーとマルガリータを作ってくれた。オタンジョウビオメデトウ。私、スキーが出来るのよ、と私は過去の、脇で見ながら滑りたくてたまらずにいた私に歌ってあげた。そして将来、今のこの黄金の日々を思い出すであろう、歳をとってもっと賢くもっと体が硬くなった未来の私に。オタンジョウビオメデトウ、大好きな私。

＊　＊　＊

ヒッチの中頃になって、ゲイブがトレイルを歩いてくるのを見るのは本当に嬉しかった。それが予期しないことであればなおさらだ。訪問する立場の人はおみやげを持参することになっている――新聞とか、チョコレートとか――それが私を愛してる人なら特に、すごく素敵なおみやげを持ってきてくれる。一度はゲイブが大胆にも、巨大なバックパックの一番下に、断熱剤入りランチ用クーラーボックスに入ったアイスクリームを詰めて持ってきた。焼けるように暑い日で、アイスクリームは容器の中で溶けてチョコレート味のミルクシェイクになっていた。私はそれをまるまる飲み干してもよかったが、みんなと分けるべきだと思った――運んでくれたゲイブと、一緒に登ってきた友人のピーチと、私と同様に暑くて埃だらけのキャシーと。それぞれがおすそ分けを飲んで、礼儀正しく最後の一口を辞退すると、私は容器の縁についたアイスを指ですくい取り、果ては容器を継ぎ目から解体して最後の一滴まで舐め、顔を上げると鼻の頭が茶色くベタベタした。今でも、あれが今まで食べた中で一番美味しいアイスクリームだったと思う。

＊　＊　＊

プライバーの相棒と言えば Pionjar だ。スウェーデン製の、ガソリンで動く削岩機で、プーンジャーまたはパンジャーと発音する。スイッチ一つで岩に穴をあけたり地面を叩いたりするどっしりした機械で、それぞれの作業用に、取り外し可能な長さ九〇センチのビットがある。岩を相手に仕事したことがある人なら誰にとっても、それは特別なものだ。人里離れたところで穴を掘ったり岩を削ったりしなければいけないときに欲しい道具が一つあるとしたら、それはプーンジャーだ。グレイシャー国立公園では、岩でできた階段に留め金を付けたり、橋台のための鉄筋を埋めたり、爆破のための穴をあけたりするために時々使うだけだったが、突然あるプロジェクトが始まると——たとえば屋外トイレ用に岩盤に二メートルの穴を掘るとか、岩だらけのハイライン・トレイルの修繕をするとか——何週間にもわたって毎日それを使うことになった。

ごつい鉄製の機械であるにもかかわらず、プーンジャーは繊細だ。チェーンソーの場合、標高が八〇〇メートル変わってもキャブレターを調整することはほとんどない。だがプーンジャーは、スイッチバックを一つ下りればエンジンがプスプス言うし、あまり斜めに傾ければシリンダー内にガソリンを吸い込み過ぎて点火しなくなってしまう。硬い花崗岩を掘ればビットは使い捨て剃刀より早く鈍ってしまうし、一二対一の混合ガソリン（チェーンソー用ガソリンの四倍の濃さだ）が吐き出す噴煙は、掘っている最中のトイレの底で吐いてしまうほど気分が悪くなる。冷えた状態のプーンジャーのエンジンをかけるのは、技術と魔法を半分ずつ必要とする。さらにそれを担いで歩くのは、これはこれでまた別の大変さだ。だが、そうこう言っても、プーンジャーが動けばこういう苦労はみな報われる。超硬合金製のビットが岩盤を削り、後には完璧な円柱ができる。そうしたら、プライバーや楔打ち割り法の出番だ。仕事に適した道具ほど気持ちのいいものはこの世にほとんどない。

＊　＊　＊

西部の広々とした一帯では、草原や木の下の空き地や雪崩の通り道になる峡谷などにベアグラスが生い繁る。ベアグラスは、かたまって生えていても一輪だけ咲いていても、どこか奇妙だ。ひょろっと丈が高くて弓形に曲がっていることもある茎の先に、小さな白い花がヒヤシンスのようにボワッとかたまって咲き、遠くからは一輪の花のように見える。スクオウグラス、エルクグラス、ターキービアード、ソープグラス、バスケットグラス、ベアリリー、クイップクイップなどと呼ばれることもある。ブラックフット族の言葉ではエクシソケと言う。地元の人は、ベアグラスは七年周期で育ち、ほとんど生えない年もあれば見渡す限り真っ白になる年もあると言う。重たげな花はてっぺんに乳首みたいな出っ張りがあって、思春期の女の子用のブラジャーを思い出す。ネイティブアメリカンはベアグラスで籠を編んだし、ヘラジカやヤギは生え始めの茎を食べる。名前は同じでも、その葉を寝床に敷くクマのどんよりした匂いと対照的に、ベアグラスはまるでユリのような香りがする——瓶に入れることのできない香水みたいに。

＊　＊　＊

アイラが整備隊に入ってきたとき、私たち全員に同じ挨拶をした。気を付けをして立ち、カラテの胴突きみたいに手を突き出して、「アイラ・ジェイ・シュワップ、アメリカ海兵隊員、ペンシルバニア州スリッパリー・ロック出身であります！」と叫ぶのだ。ゲイブの班の新人で、私たちはその夏中、断続的に一緒に作業することになり、長く一緒に過ごしたおかげで彼の愉快な言いまわしをさんざん楽しませてもらった。彼ほどたくさんそういう言いまわしを持っている人に私は会ったことがない。彼の言い方を覚えてしまうのは、彼が繰り返し繰り返しそれを言うからで、声が大きいので嫌でも気がつくのだった（マシンガンを構える方の耳の聴力を失ったので、声を落とすよう遠慮なく言ってください、と彼は言ったが、いくら静かにしろと言っても無駄だった）。森林警備隊長からトレイルを訪れる観光客まで、私の知る限り、彼は出会った誰に対しても同じ熱心さで自己紹介した。彼の単刀直入な大声の自己紹介に人びとはびっくりしたが、そのやんちゃ坊主みたいな魅力がみんなをほっとさせた。

アイラが言ったことの中でも面白かったものの多くは、軍隊言葉から来ていた。彼はゲイブのことを「班長どの」と呼んで、トレイルでは一・五メートルと離れずゲイブにくっついて歩き、ゲイブがおしっこで立ち止まれば、自分もおしっこするか、背筋をピンと伸ばし、前を真っ直ぐ見つめてゲイブのおしっこが終わるのを待った。ゲイブが、追いつくから先に行っていろと言うと、アイラは「待つであります、俺はあんたの部下っすから！」と叫ぶ。ヒッチの間、アイラは毎晩食べ過ぎて呻き声を上げ、「これはキツイっすわ！」と言った。他にも夕食時にはよく、「ゲイブ、俺、あんたの作るビーンズ・アンド・ライスの超・大ファンっす！」というのがあって、ゲイブがそれを（一度のヒッチに一度）作るたびに彼はそう言うのだった。

高山地帯はアイラにとって新しい経験で、彼は私たちの持ち物や、何年もの間に蓄積したノウハウをノートに書き留めた。雪原での作業にはゲートル、清掃作業にはキャメルバック、サンドイッチはタッパーに入れてチェーンソーのガソリンの排気がかからないようにする。新しい工夫を見るたびにアイラは、「いやぁ、俺もこれ欲しいっすわ！」と言った。心の準備ができていないと彼の騒々しい笑い声にぎくっとするかもしれない。シリアルは音を立ててすするし、プーンジャーみたいな体つきをして、私が一緒に作業をしたことのある人たちの中で断然一番強かった。腕力で言えば、マックスとさえいい勝負だった。並外れて気前がよく、良いアイデアは何でも平等に褒め称え、頭の横を人差し指でちょっと強すぎるくらいにトントン叩きながら、

「だからあんたが好きなんっすよ、いっつも頭使ってんだもんなぁ！」と言う。そして自分のことはくったくなく笑ってみせた。何かヘマをすれば、やれやれと首を振ってこう言うのだ――「言ったっしょ、俺、自慢じゃないけど賢いんっすから！」

頭の回転の足りないところを、アイラは意志の強さで補った。ある時、エレン・ウィルソン湖でのヒッチ中に、アイラはその日の仕事が終わってから、コミュー・パスまで、往復一八キロを歩いて行ってくるという。今行かなければ、コミュー・パスを見るチャンスがないかもしれないから、というのだ。キャンプ地点に戻る途中で彼はスペリー・シャレーの厨房に立ち寄って、私たちそれぞれにまだ温かいチェリーパイを一切れずつ買ってくれた。そこからキャンプまでの四・五キロを、彼はその逞しい腕で、積み上げた発泡スチロールの容器のバランスを取りながら歩いたのだ。

最後にアイラに会ってからもう何年も経つけれど、ゲイブと私はいまだにしょっちゅう彼の言いまわしを口にする。たとえば私はゲイブの作るビーンズ・アンド・ライスの超・大ファンだ。ただし食べるとお腹が痛くなるが。カタログで目に留まった用具を吟味中、ゲイブは「いやぁ、俺、これ欲しいっす！」と言う。ただし、めったに買うことはないが。でもアイラの口癖で今も一番役に立っているのは、その夏、「グレイシャー公園」に首ったけになってしまったアイラが出し抜けに言った言葉で、私たちは今でも高山地帯に行くたびにほとんど毎回繰り返す――「よぉ、俺、ここの山ん中で死ぬっすよ！」死にたい、と言ってはいるがその意味は逆で、高いところにいる友人たちに囲まれて長生きしたい、と言っているのだ――生命の音量を最大にして。

＊　＊　＊

四年目、リーバはトレイル整備を引退して看護師になり、キャシーが法科大学院に行ってしまうと、私がスペリーの整備班を引き継いだ。リーダーという役回りに転身するとなると不安なことはあった（正しいッールを覚えているだろうか？　プロジェクトに適切に時間を振り分けられるだろうか？　持って行く燃料は十分だろうか？）が、私には、チームを任される準備が自分にできていることがわかっていた。昔は質問の対象だったことについて今では自分の意見を持っていたし、以前なら誰かにやり方を訊いていたことも今では自分で何とか出来るようになった。何をしなければいけないか、自信を持って言えるようになっていたし、知らないことは知らないと認める勇気もあった。大丈夫だ。

チームには、かつての私のような新人整備員が加わり、私は自分が知っていることを教えつつ、知らないことは学び続けるだろう。実際、私はそれが楽しみだった。ただ一点を除いて。それはリーダーとしての役割で一番怖ろしいもの――納屋だ。パッカーである。中でもスリムだ。間に入ってくれる人はもういない。私が一人でトラックを運転して行き、納屋に車を停める。お馴染みの光景が頭に浮かぶ――私の班の整備員が荷物を解き、食糧で一杯の弾薬箱や、シャベル、プラスキー、防水シートやテントや袋を投げ下ろす。あとはスリムの独壇場だ。「おめえらおせえよ！　なんだこの大荷物、一年もあっちにいる気かよ？　おいそこの、クリスティってったっけ、あんたの荷物どかしてくれよ、シェルダンがそこに停めんだからよ。子分に下がってろって言えや。このマニーまだ濡れてんじゃねえか、あっちの束とってこい、納屋にあっから。夕べ遅くマックスがフィフティ・マウンテンから戻ってきたんだけどよ、めちゃくちゃ降ってやがったからな。ちょっとそっち持ちな！　残業代はもう出ねえってのはチャーリーに聞いたか？　急いであっちまで行かなきゃだぜ、ただ働きはしねえからな、あのクソ野郎。最近吹き溜まり見たか？　天気が悪けりゃ行かねえぜ、トレイル整備のためにストリングなくすのはお断りだ。スキーは自分で担ぎなよ！」

班長として参加する初めてのヒッチの前夜、私は汗をかいてなかなか寝付けず、胃は空っぽで悶々とした。

夜が明けてみると、多少声を荒らげることがあっただけで別になんてことはなかった。納屋での作業を何度か、大きな事故もなくこなすと、私はすっかり慣れてしまった。怖さはあるし、無礼なこともあるけれど、整備隊とパッカーはウィスキーとコカコーラみたいに相性が良いのだ。お互いがどれほど相手を必要としているかわかるだろうか？　整備隊がいなければパッカーは荷物を運ぶ客がいなくて納屋を開けておく理由がない。パッカーがいなければ整備隊は荷運びに時間を取られてしまって、新しい建造プロジェクトどころか保守管理だってやっとだろう。

皮肉なことに、その動物たちがいるおかげでできた仕事を破壊するのもまたその動物たちだった――ラバの蹄はハイカーのブーツよりもはるかに衝撃が強いのだ。路面を傷める能力が飛び抜けて高いので、馬やラバは「シャベル四本と胃が一つ」と呼ばれるようになり、私たちは、私たちを現場まで運んでくれるラバがいなければ、補修の仕事も発生しないのに、と冗談を言った。それでも、彼らが行き来したからできた西部のトレイルから彼らを閉め出す、というのは彼らを冒瀆する行為だ。こうした家畜の扱い方や家畜を使った移動の方法はそれ自体一つの文化であって、それが消えるのは誰も望まない。

パッカーはおっかないかもしれないが、彼らのほとんどは根はいいヤツらだ。たとえばスリムは、あいつら女なんか雇いやがって、と言っていたけれど、やがてそれにも慣れた。納屋に向かって車を走らせるのは胃が痛くなるし、スリムを相手にしているときほど自分がマヌケに思えることはないけれど、それでも私はパッカーを、何のためだろうと犠牲にする気はなかった。私たちは、くそったれなまでに共生しているのだ。

チェーンソー

構造――現在のチェーンソーは空冷式の2ストロークエンジンを搭載している。フライホイールのフィンが空気を循環させるので、四気筒エンジンのような重たいラジエーターも冷却剤も必要としない。2ストロークエンジンのピストンとシリンダーは、同程度の排気量を持つ4ストロークエンジンと比べ、回転速度が二倍で、馬力も二倍になる。排気量と騒音も倍増する。4ストロークエンジン付きのチェーンソーはずっと静かで排気量も少ないだろうが、担ぐには大きすぎる。妥協とはそういうものだ。

発明者――初めての現代式チェーンソーの特許を取ったのは、ドイツ人エンジニア、アンドレアス・スチールで、ドイツの製材所で営業マンとして働いているときにアイデアを思いついた。訪問販売中、ブラックフォレストで、両刃の鋸で木を伐り、枝を払っている木こりたちに出会う。それに着想を得て彼が一九二九年に設計した電動式のプロトタイプが、一九五四年、初のガソリンエンジン式チェーンソーとなった。どちらも、製造したのは彼の名前を冠した会社だった。当初木こりたちは、自分たちの仕事が機械化時代の犠牲になることを怖れ、この最新式の鋸とそれを売り歩く人物を嫌悪した。だがチェーンソーは次第により軽量に、より高速に、よりパワフルになっていき、今となっては、アンドレアスにいささかも敬意を抱かない木びきも、彼の発明品の威力を実感したことのない森もほとんどない。

科学的考察――燃焼には三つの基本要素が要る。空気、燃料、それに火花だ。空気と燃料はフィルターを通過してエンジンの燃焼室に送られ、途中ベンチュリ管とキャブレターがそれぞれその機能を果たす。火花を発生させるのは電気系統で、点火スイッチ、電線、プルコード、そして、点火プラグに火を点ける小さな電流発生器、神秘的なマグネトーで構成される。この三つの基本要素がチェーンソーを動かす。フィルターが詰まっていたり、点火プラグの位置が正しくなかったり、燃料の質が悪かったり、配線が緩んでいたりするとエンジンはかからない。原因である可能性のあるものをチェックしていこう――空気、燃料、火花。トラブルの解決はそうやって始めるのだ。

歯――原始的な、一人で扱う挽き鋸から、最新式のチェーンソーまで、すべての鋸に共通する特徴が一つある――互い違いに付いた歯の刃先が木目を切り裂き、デプスゲージが切り口の深さを決めるのである。それを動かすものは上腕二頭筋からスプロケットに変わり、歯の並び方も変わったが、木質を除去して木屑にすることによる切断法であることは変わらない。

修理――トレイルに出るときには必ずチェーンソー用の修理キットを持って行くこと。修理キットには最低限次のものを揃える――マイナスドライバーつきのハスクレンチ、点火プラグの予備一個、丸やすり一個、平やすり一個、バーナットの予備二個、古くなった歯ブラシ、キャブレター調整用ねじ回し、歯が鈍っていないチェーン、きれいなエアフィルター、耳栓。ヒッチではその他に――スプロケット、ベアリンググリス、予備のプルコード、燃料フィルター、Eクリップ、スターレンチ。木の伐採には、何種類かのサイズの楔と、ヘルメットと、伐採斧も持って行く。

忠誠心——森林整備業界では、ハスクバーナとスチールという最も評価の高い業務用チェーンソーブランドのどちらがいいか、意見の分かれるところだ。フォード車対GM車もそうだが、それぞれのブランドを良く言う人、悪く言う人は、政治家やスポーツファンと同じようにけんか腰だ。でも実際はどちらも優秀だし、結局はどちらのブランドに馴染みがあるかということがほぼ決め手となる。父親がGM車に乗っていたら自分もGMに乗る可能性が高いだろう。私は木の伐り方をスチールのチェーンソーで覚えたから、基本的にはスチール派だ。スチールのファンはその耐久性を自慢する。減圧装置の付いていない古いスチール社のチェーンソーは始動させるのが難しいことで悪名高く、ハスクバーナのファンはそこをからかったりする。

3　森

森が我が家になるまで

ミドルフォーク

フラットヘッド川の支流ミドルフォーク川は東から西に流れてグレイシャー国立公園の南端を辿り、ほとんど橋の架かっていないその流域には、クマやテンもいれば、ハイカーやトレイル整備隊もいる。北のグレイシャー国立公園と南のボブ・マーシャル野生地域にはさまれて、子どもが地図にクレヨンで線を引いたみたいにこの地方を真ん中で分けている。ミドルフォーク川は下流のウェスト・グレイシャーの町の近くでノースフォーク川と合流して正式にフラットヘッド川になり、ボブ・マーシャル野生地域から流れ出したサウスフォーク川が、もう少し西の町、ハングリーホースで合流する。フラットヘッド川はフラットヘッド湖を通り、コロンビア川を経由して海に至る。

ノースフォークと同様、国立公園のミドルフォーク地区は、大陸分水界から南にちょろちょろ流れ出る小川が集まった川から名前を取っている。川下りに人気の急流があり、カットスロートトラウトがいる大きな浅い淵や、夏の日向ぼっこにぴったりの、渦を巻いているところもある。小川は遠い山から川底に粘土岩を運び、それが流れによって削られて色鮮やかな小石になる。

ミドルフォーク地区のトレイルのほとんどは、川の浅瀬を渡らなければ行かれない。このあたりは野生地区として管理されているので橋がほとんどなく、車が通れる道とトレイルは川で隔てられている。ウェスト・グレイシャーの町にあるバウンダリー・トレイルの西の端から歩き始めるか、あるいは四〇キロ近く上流のウォルトン森林警備隊詰め所まで行けば川を渡らずに済むが、トレイル整備隊がミドルフォークでヒッチする場合、作業現場に行くだけのためにまず一五キロも歩くわけにいかない。だから川を渡る。

流れに足を踏み入れると足は野性に引っ張られる。ほんの数メートルのところにある道路は、昼食の時間になれば朝のことなど忘れてしまうように、もう目に入らない。観光客で賑やかなところと違ってミドルフォークのトレイルは静かで、息づかいや足音が大きく聞こえる。日帰りで行けるハイキングは限られている。どの支流も入り口はうっそうとした森で、一五〜二五キロくらい歩いて高い峠や小さな湖に出るまで、見晴らしのよいところはほとんどない。一般的なハイカーは大抵、クマがいるのがわかりやすく、景色がよくてお買い得な他所《よそ》へ行く。スペリー地区やグラナイト地区が、みんなの真ん中で踊っている可愛くて外向的な女の子だとすれば、ミドルフォークはもの静かな、でもよく見ると美人な壁の花だ。虫がひどいのも、ぬかるんだ道も、生え放題の下草もものともせずにハイキングにいそしんだとき、ミドルフォークはこっそりとこの国立公園の心臓を私たちに差し出す——足の下にそれが脈打つのだ。遊歩道に群がる観光客は草をかき分けて歩こうとはしないし、氷河から流れ出た小川に足を浸そうともしない。川はそういうつまらない人たちを寄せつけない。

＊　＊　＊

私が生涯の愛を捧げるもののほとんど——山、小説、冬——がそうであるように、私がチェーンソーに惹かれた理由はその自由さと危険さが半々だった。トレイル整備の仕事を始めるまで、チェーンソーを見た記憶はないのだが、父は暴風で裏庭のオークから折れた大枝を切断するための、小型のチェーンソーを持っていたはずだ。でも、機械整備係のシェリーが、作業場の裏の砂利敷きに私を連れて行ってチェーンソーのエンジンのかけ方を見せてくれたとき、私は神妙に耳を傾けた。

シェリーは始動の仕方にはいくつかある、と説明した。一般的なのは、駆動機部分を膝の間にはさみ、片方の手をハンドルバーに置き、もう片方の手でプルコードを持つ。駆動機を丸太の上で前方に押し出しながらプルコードをぐいっと引っ張るのがログロール。臆病者や意気地なしは、チェーンソーを地面に置き、片方のブーツをハンドルに通して位置を固定し、プルコードを上向きに引っ張る方法を使う。上半身の力はほとんど要らないし、怖さも少ない——私がどれを選んだかは想像にお任せする。

それでも出来なかったのだ。古いからよ、と言ってシェリーは私を安心させた。彼女はチェーンソー置き場に行き、もっと新しいモデルを持ってきた。プルコードを引いてエンジンをかけるのがやりやすくなるデコンプレッションシステム機構つきのやつだ。それでもエンジンはかからない。「引くの止めないで、かかるから」とシェリーが言うので、私は何度も何度も引っ張った——手首が痛み、プルコードのハンドルが指の関節に当たって涙目になり、手の平にマメができて潰れるまで。まるで生死がかかっているみたいに引っ張ったのに、その結果ときたら、ピストンのクランクがゆっくり回る鈍い音がしただけで、エンジンを一回転させるパワーすらない。シェリーは私の手からチェーンソーを取ると、始動スイッチをオンにして、一発で始動させた。彼女は肩をすくめて見せた。

シェリーはもう一度チェーンソー置き場に行き、今度はスチール社で一番小さい026という機種を持ってきた。木の伐採に一般的に使われる036モデルよりもずっと華奢なので、整備員たちが「木を伐る貴婦人」と命名したやつだ。それが性差別的だともじもじしたり批判したりするにはあまりにも死に物狂いだった私は、それを受け取ってさらにプルコードを引っ張った。とうとうエンジンがかかったとき、その音がものすごく大きいのにびっくりして私はもうちょっとでチェーンソーを落とすところだった。私は腕を真っ直ぐ伸ばしてチェーンソーをしっかりと摑み、ガイドバーとソーチェーンから出来るだけ離れるように体を反らせた。あんなに必死に始動させようとしたものから、今度は逃げ出したがっているみたいに。でも逃げたくなんかなかった。私は、駐車場でエンジンをふかしているだけじゃなくて、チェーンソーを使って何か出来るようになりたかった。それを手にした瞬間から私は感じたのだ——愛を。危険と自由が、まさに私の腕の中にあったのだ。

＊　＊　＊

東はノースフォーク川との合流地点から、西はマリアズ・パスまで、ミドルフォーク川には、ルイス山脈から南向きに流れ出たたくさんの小川が流れ込む。ルビドー、リンカーン、ハリソン、ニャック、コール、ミューア、パーク、オール、シールズ、そしてオータム。もっと細い支流では、ピンチョット、エルク、フィールディング、その他、地図上に無数にある青くて細い線もそうだ。名前の付いていない川は、現場ではほぼ飛び越えられる。

＊　＊　＊

ミドルフォーク地区でも、グレイシャー国立公園のほとんどどこの地区でも、配属された最初の数日というのは大概似たようなものだ。不慣れな場所で、早く周りに馴染みたくて、おとなしくみんなの後をついて回っていると、やがてよそ者でなくなるときがやってくる。その日はリーバの具合が悪くて、私はブルックと彼のミドルフォーク班と一緒に、コール・クリークの火事跡の大変な片付け現場に活を入れに送り出された。ブルックのことは、評判だけは知っていた。三〇代、痩せぎすで、ものすごくテンションが高く、そして何しろ面白い。トレイルに伝わる、ことのほか突飛な悪ふざけやエピソードの主人公が彼だった。大げさなこと、災難、極端なことが彼を魅了した。注目されることが大好きだった。誰かの捜索救助に参加していれば、地方局のニュースに出ることになるのが彼で、それももっともだった――彼の一人語りは、身振り手振りや物まねつきの一人芝居を観ているみたいだったのだ。相手に喉を絞められそうになるまで人をからかうが、本当に怒らせるちょっと手前で止める。彼のチームは、仕事にも、山歩きにも、飲むのにも、笑うのにも全力投球だった。私は彼の仕事ぶりを見たくてたまらなかった。

川の南側で、私たちは岩に腰をかけて、むこうずねまで届くブーツの紐を解いていた。私はそれまで、ミドルフォーク川をはじめ、これほど広い川を歩いて渡ったことがなかった。男性陣がベルトを緩めてズボンを脱ぎ始めた。私は川を渡るためのサンダルは持ってきたが、ショートパンツを持ってくることは思いつかなかった。男性四人がピエロみたいなボクサーショーツ姿で川の縁に立ち、水をかけ合い、冷たい空気の中で腕を振り回している。私も脱がないわけにいかないのは明らかだった。一瞬、ズボンをはいたまま渡ろうかとも考えた。バカな。水は腿まであるのだ。厚地の綿ダックは乾くのに一日かかってしまう。

「いつも下着で渡るんだからさ」とブルックが請け合った。「気にすんなよ」。そこで私はソロソロと、Tシャツを出来る限り下に引っ張って伸ばしながらズボンを脱いだ。私は脱いだズボンを丸めてバックパックの一番上の蓋の下にはさみ、左右のブーツの紐を結んで肩からかけた。ブルックとマイクがチェーンソーを担ぎ、残りのメンバーがその他の道具を担いで、重たいドルマーの燃料タンクが膝にガンガンぶつかっていた。私はシャベルを持っているだけだった。最低でもこれくらいは持たなきゃ立つ瀬がない。マイクが渡り始めた。私は何かやりかけのことがあるかのようなふりをしてぐずぐずと、テバ〔アウトドア用サンダルのブランド〕のサンダルのストラップをいじっていた。

「渡ったことあんの?」と横目で私を見ながらブルックが訊いた。私は首を横に振った。恰好つけたって無駄だ、流れに足を取られる私を見ればみんなすぐにわかってしまう。転んでしまうかも、いや、溺れちゃうかもしれない。ブルックは優しく、からかうようなそぶりも見せずに私をざっと眺め、それから先に行け、という身振りをした。足首に触れる氷のように冷たい水のおかげで、自分が下着姿で見知らぬ男たちの列の真ん中を歩いているのだということをかろうじて考えずに済んだ。私はそのとき二三歳で、特に自分の体のことを気にしていたわけではなく、よくみんなが言うように、自分の体が嫌でたまらない、というのでもなかった。それでもやっぱり落ち着かない状況ではあった。私は無防備だった。

間もなく水は膝より上になり、流れが水をウエストまで押し上げて、みんなのお尻もはっきりとは見えなくなった。私は体を上流に向けることに集中し、一歩一歩しっかりと川底に足を着け、シャベルの柄を体の前に、三脚の三本目の脚みたいに突いて進んだ。流れの一番速いところでは水が足の指の間を勢いよく流れ、足をすくわれて下流に流されるのがどんな感じかが想像できた。流れが浅くなると私は岸まで走った。男性陣は脚から水を振り払っていた。私たちは、かじかんだ体に感覚が戻ってくるまで、足を踏みならし、大声を出した。ブルックはズボンを穿かずにブーツを履いて、ロガーブーツと下着という恰好でおかしなステップを踏んだ。私はあたりを見回した。全員同じだ。ズボンを穿いていない。この先にここより浅いオール・クリークがあるし、それにどうせボクサーショーツがびしょびしょだし、とブルックは言う。歩いている間に乾くんだ。まったく、なんてヤツらだろう。私はもうちょっとで同じことをするように説得されるところだった。でも私にはお見通しだったのだ――何をしなければならないか、ヤツラがどこまで無茶をするか。だからその手には乗らなかった。

私は草むらに隠れて下着を脱ぎ、裸の下半身に直接ズボンを穿いて、濡れたビキニショーツをバックパックにくくりつけたプラスキーの柄に吊した（清潔な下着を身に着けなさい、と世の母親は言うが、いつ病院に行かなければならないとも限らないからではなく、こういうときのために、と言った方が忠告に従う気になるだなんて、想像もしなかっただろう）。私は列の真ん中を歩いた。前を歩く木びきの、下着が張り付いた細くて白い脚を見て、私は笑わずにいられなかった。綿ダックの布地が濡れたお尻に擦れはしたが、私はズボンを穿いていてよかった、と思った。どんなに彼らのことが好きでも、どんなにこの人たちの一味になりたいと切望しても、後でビールを飲みながら彼らに得意満面にこう言われるのはまっぴらご免だ——「カノジョ何時間も下着で歩いたんだぜ！」

＊　＊　＊

私たちの中で一番年が上だったのは四七歳のアルで、彼は毎晩、イブプロフェンをビールで流し込まなければ次の日起きられなかった。ゲイブはこの仕事を始めた年、ミックという男と一緒にアルの班にいた。六月、ゲイブの二四回目の誕生日に、ゲイブは三人の年齢の関係に気づいた。「よぉアル、ミック（二三歳）と俺（二四歳）を足すとあんた（四七歳）になるな！」アルはにやりと笑って、「二度とそれ言うんじゃねえぞ」と言った。

その日アルはまたこうも言った——「ゲイブ、お前って思索する労働者だよなあ。それとも、労働する思想家なのかな？」」。とっておきの誕生プレゼントのように、それはよく選ばれた、ゲイブにふさわしい言葉だった。アルが言おうとしたのは、ゲイブは上っ面で物を見ない、ということだ——彼は、物事を慎重に見る。そして物事の新しい見方を示してくれる。行動が重要なこの仕事をしながら、ゲイブは思索家だ。仕事は出来る。力も技術もあるし、チームの一員だが、同時にどこかみんなとは違っていて、中心からちょっと離れたところにある静けさの中におり、あ、あの鳥は、と気づいたり、どうしてこれはこういうやり方をするんだろう、と思ったり、みんな大丈夫かな、とか、考えたりするのだ——世界は何でできているんだろう、と。

トレイル整備員には頭のいい人がいっぱいいる。博士号を持っている人、独学の人。動植物について、運動、空間、自然についての、あらゆる種類の知性がそこには集まっている。でも、こういう賢い人たちの中にも、思索する労働者はいない。私が小難しい言葉を使うのを仲間はからかうし、私は本のことをあれこれ言い、細かい知識が豊富ではあるけれど、がさつすぎるし、思索家と呼ばれるには衝動的すぎる。次のことが気にかかって、今、このことに気づけない。だがゲイブは、静かに頭《こうべ》を垂れ、自分の仕事をこなし、そして何一つ見逃さない。禅僧にとって大工仕事が修行だったように、ゲイブは仕事に細心の注意を払い、そうしながらすべてのものに注意を注ぐ。彼の動きには静けさがある。ただ掘る。ただ測る。ただ働く。そして観る。

＊　＊　＊

トレイル整備のシーズンは五月、トレイルから「木をどかす」ことから始まる。冬の間に倒れた木をトレイルからどかすのには何カ月もかかることがあるが、これは私たちの仕事の中でも一番やりがいのある仕事の一つだ。歩く距離は長いし、常に木を切っている――そこには独特のリズムの組み合わせがある。作業は木びきとスワンパーの二人組でする。木びきはチェーンソーと付帯部品のキットを持って歩き、木を伐り、枝を切り落とし、幹を切断して、その後には大量の残骸が残る。スワンパーは、予備の燃料とオイル、それに伐採用の斧を持って木びきの後を追い、チェーンソーが残した騒乱の後片付けをする。うまい木びきなら、仕事が早いスワンパーですらたちまちのうちに引き離してしまう。木びきの仕事は、慎重ではあるがペースが速く、華やかだ。だがスワンパーがいなければトレイルは通れないままだ。スワンパーの仕事は技術の要るものではないが、トレイル整備の仕事の中でも一番キツい作業で、太い丸太を持ち上げたり、運んだり、切った枝を低木の繁みの中を引きずって運んだり、その合間合間には木びきから大きく遅れすぎないように急いで歩いて移動しなければならない。スワンパーは寒いときでも滝のように汗をかくし、木びきよりも地味で、どこから手をつけていいかわからないような仕事が常に待っているのだから、気持ちで負けない必要がある。スワンパーと木びきは普通、ガソリンが一タンクか二タンク分なくなるごとに役割を交代する。木びきに訊けば、ずっと伐る役がいいと答えるだろうが、実のところ、スワンパーは地味な代わりにいいところもある。チェーンソーが視界から消えると、森の静かな香りが拡がる。することは決まっているし、大切な仕事だ。チェーンソーの攻撃的な華やかさがない代わり、そこには明確な目的を持つリズムが生まれる。乾燥した喉のゼイゼイいう音がリズムを刻み（いつだって喉はカラカラ）、お腹がグーグー鳴り（いつだってお腹はペコペコ）、心臓が激しく打つ。

＊＊＊

トレイルで食べる一番お気に入りのサンドイッチ――やわらかめのパン。全粒粉、ただしあまり粗くないこと。パンには二枚ともマヨネーズをたっぷり塗る。シャープなタイプのチェダーチーズを、歯形がしっかり残るくらい厚く切り、さらにデリで切ってもらった厚いハムをはさむ。ピクルスは別に持って行って食べるときにはさむ。二重に包んで、タッパーの一番上に入れる。こうすればチェーンソーの排気から護れるし、リンゴ（フジ。甘すぎない、シャキッとしたやつ）で潰れることもない。食べるときに、ジップロックに入れて持ってきたポテトチップをハムの上にのせ、パンの上から押し潰す。こうすると、ふやけないでサクサク感が出る――労働者版レタスというわけ。

＊＊＊

二シーズン以上トレイルドッグをした人ならみな、「で、いつ就職するの？」と訊かれたことがある。二〇代前半のうちは、真面目な仕事に就く時間はまだたっぷりあるから批判の手も緩い。両親はにっこり余裕で自分たちにこう言い聞かせる――「今だけだわ」。だが風変わりな仕事をあまり長くしていると尋問が始まる。親戚の集まりで「あら、まだその仕事してるの?」と言われたり、大学を卒業したときは私の突飛な選択を褒めてくれた友人も、大学院に行けばみたいなことを仄めかし始める。

こういう疑いの声を私は責めることができなかった。私だってこういう人生設計を立てていたわけではないし、その展開には私も驚いていたのだから。でも私にはこれが正しい選択だと確信できる体験があった。一方両親には、私の言うことを信じ、傍観している立場から見える以上のものがそこにある、と願うことしか出来なかったのだ——六カ月ごとに引っ越し、保障もなく、収入は途切れ途切れの、大人の生活と呼べるものの片隅にかろうじて摑まっているみたいなその生活に。両親が私のことを誇らしく思っていることは知っていた。父は大っぴらに、一日中戸外で自分の手を使う私の仕事を称賛した。でもその言葉の底には、わずかな失望もあった——大きくなったら考古学者かナショナル・パブリック・ラジオの特派員になりたがっていた娘、哲学で修士号をとるはずだった娘が——何をしているって? 今年も? 母は、もう教授になろうとは全然考えていないのか(考えてないなあ)、冬場の仕事の収入は十分なのか、と訊いた(十分じゃない)。叔母には健康保険に入っているのかと訊かれ、いないと答えると、あらあら、と舌打ちされた。そういう質問はときとして失礼に感じられた(投資銀行家に幾ら儲かったかと尋ねる人はいないでしょ?)。けれど、そういう心配の裏には一貫して、私の幸せを願う思いがあることはわかっていた。私には見えるものが、彼らにも見えたらいいのに、と私は思った——正統であることと幸せであることがあまりにも容易に混同されている、ということが。

私たち季節雇用者は軽薄で、自分の本当の使命から逃げているのだ、とほとんどの人が考えていることが明らかに思えるときに限って、「ちゃんとした」仕事をして月給をもらっている人が近寄ってきて、羨ましいよ、と囁く。その中には高校の時の友達とか、遠い親戚とか、飛行機で席が隣だった人とかもいる。東海岸でのディナーパーティー中に誰かが、よくそんなに不安定な生き方が出来るもんだね？　と不満げに言ったその矢先、別の人が近づいてきて、出来るものなら明日にでも国立公園に引っ越したいと言う。羨ましいと言う人たちの多くはちゃんとしたキャリアを持っていて、その仕事を愛している人もいるのだが、落ち着かないのだ、と彼らは言う。あるいは、何か新しいことをしてみたいのだが、安定した暮らしとか、子どもとか、支払いとか、年金とか、景気とか、学位とか、人からの期待とか、そういうもののせいで出来ないと言うのだ。来シーズンの募集の時に雇うように頼んであげましょうか、と私が言えば、「あら、無理よ」と彼女たちは言う――夫は絶対引っ越さないわ、両親が法科の授業料を出してくれたの、子どもたちが難しい年頃で、家を建てたばっかりなのよ。

そういうとき、賛成派に相づちを打って、そうなの、私はラッキーだし、勇敢だし、高潔だし、ほとんどの人より幸せよ、とうなずいて見せたい、という気持ちはある。でも、私を批判する人に対しては激しく自己弁護するけれど、同時に、私だって誇張された憧れには抵抗を覚える。森で一緒に働く私たち季節雇用者――スモークジャンパーや動植物学者や急流下りのガイドや調査員たちを含め――はたくさんいるし、その中には、この上なく満足とは言えないまでも、少なくとも一日一日の仕事を楽しんでいる人が多いのは本当だ。でも私は、心から満たされている税理士も、幸せな不動産業者も、そして惨めなトレイルドッグも知っている。私自身、森にいてさえ、そわそわと落ち着かない不満を感じたことはある。私が不安になったりつまずいたりするとき、それがひどい打撃であることは、どんな人の場合とも違わない。ゲイブの膝の怪我でMRIが必要だったらどうしよう？　それどころか手術が必要だったら？　去年借りた家が借りられなかったら今年の冬はどこに住もう？　GRE〔アメリカやカナダの大学院へ進学するのに必要な共通試験〕を受けることはまだ可能なんだろうか？　私は人生を無駄にしているのだろうか？

二つの反応には興味深い共通点がある。私の季節限定のキャリアを批判する人と称賛する人、どちらにとってもそれは新鮮なのだ。その理由の一つは、この仕事が臨時雇いだということにある。技術のある人なら繰り返し雇われる可能性は高いが、その保証はない。季節雇用は常雇用ではないから本当の仕事ではない、と思う人がいる。でも私やあなたが同様に心配しているということが、それが実は逆であることを裏付ける——非永続性こそ何よりも偽りない事実なのだ。私が仕事をする相手は自然だ。雨、土、鉱物、太陽、岩——それらは絶えず変化し、税理士が帳尻を合わせようとする数字や看護師が改善させようとする健康状態と比べて、不変度が高くもなければ低くもない。最も安定した職業だって人は解雇されたり職場を変えたりするし、ある分野に興味がなくなって、年を取ってから別の仕事を身につける人だっている。ここ数年がその証拠だが、企業は倒産し、業界がまるごとなくなり、景気は低迷する。大企業だから失敗しないということはないのだ。トレイル整備の仕事で私が好きなことはたくさんあるが、その一つが、季節性のものであるがゆえの正直さだ。嘘の約束はない。確かなのはこの瞬間だけ。後のことは後のこと。

たしかに私は、しっかりした健康保険が欲しいし、一時解雇されるのはストレスだけれど、私を、そして私たちの多くをこの仕事に引き寄せるのは、非永続性という気まぐれな呼び笛だ。そのときは力の限り働いて、それから解放されるのが私は大好きだ。働くことからの解放という意味ではなく——他の仕事や任務が待っているのだから——ある仕事によって完全に自分が定義されることからの解放だ。これまでの私のキャリアは季節雇用者としてのもので、私はその一員であることを誇らしく思う。トレイルドッグというのは変幻自在で、日和見主義で、自由契約の達人だ。私たちの仕事を決める要因は、天気、予算、季節、気温、健康、光。ここにいたかと思えば、もうここにはいない。

＊＊＊

あるとき、秋のオール・レイクでヒッチしたとき、私たちは湖岸でキャンプした。ミドルフォークは火気厳禁だった――その年の夏は暑くて湿度が低く、モンタナ州全体が焚きつけ材みたいな状態だったのだ。ここより南のボブ・マーシャル野生地域で山火事があり、あたりは煙の気配があった。夕食後、一番守るべき規則を破りたくてたまらない整備隊は、水不足で干上がった浜で禁じられた焚き火を熾し、ビールを飲んでは空き缶を膝で潰していた。班長がいなくなったのには誰も気づかなかった。数分後、浜の向こうの方で閃光が上がり、みんながそちらを見ると、ブルックが、浜の一番幅の広いところで向こうを向き、脚を大きく広げて立って空を見上げ、拳を突き上げていたのだ。彼は燃えるアナーキーシンボル〔円の中にAと書かれたシンボルマーク〕の中央にいて、炎は膝くらいの高さまで上がってからやがて燃え尽きて、くすぶる円形が残った。円のすぐ向こうに、チェーンソー用ガソリンの缶が見えた。整備隊のメンバーたちは、ブルックがそのポーズのままじっと動かず、火が燃え尽きて浜から煙が立ち上るまでそこに立っているのを見守った。それからブルックは腕をおろし、暗闇の中にじっと立ち続けた。朝になると、砂の上には黒い、ぼろぼろのアナーキーシンボルがあった。それはまるで狂人が巨大なクレヨンで描いたみたいだった。そしてある意味、その通りだったのだ。

＊＊＊

木の伐りかた。まずは寸法を測る。幹を叩いて、腐って鈍い音がするところがないか確かめる。上半分をよく見て、傾いたり、上部が二つに分かれていないか、枯れた大枝がひっかかっていないか、強風で枝が揺れていないかなどをチェックする。避難路と避難場所を確認する。チェーンソーを両手で持つ。前日のうちにチェーンの切れ味を確かめておくこと。チョークレバーを冷気スタートの位置にする。初爆があるまでプルコードを引く。一回(ここでチョークレバーを運転の位置に)、二回、三回。シリンダーにガソリンを溢れさせないこと。スロットルトリガーを握って離し、フルスロットルまで回転させ、音を聞く――高い、唸るような音、続いて低いアイドリングの音。伐る位置を選び、伐倒ラインを確認する。受け口をつくる。幹の直径の三分の一まで下切りを入れ、伐倒ラインを再度確認。下切りに一致するように斜め切りを入れる。ツルをしっかり確保する。滑らかな切り口と正確な角度を目標に。

ここで深呼吸し、もう一度上を見る。羽のように空に広がる枝、雲、リスが高いところで脱出の計画を練っている。風は?

「追い口入ります!」と叫ぶ。受け口の底から一〇センチ程度上のところを後ろ側から切る。チェーンソーは体に近い位置で、わずかなツルを残して切り進む。なかなか倒れないようなら、斧の柄の反対側で楔を打ち込む。ツルは重力に抵抗するが、やがて木はそれ以上は立っていられないところまで前傾する。「倒れます!」と大声で知らせる。木から目を離さずに離れる。幹はどすんと地面に倒れ、折れた枝が舞い、ライチョウが繁みから飛び上がる。思わず息を呑む。目には木屑が入り、耳栓は汗でぬるぬるし、手は樹脂で覆われ、チェーンソーオイルと、日なたで熱くなった松葉と、五〇年経って初めて空気に触れた心材の甘い香りがする。それから、枝を払い、倒れた幹を切断し、しゃがみこんで切り株を地面すれすれまで切る仕事が待っている。歯を食いしばり、顔がエンジン部分のすぐそばにあるものだから、チェーンソーオイルを吸い込んでしまう、まるで空気自体が脂ぎっているみたいに。

私は木が大好きだ。大きくて古くて堂々とした、枝ぶりが良くて皮の厚い木。そして私は木を伐るのも大好きなのだ。その二つはどうやったら釣り合いが取れるのだろう――原生林とトラックで走り回る私たちの釣り合い、葉緑素と本作りという私の夢との釣り合い。愛するものと、愛することの代償は、どうすれば釣り合うのか？　私はよく、世界中で一番大きな木々の森に、小さな飛行機から飛び降りる夢を見る。森が私の鼻腔を満たし、舌に拡がる木の味は誰かの上等なワインのようにこくがある。木々の匂いを、味を、私は感じる。そして伐り倒す。

＊　＊　＊

森での生活の楽しみと言えば、その半分は食べることで、一緒にする食事はチームの結束を固くする。一日中がむしゃらに働いてお腹ペコペコの五人が平らげる美味しい食事は、慰めともなり絆ともなって、過去の緊張関係を解きほぐし、将来的な対立を防ぐのだ。ヒッチの間は一晩ずつ順番に、一人が全員分の食事を作り、丸い金だらいでの皿洗いも交代でやった。キャビンでの食事は五つ星だった——前菜やら、薪ストーブで焼いたパイやら。山奥では食事はもうちょっと簡素だったけれど、それでもラバの荷にはコールマンの二つ口バーナーや氷の入ったクーラーボックスがあったから、困ることはなかった。アビーは贅沢なデザートを作ったし、マックスはダッチオーブン料理の達人で、捕れたてのトラウトが食卓に上った。一番多かったのは断然ブリトー、またはトルティーヤで包んで両手で掴んで食べる物ならなんでも（中味がメキシコ風ではなくインド風なものはキュリトーと呼んだ。同名のレストランチェーンができるずっと前のことだ）。炭水化物は不可欠だった——パスタ、パン、フライパンで焼いたじゃがいも。自宅で作って冷凍したスープやシチューは二つの目的を果たしていて、ヒッチの前半ではクーラーボックスを冷たいままにしておいてくれたし、何日かすると解けて、それだけで食事になった。

夕食は、栄養補給の時間であり、社交の時間であり、リラックスする時間であり、そしてまた大食い競争の時間でもあった。空腹だったし、実際に高カロリーを必要としてはいたけれど、私たちはまたお互いを食い負かすために、これ以外の状況だったら胸が悪くなるような量を食べた。誰が食事当番でも、チームの仲間が満腹にならないのは嫌だったから、作る量を多く見積もりすぎて、鍋に一人分残ることがよくあった。食べ物が残ると始末に負えなかった――食べ残しは中身がぎっしり詰まったクーラーボックスでは保存しにくかったし、捨てれば、ゴミ袋に入れて高い枝に吊され、日に日に重くなるゴミが臭くなった。そこでゴミの始末係が必要になるのだ。整備班によっては、決まって残り物を平らげる係が――それは痩せぎすな二二歳の若者であることが多いのだが――いた。でもそういう専任の底なし胃袋がいないチームは、その役割を交代で果たした。余った料理を平らげる役を一度も買って出なければ、責任逃れで嫌われた。それどころか、意気地なしと呼ばれ、その人の全体としての価値が食欲（の欠如）に合わせて変なふうに歪められる。この伝統のおかげで、私たちと大食の間には、奇妙に誇り高い関係がある。一言で言えばそれは、トレイルでしょっちゅう耳にする言葉に要約される――「腹が一杯だというのは、食べない理由にはならない」。

食事が美味しいことが多いので、不味《まず》ければ目立ってしまう。それまで一度も料理をしたことがない、高校を出たばかりの一八歳の新人が、最初のヒッチで作ったものを本人は「タコサラダ」だと言った。湿ったレタスの上に、質の悪い牛挽肉を炒めたもの、味のない細切りチーズ、缶詰めのサルサが乗り、その灰色の具の上にフリートス〔アメリカのスナック菓子のブランド。ここではコーンチップス〕を砕いてトッピングしてある。タイ風の肉野菜炒めとかフライパンで焼いたピザとかに比べ、それは評判が悪かった。その子に正面切って不味いと言う者はいなかったけれど、トレイルドッグは顔に出さずに受動攻撃性を発揮するのが得意なのだ。無言でタコサラダをつつき、次の日のランチを用意しながら食料の入ったボックスの中のものを乱暴にたたきつける私たちを見れば、その子にもそれは伝わった。仲間に石を投げられるのは一番辛い。私たちはなんたって一二ドルの日当を支給されているのだ。誰だって余った分は貯金したかったけれど、故意に食費を安く上げようとするメンバーは軽蔑される。少なくとももっと質のいい牛挽肉を買えたではないか、タラバガニを出せと言ってるわけじゃないんだから。彼の名誉のために言っておくと、一八歳の頃は飲み込みが早い。彼はその後二度とタコサラダは作らなかった。

ロギング・レイクでのヒッチの時には、変わり者で青白く、今ひとつみんなに溶け込むことのなかったブライスというメンバーが、夕食には捕りたてのトラウトを料理すると約束した。夕食が遅くなるというのはそれだけで反則だ——みんな五時半にはお腹がぺこぺこだし、寝る前に自分の好きなこと——本を読んだり、泳いだり、ハイキングしたり、誰にも邪魔されないテントの中に引っ込んだり——が出来るように、さっさと食べて解放されたいのだ。だから、ブライスが八時半に一匹だけ魚を釣って帰ってきて、それを安物の油で揚げ、(ベジタリアン用に)生のやわらかい豆腐を添えて出したときには、私たちは嫌悪感を隠そうともしなかった。夕食を待たせるなんてとんでもないが、待たせた夕食が気持ち悪い上に食べ終わってもまだお腹がグーグー鳴ってるだなんて、最高に冷たい態度で罰するに値する犯罪だ。私たちは騒々しい音を立てながら昼食用食料を引っかき回し、クリフバーや、大事にとってあったクッキーをガツガツ食べた。ブライスはひと夏しか保たなかった。

＊　＊　＊

トレイル整備の仕事を五シーズン、つぎはぎ仕事の冬(測量士のアシスタント、ファイル整理のバイト、法律事務所のリサーチャー、デリの料理の下準備、国勢調査の調査員、肉体労働ボランティア、婦人科外来のカウンセラー、非営利活動家、ニュースレターのエディター、障害者の介護)を五回過ごした頃、私はそこはかとない不満を感じ始めていた。私のプロテスタント育ちは根が深く、人には神に与えられた「使命《ミッション》」があるという概念から逃げることが出来ずに、それは私の足元の近すぎるところをついてくる犬みたいだった。なんとなく、「職業」とは報酬を得るための「仕事」以上のものだ、という気がして落ち着かなかったのだ。
森での仕事からは、他では経験したことのないほどの満足感を味わった。それは、私が自分の脳みそを信頼しすぎていたときにバランスを取り戻してくれた。私の本質を確認させてくれたのだ。だが、肉体労働者として働き始めて五年、私は何か漠然とした飢えを感じていた。自分の欲求の矛先が何なのかははっきりしなかったけれど、それは言葉に関係があるように思った。言葉の体系、目に見えるものの下に潜むものを露わにすること。私はトレイル整備の仕事はこの先何年私のためになるだろう、と考えた。哲学的な性向が刺激された——私は今している仕事を、この先もずっとしていたいのだろうか？　この、きつくて単純な労働以上の何かを、私は世界に負っているのではないのか？　私の中でうずいている、休眠中の情熱があるのではないか？　私は時折会う大学時代の教授に、この先どうするつもりなんだ、と訊かれたことを思いだした。何年経っても大学に戻らない私を叱責した祖母のことも考えた。私自身の望むことと、人が私に期待することとを、どうやって区別したらいいのだろう？　私の目に映る私と、人が私をどう見るかということを？

その冬、ゲイブと私は平和部隊に申し込み、私は大学院にも入学願いを出した。モンタナ州西部で、次のシーズンもグレイシャー国立公園で働く、という以外の選択肢を含んで生き方を考えようとしたのだ。大学を出たてのとき、学校には慣れすぎてうんざりしており、森で働くというのはやりがいがある挑戦に思えた。五年後、今度は学校が新鮮で面白そうに思え、私が就いている肉体労働の仕事は惰性でしているだけかもしれないような気がしたのだ。授業に出る、講義を聴く、遠大な思想、そういうものが待っていると考えると、私は再び興奮した。

ともすれば線引きは単純になりすぎる——体を選ぶか、頭脳を選ぶか。そういう二分法は紙の上でさえ成立しない。実際にはそれは単純でもなんでもなかった。森での仕事を辞め、それを自分が「やったことがある」ことの一つに分類することは、深い、考えられないような喪失感を伴った。森での仕事は、単なる成長の一段階、「若い頃、夏の間したこと」ではなかった。それは私の一部となり、子ども時代の経験や将来の夢と同じように、私の自己認識の中に組み込まれていたのだ。それなのに私は何かを必要としていた。思索する労働者が労働する思想家になりたくなったらどうすればいいのだろう？　森での生活から完全には離れずに、生活の中にそれを取り入れられる場所が、どこかにあるだろうか？

「賜物を無駄にしてはだめよ！」という祖母の忠告は、新約聖書の、自分のタラントンを砂に埋めた男の喩え話を指していることが多かった（「マタイによる福音書二五章一八節。主人から預かった一タラントンの金を有効に利用せず、砂に埋めておいただけだったために主人に叱責される僕《しもべ》の話」）。タラントンというのは聖書の喩え話の中ではお金を数える単位だが、一般的にはあらゆる種類の「贈り物」として解釈され、現在私たちが考える「才能」という意味も含まれる。「あなたの賜物を穴に埋めるのはおやめなさい」と祖母は言った。つまり、与えられた才能を無駄にするな、と言ったのだ。私は祖母の、私に対する信頼がありがたかったが、そう言われて笑ってしまった。祖母は私にはっぱをかけて、もっと重要な、私の潜在能力に見合った仕事に就かせようとしたのだ。でもそれを聞いたとき私の頭に浮かんだことと言えばこうだ――私の才能を砂に埋めなければならないとしたら、少なくとも私は、すごく立派な穴が掘れる。

＊　＊　＊

グレイシャー国立公園は自然保護地域に指定されている。誰でもいいから訊いてみるといい――ここは自然の決定版だと答えるから。けれども、「保存」地域と名付けられたところのほとんどがそうであるように、手つかずのように見える外見の下には、人間の文化が残した痕跡が蠢《うごめ》いている。グレイシャー国立公園の場合、岩だらけの峠道に放棄された立坑があったり、小川の河床に錆びた機械の部品があったりする。網の目のようなトレイルの骨組みになったのはネイティブアメリカンの部族が物の売り買いに使ったルートだ。この公園が自然保護地域に指定されたのは、鉄道が敷かれたことに負うところが大きい。苔むした土台石が、踏みならされた道からずっと外れたところに埋まっている。

この公園にある人間の文化の名残の中で私のお気に入りは、ドゥーディー・ホームステッドといって、バウンダリー・トレイル沿い、ハリソン・クリークとミドルフォーク川の合流点から八〇〇メートルほど下流にある廃屋だ。国道二号線ができる前、バーリントン・ノーザン鉄道のエンパイア・ビルダー号が走った線路沿いに建てられた、ダン・ドゥーディーと妻ジョセフィーヌの家だったところである。ダンはこの国立公園で最初に雇われた警備員の一人で（後に密猟で解雇された）、ジョセフィーヌは夫の死後も長い間酒の密造とホステス業を続けた。森の中のトレイルからこの廃屋に近づいていくと、至近距離に来るまで建物は見えない。二階建ての建物は崩れかけ、床の抜け落ちた上階まで階段が続いている。錆びたベッドのスプリングや、古いラベルの貼ってある空き缶、便座が二つ並んだ崩れかけのトイレなどが、ガラスの嵌っていない窓を通して見える。炭鉱夫や猟師たちが客室で酒をあおり、開拓時代の西部を渡り歩いていた山高帽姿の投資家と豊満な売春婦がツーステップを踊っている姿が、目をつぶらなくても浮かんでくる。今という時間——草を渡る強い風とアカリスの鳴き声——に交じって、ここには過去がある。空耳のホンキートンクと、ポークチョップの焼ける匂いが。

人間がここにいたことを示す痕跡は、地中の火山灰層や、この森がかつては海だったことを示す内陸の化石と同様に、この野性の土地に残された歴史の層の一つだ。ここミドルフォークでは、人間が残した歴史が明らかなのだ。人が存在しない空っぽの自然は何処へ行っても稀だし、そのほとんどは手つかずではない。人間はいつだって、その土地で自分たちの周りに文化を築いて生きてきたのだ。古い空き缶はそこが手つかずの自然だという主張を台無しにするかもしれないが、そういう遺物はまた、自然に対する一つのありのままの見方を指し示す——遠いところにジオラマとして存在する荒野としてではなく、我が家としての自然を。

ドゥーディー・ホームステッドに立つと、歴史はとても実体を伴って感じられるが、同時に、薄気味の悪い、この世のものとは思えない雰囲気が漂っている。まるでそこが、人ではなく、特定の心的存在でもなく、昔の私たち自身に取り憑かれているかのようだ。この土地のネイティブアメリカンとして生まれるというのはどういうことだったろう、と私は想像する。自分の部族とその物語が、良くも悪しくも、この土地と切っても切れないほどに長い間共存してきたということ——秋の狩りではシカ肉がたっぷり捕れたけれど、その後赤ん坊が寒さで死んでしまった。夏の野営地に行くための山道と、敵を待ち伏せするための小道。そこにあるから食べるもの。決断を迫られる季節。川は数カ月間は渡れなくなり、だから移動はしない。その土地と一つに織り成されると言っても過言ではない、と想像してみて欲しい——今という瞬間から解放され、記憶を物理的に受け止める容器としての地形は、パリンプセスト〔パピルスや羊皮紙に書かれた文書で、以前に書かれたものを不完全に消して再利用したもの。以前の文書が読み取れることが多い〕のように、現在の物語の下にいつでも別のレイヤーが見えている——よほど人を寄せつけない土地でない限り、家庭生活の営みがその下にあったかもしれない。自然という皮を剥けばその下に文化があり、文化を引っ掻けば自然という血が流れる。

野性は戦う、自分のために。切りっぱなしの裾は泥の中で引きずられ、丸めた拳が胸を叩く。自然保護区を護るためには書類が必要かもしれないが、野性は本能のたなびきであり、浮かび上がった渇望だ。広げた手の平。先端であり、中心でもある。

ミドルフォークの奥の方でヒッチがあるときは、パッカーも一泊していく。二五キロの山奥まで一日で往復することは出来ないからだ。繋ぎ柱か木立にラバを繋いで、整備隊と一緒に泊まるのである。スリムは、行きのトレイルでは家からサドルバッグに入れてきた冷たいフライドチキンを食べ、夜はオリンピアビールを一ダース飲んで整備隊のメンバーと無駄口を叩き合い、やがて火のそばで酔いつぶれ、ダック地の布にくるまり、ブーツを枕にして寝てしまうのだった。パッカーがブーツを履いていないのを見るのはどうも落ち着かない。靴下を履いた、骨張った足は、できれば隠しておいてもらいたいのだ。

世界がはかない霜に包まれたある朝のこと、スリムがよろよろと小屋の外に出て、「俺のズボンがねえよ！」とわめいたことがある。眠たげで、寒そうな、だぶだぶの下着姿でたじろぐスリム。このときほど彼が無防備な様子なのを見たことがなかった。

また別の日にパッカーが泊まっていったときは、繋ぎ柱から戻ってきたブルックが、スリムと数人の整備員に向かって謎のラバのことを身振り手振りで話した。「夕べはカーリーは柱のあっち側に繋いであったのに、今朝はこっち側にいんのよ」「だから？」「だってヤツは柱の真ん中に繋がってんだぜ、短いロープでよ！」

ブルックはちょっと間を取って反応を伺う。「飛び越えたってこったよ！」そう言ってブルックはケラケラと笑った。トリスタンは、青い瞳をまん丸にしてブルックを見て「すげえ！」と言ったが、スリムはトリスタンをにらみつけた。ラバがちょっとでも普通でないことをするのが彼は大嫌いなのだ。「すげえだと？」とスリムはすごんだ。「何がすげえんだよこの野郎！」どんな状況でも、相手を侮辱するのにぴったりの一言だ。

*　*　*

北米大陸の森の大々的な伐採を含め、何世紀にもわたって、森で木を伐る道具として最も好まれてきたのは両挽き鋸だ。長さが一・五メートルあるしなやかな鋸で（伐採用は背が曲線、断裁用は背がまっすぐ）、ギザギザの刃、両端に持ち手がついている。この二人用の両刃鋸は、斧よりもずっと制御しやすく、効率よく大木を伐ることができ、木が後ろ向きに倒れて木びきが下敷きになる可能性も低い（ビーバーの死亡原因の一位はそれだ）。両挽き鋸は今でもさまざまな場面で使われる。機械化された道具の使用が禁じられている自然保護区や、ガソリンやオイルを絶えず補給するのが難しい山奥、それに、騒音規制が野生動物――ワシの巣や、渡りの途中の鳴禽や、オオカミのねぐらなど――を保護している場合などだ。

両挽き鋸は、二人組用に、そしてたった一つのことをするために完璧に設計された美しい道具だ。両挽き鋸を使うには筋力が要る。絶え間ない押したり引いたりで、腕と背中の筋肉は発達し、「悲痛の鞭」というニックネームにもなるほどの筋肉痛になる。だが同時に繊細さも必要だ――力を入れすぎれば刃が曲がったり動かなくなってしまったりする。そして、パートナーの動きに抗わないこと。押すときはそっと、刃が遠ざかるままにし、引くときは正確に、力一杯引く。

高速道路を挟んで向こう側のボブ・マーシャル野生地域では、動力つきの機械での作業が禁じられているため、林野部のスタッフはもっぱら両挽き鋸しか使わない。そうすることで昔からの木びきの技術は見事に残されているのだが、それには代償もある。ボブ・マーシャル野生地域のクルーは、夏中、倒木を伐り出すことに時間を費やし、人が歩けるようにトレイルを開通させるのが精一杯で、とてもではないが壊れたところを修復したり構造をアップグレードしたりする時間はない。林野部の管轄する地区のトレイルは歴史があって静かだが、くたびれている。今のようなトレイル整備の予算では、やらなければならない作業が作業員の数を上回るのは時間の問題だ。維持管理が追いつかず、普通のトレイルとしての使用に耐えないほど草が生い繁り、道が隠れてしまうなど、劣悪なコンディションのトレイルはだんだんと増えていくだろう。

グレイシャー国立公園にも自然保護地域に指定されたところはあるが、トレイル整備のためにはチェーンソーの使用が認められていて、私たち整備隊がトレイルを片付けるにはほとんど常にチェーンソーを使った。機械の助けがあってさえ、トレイルを通れるようにしておくのは毎年の大仕事だった。両挽き鋸を使っていた頃は、トレイル整備員の数は今の三倍も四倍もいた。もしも今、私たちが両挽き鋸しか使わないとしたら、トレイルの半分は通れるようにはならず、公園の資源へのダメージはもっと大きくなるだろう。だから私たちは妥協して、歴史的な価値は少々犠牲にして、もう少し現代風なアクセスを可能にする。ハイカーはそれを喜ぶし、大規模な観光産業にはそれが絶対必要だからだ。自然の中にひとときの休息を求める人は急増しているし、政府予算は年々小さくなっていて、継続維持可能な土地の使用など過去の話だ。ではどうすればいいのだろう? 私たちがどんなに環境保護を好んだとしても、シーズン中は私たちは労働者であってロビイストではない。政策に大きな変更がない限り、私たちに出来るのはただ、チェーンソーのエンジンをかけることだけだ。

林野部のクルーはエラそうな態度を取りたがるが、実際エライと私もときどき思う。彼らはゆっくりで安定した手仕事のリズムや、自分たちの限界によって決まる、その日にこなせる仕事の量に忠実だ。でも、チェーンソーは両挽き鋸ほどの歴史の重みはないけれど、チェーンソーを使うのもまた芸術的な技術であることは、すごく上手い人を見ればわかる。懐古の情にその価値を頼らなくても、その技術は圧倒的だし、木を動かすというのは立派な仕事だ。仕事には、手を使ってする方がいい場合もあるし、素早くやった方がいい場合もある。ボブ・マーシャル野生地域だろうがグレイシャー国立公園だろうが、鋸を持ってトレイルで日がな一日働くのは、骨が折れるし、称賛に値する。そして労働にはある役割がある——皮肉な物の見方を寄せつけなくするのだ。訪れる観光客の数も、人件費につく予算も、指定された土地利用もどうでもよくなる。両挽き鋸だろうがチェーンソーだろうが、昔から正しいことは今でも正しい。ツルを切らないこと。丸太を切断するときには必ず丸太より高い位置に立つこと。転ばないこと。

＊＊＊

私たちは五人で、シャベルやプラスキーを肩に担いでトレイル起点の駐車場に立ち、班長を待っている。一人の男性がトレイルに近づいてきて、私たちの前を通り、私たちを観察し、歩き続ける。それから、森に入る直前で立ち止まって、こう私たちに訊く——何を探してるんだい？　私たちはぽかんと目を見合わせる。誰一人として馬鹿にしたように鼻で笑わないし、いつものように、森の維持管理について、排水用の凹みについて、ターンパイクについての説明を始める者もいない。何を探してるんだろう？　すごくいい質問だよ、なあ？

＊＊＊

グレイシャー国立公園は、昔からニイツィタピイイが住んでいた地域に属している。翻訳すると「本当の人びと」という意味になる、モンタナ州西部のブラックフット・インディアンは、この一帯の山々を「世界の背骨」と呼ぶ。彼らは昔、グレイシャーの山道を移動のために使ったが、山に住むことはめったになかった。険しく、氷河に覆われて、住めるところではなかったのだ。ビジョンクエスト〔ネイティブアメリカンに伝わる通過儀礼。自分の使命を示すビジョンを求めて、断食断水をしながら数日間、一人で山に籠る〕や祝祭などの神聖な目的で使われる山はあったが、住処としたのは、視界が広いために敵を見つけやすく、野営地の周りに狩りの獲物が豊富な平原だった。現在のバブとイースト・グレイシャーの町はこういう歴史を再現して、大陸分水嶺のすぐ東側、ブラックフット族の居留地にある。

よそ者の目には、荒涼として痩せた土地に見えるところだ。田舎で、開発されておらず、強風が吹きすさぶ平原の端にちょこんと佇んで、次に風が吹けばどこかに移動してしまいそうだ。

グレイシャー国立公園で働いた六シーズン中、私が長く一緒に働いた唯一のブラックフット・インディアンがドゥワイトだった。彼はトレイル整備の仕事が長く、「外科医」というあだ名があった。チェーンソーの修理が上手かったからだ。もの静かで、ブラックフットの言語に特有な抑揚で喋り、笑うときは目にしわができて、腰から体を折った。

ドゥワイトはアルコール依存症だった。休日に深酒するトレイルドッグは多かったし、ビールを欠かせない人がほとんどではあったが、ドゥワイトの場合、二日酔いで仕事に来てぼーっとしている。フランネルで蒸留した酒みたいな匂いがする。遅刻も多かったし、一度などは酔っぱらったまま、昼休みに真っ青な顔で冷や汗をかきながら気を失った。彼の班長は彼を責めたし、それは当然だった。緊張が高まっていた。班長はにっちもさっちもいかなくなっていた。唯一のネイティブアメリカンの遅刻を厳しく叱ったら、人種差別になるだろうか？　ネイティブアメリカンだから甘くするというのはいいことなのか？　そういうこと全部が彼をイライラさせた。

イライラするのは私もだった。ドゥワイトが依存症でなかったらよかったのに、と私は思った。理由は一つには、人種が何であれ、酔っぱらいの近くにいると、落ち着かず、悲しくなること。私はドゥワイトに、班長の目を正面から見られるようになって欲しかった。彼を応援しているつもりだったのだ――「居留地にはあんまり仕事がないでしょ、ドゥワイト、首になっちゃダメよ」。そのときにはわからなかったけれど、あのとき自分が彼を見下していたのだということが、今はよくわかる。私にとっては必須ではないその仕事は、彼にとっては、あるだけ幸運な仕事なのだと勝手に思っていた。彼に尋ねたことはなかった。

その頃の私は、依存症の固い頸木も、一人だけ違うことの重荷もよくわかっていなかった。居留地から一人だけこの仕事に就いていることをどう思うか、とドゥワイトに訊いたこともない。この仕事が好きか、と訊いたこともない。その質問の奥には、彼は私たちのことが好きか、という質問が、さらにその奥に、彼は私を好きか、という質問が隠れていた。私は彼に好かれたかったのだ。それは私が「良い白人」であるということだったから。でもドゥワイトはあまり自分を見せなかった――それは彼の持つ文化のせいでもあり、彼個人の性格でもあった。当たり前ではないか？

あの頃、二度くらい耳にしたこんなジョークがあった。インディアンを飢え死にさせるにはどうしたらいい？　答え――失業給付金の小切手を、仕事用ブーツの下に隠せばいい。これは、どんなに汚い、どんなに恥知らずな、どんなに無礼なジョークでもへっちゃらで笑える人たちが大好きな、侮辱的なジョークの類に属する。女性差別や政治や小児性愛者をネタにするジョークの類。全部トレイルドッグのレパートリーだ。私たちはやりすぎるのだ。私たちは私たちなりのやり方で、「正当性」に抑えつけられたニュアンスを追いかけているのだと思う。微妙な違いを、葛藤を見つけ、私たちに唯一可能な方法（ジョーク）でそれに名前を付けたいのだ（度胸のないヤツ、トレイル整備のクルーとして長続きしないヤツを排除しようとしているのでもある）。こういうジョークは、からかわれている本人に言ったり、その本人が言ったりすると、心を解放してくれることがある。もし私が仕事でヘマをしたら、クルーの一人がきっとこう言う――「ボスにおフェラしてやった方がいいだろうな」。頭に来る。でも笑ってしまう。整備クルーの中で唯一おネエな人がカマ掘りのジョークを言ったときには全員笑い転げた。馬鹿げたタブーの頭をひっぱたくほど楽しいことはないのだ。

でも、インディアンを飢え死にさせるというジョークを思い出すと、私は身がすくむ思いがする。ドゥワイトに誰かが面と向かってそれを言った記憶はない。ユーモアは人と人を平等にする素晴らしい手段だと言われるが、それはもうすでに対等に感じている人にしか当てはまらないのかもしれない。人種差別に関する一般的な通念から考えて、ドゥワイトが私たちと対等だと感じているはずがなかった。でも感じていたかもしれない。もしかするとドゥワイトは自分を私たちより上だと思っていて、真っ直ぐに目を見られなかったのは私たちの方だったかもしれない。いずれにしろ、このジョークの裏にある意味は明らかだった。インディアン＝怠け者＝役立たず＝酔っぱらい。現実を見れば、それは面白いと言うより滑稽だった。第一に、私たちのほとんどは失業手当を受け取っていた。それにドゥワイトは怠け者なんかじゃなかった。足が速くていくらでも歩けたし、力があった。役立たずでもなかった。私たちの多くが知らないことを色々知っていた。でも酔っぱらいであることは隠しようがなかった。そのことが、トラックの運転席を悪臭で満たし、私たちの絆をほころばせた。

グレイシャー国立公園でドゥワイトと知り合った夏以来、依存症というのは、それが仕事、セックス、自分自身さえ認めようとしない秘密の何かなど、何に対するものであれ、多くの場合、遺伝や人種よりも、壊れてしまった何かを元通りにしたいという欲求と関係があるということを学んだ。それ自体はごく普通なことの病気に、民族虐殺と、それに対する揶揄、罪の意識が作り上げた玉座という、インディアンに独特の傷を加えてみるといい。すると、何が壊れたのかが悲しいほどによくわかるようになる。私が知っているクリンキット族の作家が私にこう言ったことがある――「歴史が私たちをこういうふうにした。ときとしてこの断絶はあまりに大きく思われる」。西欧世界の白人の多くがそうであるように、歴史をやり直せたら、と私も思う。多くの人間がそうであるように、時間を遡って自分が過ちを犯した時点に戻り、その人に会って、自分の過ちを正せたらいいのに、と思う。私なんか、ドドゥワイトの自伝の脚注にも登場しないことはわかっている。私は自分を買いかぶりすぎなのだ、いまだにこのことを考えているなんて。なぜだろう？　一つには、心の広いその作家が続けて言っているように、「前進する唯一の方法は、ともに進む、ということだけ」だと思うからだ。私はその言葉を信じたい。そして信じてもらいたい。

ねえドゥワイト、どうやったらともに進めるのかしら？　白人ネタのジョークを話してくれない？　本になるくらいあるでしょう？　あなたを馬鹿にしたジョークを笑って悪かったわ。私があなたにしたように、私を笑い物にしていいのよ。代わりに観光客をからかってもいいわ、私は女だからチェーンソーを担げないし、あなたは絵葉書の写真みたいに見えるからチーフ・ジョセフを知っているに違いないと思ってる、あのかわいそうなくそったれども。一緒に笑いたいのよ、私が書いたのでもあなたが書いたのでもないのに私たち二人とも登場する、このくだらない脚本を。スタンディングオベーションが欲しいのよ。

それが私の望みなのだ。でも私にわかっているのはこれだけ――ドゥワイトは大酒飲みで、笑顔が素敵で、ものすごく腕のいい木びきだったということ。そうなのだ。あのときも、今も、彼は私のインディアンじゃない。そして私たちのどちらも、拍手なんか必要ない。

＊　＊　＊

毎夏、シエラクラブからのボランティアが、トレイル整備のご奉仕旅行にやってきた。この熱心な自然保護活動家たちは主に四〇代、五〇代の男女で、中流から上流階級の人たちで、国立公園に行ってお役に立とうと何百ドルも払ったのだ。そして、役に立つために送られてくるのは大抵、いつでも施しを必要としているミドルフォークだった。一回に来るのは一二人で、自分たちの班長と料理係を連れてきた。彼らは善良な市民で、多くは興味深い人たちだったし、ここへ来る動機は値千金だった。ただ、彼らのうちの誰一人として、班長でさえも、相当きちんと指導しなければトレイル整備の仕事は出来なかったのだ。そこで国立公園局が、プロジェクトを率いるプロのスタッフを用意した。仕事のテンポややり方の手本を示し、品質管理をするためだ。

思いやりがなかったけれど、私たちはシエラクラブの人たちとの仕事に文句ばかり言っていた。傍から見ると彼らはちょっと熱心すぎで、その熱意ときたらほとんど恥ずかしいくらいだった。私たちのことをあまりにも朗らかに褒め称え、私たちの仕事こそ「本物の仕事」だと言った。森のカルチャーとはまるでちぐはぐな、都会暮らしを鼻にかけた、我慢できないほど傲慢な慈善家気取りもいた。私たちはただの日雇いで、私たちの仕事なんて自分は簡単に、あっという間にマスター出来る、と彼らは考えた。何しろ穴を掘るのなんて馬鹿でも出来るんだし、彼らといえば、建築家だったり心理学者だったりエンジニアだったりするのだ。公平を期すために言っておくと、彼らにしてみれば私たちはがさつで、生意気で、森に詳しいのを鼻にかけているように見えたに違いない。

だがヒッチが終わる頃までには大抵、仕事がお互いの本当の姿を見せてくれた。私たちは警戒心を緩め、彼らのうちの何人かを好きになった――笑ったり下品な言葉遣いが出来て、私たちをからかい、物事を難しく考えすぎない人たちだ。そして彼らも私たちを好きになった――下ネタや無鉄砲ささえも。私たちはともに、自分たちの仕事を誇りに思い、仕事で疲れた体が私たちのよるべだった。土取場までの行き帰りにはとりとめのない話をし、共通して知っていることの多さにびっくりした(ノルマンディーの戦い、ジョニー・キャッシュの初ヒットシングル、円周率を小数点以下何桁まで言えるか)。夕食時には、訴訟のことやクライアントについて、サンフランシスコやシカゴでの暮らしについて、ペットのこと、子どものことについて尋ねた。彼らは、私たちが大学を出ているのか(出ている人も、いない人もいる)、冬は何をしているのか、と訊いた(スキーや旅行に行ったり、コーヒーを給仕したり、さらにトレイル整備の仕事をしたり、ものを書いたり）。私たちはいつも通りの、お腹に重たい夕食を摂り、彼らは都会風の食事を喜んで忘れて、当然の報いであるかのようにがつがつ食べた。

ボランティアの各グループには必ず一人、不満げな優越感を最後まで捨てない人がいて、作業について、天気について、虫について愚痴を言った。私がこれまで会った中で一番イヤなやつはシエラクラブのボランティアで、ロサンゼルスから来たヘッジファンドのディーラーだった。自分のことをすごいと思っていて、そもそもどうしてボランティアに来ようと思ったのかわからない。アドバイスを鼻で笑い、自分流にやりたいというだけの理由で間違いを犯し、女性に威張り散らし、すぐに怒り、ものを壊した。関係を改善しようとした私の試みが何度か見事にしっぺ返しを喰らうと、私は腹が立って彼に冷ややかな態度を取るようになった。私は彼に一番退屈な仕事ばかりさせ、最高に険悪な目つきで彼をにらみつけた。その彼と真反対だったのが、素敵な年長の女性——獣医だったと思うが——と彼女の成人した娘だった。二人とも、手にマメができたことや、一週間が終わる頃には、プラスキーとマトックが見分けられるしノミとちょうなの違いもわかるようになったということを、誇らしく思っていた。私は彼女たちの腕前を褒め、ジョークを言い合う仲間にも入れてあげた（あまり下品すぎないヤツだけだが）。彼女と彼女の娘、それに不機嫌だったあの男性は私に、どんなところにも、色々な種類の人がいるのだということを、とてもはっきりと思い出させてくれる。原型なんてない。街から来た悪人も、森の聖人もいないのだ。タクシーを捕まえるにしても、丸太を切るにしても、要はシンプルなのだ——気が合う人もいれば、合わない人もいる。

* * *

ジャスティン、ケント、ゲイブ、サム、マックスと私は、一週間休みなしに木を片付けていた。B-98（「フラットベッドで一番のロックンロールをどうぞ！」）で八〇年代のロックを聴きながらトレイルの起点まで車で行って、そこでトラックの荷台からバックパックにツール類を詰める。前の冬、山火事の跡を吹き荒れた風で大々的に倒れた木を、三組がかりで切断していたのだ。朝着ていたフリースは九時までには脱いで、一番暑い時間になるずっと前に汗びっしょりだった。その週最後の日の昼休みには、私たち全員が眠ってしまった。目が覚めたのは本来の昼休みが終わった二〇分後で、みな大慌てで起きて仕事に戻った。一人はトレーナーによだれの染みをつけ、私はほっぺたにバックパックの金具の跡をつけて。昼休みに三〇分より一秒でも長く休むマックスを見たのはこれが最初で最後だった。

一日中トレイルで伐木搬出するほどヘトヘトになる整備作業はない。倒木の密度によって、歩く距離は五、六キロのこともあれば三〇キロのこともある。チェーンソーの重さと、木を切るという、集中を要する作業のせいで、ものすごく疲弊する。でも私にとっては幸せな毎日だった。シーズンが始まったばかりで体が鈍《なま》っていて、みんなの列のびりっかすになるまいと必死なときも、シーズンの終わり近く、日に焼けて体がこわばっているときも、雨の日も、火事跡で木の幹が粉を固めたようになっていて、切りながらむせかえり、肌が薄い粉の膜で覆われるようなときも。私はこの仕事が大好きだった。なぜって、チェーンソーを使うのが好きだったから。そしてチェーンソーが好きなのは、自由だと感じたから。一生懸命働いて、馬鹿話をして、巨大なランチを平らげる自由。整備員の男たちと一緒に笑える自由――たとえその中に、仕事が終われば何の共通点もない人がいるとしても。すごく自信があって、でも同時に学ぶことがまだまだたくさんある自由。「チェーンソーを使える女の人」と呼ばれずにチェーンソーを使える自由。

世間では、男と女は互いににらみ合い、虚勢を張りたがって、女がチェーンソーをトラックの荷台から降ろしていれば通り過ぎるトラックから囃されるし、エンジン修理工場に足を踏み入れれば修理工から、男には向けられない品定めの視線を向けられる——この女、どれくらい知ってるんだ？　という例のヤツだ。そういう馬鹿げた態度を、苛酷な労働は剥がし取る。パートナーと、役割を交代しながら、一日中ものすごいスピードで木を切る。二人ともくたくたで、でもまだトラックまで歩いて戻らなければならない。遠いなあと思ってもやるしかない。そういうとき、チェーンソー持ってる女ってセクシーだよな、とか、この人あたしのこと仕事が出来るって思ってるかしら？　なんて考えるエネルギーはない。必要なことを考えるだけで精一杯だ——彼、デプスゲージを低くしたかしら、あいつ水残ってるかな、ちょっとこれ持ってよ、お願い、死にそうなんだから。

＊　＊　＊

パッカーのグレッグは、納屋から大型荷送トラックまで、またはラバの列から繋ぎ柱までの距離以上を歩くのを拒んだ。ラバを徒歩で先導することはめったになかった。「歩くと体が痛《いて》えんだよ」と彼は言った。体を曲げて手が爪先に届かないばかりか、膝さえ触ることができなかった。彼のぼやき方は明るくて、スイカみたいなお腹を両手で叩いては「こいつを持って歩くのは大変なんだからよ」と言う。一度リーバが、「グレッグ、ヨガ試したことある？」と訊くと、彼はもしゃもしゃの眉毛を片方上げてリーバを見てこう言った——「いんや、あれは食わねえ。酸っぱすぎら」。

＊　＊　＊

夏も終わりになると、ミドルフォークは植物だらけで身動きもとれなくなる。パークやニャックといった長い流域沿いのトレイルは、森の中を二五〜三二キロ歩かなければ広々とした高山地帯には出ない。ところどころに山火事の跡があったり、原生林に囲まれた空き地があったり、川沿いにハコヤナギの生えた土地が広がっていたりはするが、基本的にはロッジポールマツ、ダグラスファー、トウヒ、カラマツ、パインの森が何十キロも続く。低いところでは七月には下生えがそこらじゅうを覆う。ブルーベリーとアメリカヤマモミジ、アメリカハリブキとカウ・パースニップ、ハンノキとヤナギとイチイの木が、あや取りみたいに絡み合うのだ。五年以上放っておかれたトレイルはトンネルになってしまう。用を足すためにトレイルから六〇センチ離れたが最後、トレイルに戻るための道しるべとして切断された丸太の断面や明るい光の方向を探しながら、しばらくウロウロすることになりかねない。「木を見て森を見ない」と最初に言ったのが誰だかは知らないが、その人はきっとこういう森で迷ったことがあって、全体が見えなくなる、というのを体験したに違いない。全体像というのは決定的に重要だが、見失いやすいものなのだ。

整備隊がトレイルの草刈りをするときは、トレイルの両側を一・五〜一・八メートルくらい刈り込む。作業が終わり、刈った草を集めて片付けた後、チェーンソーや刈払機を肩に担いで帯状の刈り跡を歩いて戻る。汗でべたべた、上腕はカウ・パースニップが擦ったところが痒いし、指にはアメリカハリブキのとげが刺さっているが、満足している。ところが、くねくねと続くトレイルは遠くまで見晴らせるし、疲れた筋肉は私たちが多少は仕事をしたという印ではあるが、歩くそばから草木が忍び寄ってくるのを感じるのだ——腹黒い背後の敵め、その動きは現行犯で捕まえるには遅すぎるし、やっつけた、と私たちが感じるには速すぎる。

＊　＊　＊

二〇〇一年九月一一日、私たちはハリソン・クリークで橋を架けていた。この、シーズン末のプロジェクトのために、いくつかの班から、残っていた人員が掻き集められていた。晴れていて涼しく、夜空には星が美しかった。ヘラジカは交尾に忙しいし、木々はこの季節ならではの見事な変身を遂げて、まさに生きていることを幸運だと思えるような天候と場所だった。九月一二日、サムとミッチが合流することになっていて、私たちは二人の到着を楽しみにしていた——新聞、チョコレート、新しいジョークを。二人が到着したのは、私たちが蛇籠を一つ設置し、横梁にする丸太を向こう側に架ける準備を終えて、日なたでお昼を食べているときだった。サムがバックパックから新聞を取り出した。ミッチは、爆弾、飛行機、テロリスト、死者、ニューヨーク、と言った。私たちは顔を見合わせた——この二人、俺たちをからかってるのか？　こんなに人里離れたところでは、「宇宙戦争」の真似をするのは簡単だ。何か不愉快なニュースをでっち上げても、一週間後にここを出るまでは反証できない。こいつら冗談が好きだからな。その手には乗らないさ。だが、普段は地元のこと以外はあまり伝えない『デイリー・インターレイク』紙の一面にそれは載っていた。カラー写真は煙がほとんどで、大きな文字で見出しが躍っていた。本当らしかった。

アメリカ人はみなそうだが、私にも繰り返し思い出す九・一一の記憶がある。ただしそれはタワーの記憶ではない——テレビの生中継で映し出された最初のタワーの崩壊でも、二番目の崩壊でも、一〇〇番目の崩壊でもない。私はその後も一週間森の中にいて、戻った先の山小屋にもテレビはなかったから、マスコミやその影響から護られていたのだ。今日まで私は一度も崩れ落ちるタワーの映像を見たことがない。友人からは色々な話を聞いた——そのうちの数人はニューヨーク住まいで、飛行機が衝突したとき地下鉄のN線に乗っていた人もいる。でも私はそのニュースを、生で、あるいは直後に媒体を通して体験していない。私はそれに続くむごい余波からも隔離されていた。米国文化における決定的な瞬間に、蚊帳の外にいたのだ。

九・一一に続く私の日々は、国が体験していたトラウマとは似ても似つかぬ、感覚に訴えかける経験に満ちていた。橋の基礎を設置している間に防水長靴に入りこんだ水の感覚。発情したシカの奇妙な鳴き声。フランネルのシャツを暖める夏の終わりの日差し。大きな混乱の中にあって味わう不思議な平安。それはあまりにも不釣り合いだった。この二つの世界——片や鋼鉄と暴力と憎しみの世界、もう一方には雄ジカと土と友情の世界——が同じ一つの世界だなんて、そんなことがあり得るだろうか？　なぜ私は、ニューヨーカーたちが味わっている絶望的な恐怖や過激派の圧倒的な憎しみから、こんなふうに護られているのだろう？二〇〇一年九月一一日の私の記憶が、爆撃のない、嵐や食物連鎖や洪水によるごく普通の被害以外には何の変わったこともない世界についてのものであるのは、いったいどんな宿命、幸運、カルマ、天の恵みのおかげなのだろう？

私はその巡り合わせに感謝しているが、それは、人びとの犠牲の上に立って自然の中でそれを見て見ぬふり出来たからではない。そうではなくて、混乱のさなかの安定という対照的な二つのものが、平和な世界はあり得るということを思い出させてくれるからなのだ。恐怖と沈黙、攻撃と防御の只中にあってさえ、永遠に変わらない崇高な生命の営みは存在することを。そのことを忘れず、しっかり意識することも、私たちには出来るのだということを。暴力から逃避するためではなく、それに対抗するため、そして、絶望と落胆を和らげるために——風と、水と、光によって。

後になって、街に住み、平和を求める殺気だったデモ行進や、読者投稿や請願や議論に明け暮れていた頃、私はよく、あのハリソン・クリークでの一週間のことを思い出した。それは政治的、社会改革的な行動よりもずっと漠然とした反応ではあったけれど、あれから何年も経った後でも、私が創ったのではない世界で、戸外で過ごしたあの時間は、解毒剤であり慰めだった。

そのヒッチの間、木を切ったり土を固めたり穴を掘ったり料理したり眠ったりする合間の短い時間に、私は非道なことと被害者についてあれこれ考えた。人が人を憎むということについて。遠いところにありながら、森の中の私たちのキャンプの横を通っていくハイイログマよりもずっと怖ろしい脅威であるテロリズムについて。戦争が、その概念が、私の頭の中のあらゆる隙間を一杯にした。戦争は起きるだろうか、どこで、いつ？　何か大きなことが起ころうとしているのではないか？

ヒッチが終わってパッカーのために荷物をまとめ終わった頃には、そのニュースは一週間前のものになっていた。ハリソン・クリークの外側の世界は、ショックと哀悼から分析と報復へと移行していた。強風に運ばれて秋がやってきて、小川の岸には夜になるとうっすらと霜が降り、帰り道、みぞれが横なぐりに降ってラバの皮膚を白く覆った。橋は完成した。あとは冬の積雪と来春の雪解けを乗り越えてもらおう。交尾に夢中のヘラジカたちは後に残った。

私たちはいつだって、何か大きなことが起きるその一歩手前にいる。

＊　＊　＊

秋。シーズン終盤。朝七時は寒い。私たちは作業場で身を寄せ合い、まだ暗い表でトラックのエンジンが暖まるまで、寒さに足を踏みならしてぐずぐずする。八時半にはトラックは川岸に停まり、私たちは膝から下を濡らして川を渡っている。朝の光にカラマツが金色に輝き、陽の当たった斜面は深い秋色に染まる。行き交う車の音は遠ざかり、夏に訪れた人びとはとっくに去り、川は数ヵ月ぶりに、歩いて渡れるほど水位が低い。夜は鋭く、星は早くに瞬き始め、真夜中は青みがかった黒を帯びる――暗い夢を誘う色。

川の流れは速いが、中ほどの水位は低く、石すれすれだ。道具が肩に食い込む。肩は関節に食い込む。吸い込む空気は冷たい。

夏は擦り切れてしまった。チェーンソーは手入れが必要だ（チェーンを研ぎ、ベアリングに油を差し、キャブレターは空燃比が薄すぎる）。体は蝶番が錆びたみたいにじっとしている。頭は冬になすべきことを考え始める。今すべきことと、ちょっと先への備えの間で揺れている。

一〇メートル先で向こう岸が待つ。足元の石はつるつる滑り、慌てずに、気をつけて、一人ひとり、このガタガタのリズムに集中して、先のことに気を取られずに歩け、と要求する。そうやって秋はバランスを保つのだ――私たちは川の真ん中で足を広げて立ち、それから季節が変わる。

＊　＊　＊

グレイシャー国立公園で働く最後のシーズンの最後の日、私は鍵を返し、本部で退出の手続きをした。作業用具は綺麗にしたし、作業報告書も書いたし、査定書も提出した。私はパッカーたちにさよならを言うために納屋に寄った。想像できると思うが、彼らは儀式張ったことはしたがらない。けじめをつけたかったのは彼らより私の方で、クルー仲間の中で一番感情を顔に出さない人でさえ心からハグをして元気でと言ってくれるのに、パッカーにそれは期待できず、気まずくもじもじして終わるのが関の山だった。退出時間の直前、私は暗い納屋の中で、馬具収納室の切り株に座って隠れているパッカーたちを見つけた。グレッグがマウンテン・デューの瓶で乾杯の真似をして、「ほんとはビールだといいんだけどよ！」と言った。シェルドンは足を組んでブーツの飾り細工をいじっていた。

このパッカーたちは私を六年前から知っていた。厳密なトレイルドッグの基準から言うと、犬として一歳になるには七年働かなくてはならなかった（それ以下なら「愛好家」であると馬鹿にされた）ものの、私はしばらくはいたわけだ。彼らは最初は私を「あの痩せっぽちのオンナノコ」と呼び、次に「キャシーの子分」になって、それからようやく、色んなふうに崩して私の名前を呼ぶようになった。でも、仕事という潤滑油もなく、ラバに荷物を積むでも遠距離を歩くでもないところでは、話すことはあまりなかった。私が秋の天気についてつまらない冗談を言っていたら、スリムが割って入った――「あんた来年は来ねえんだってな、みんなそう言ってっぞ。来年になってあんたがここにいねえってことになんなきゃ、辞めたことになんねえけどな。辞めて学校行くんだってな、本書きやがんだって？　ケントが言ってたぜ」。私はにっこりして、「だといいんだけど」、と肩をすくめた。「でもどうかな？」今いるところから見る大学院は、月よりももっと私に縁のないところに思えた。整備クルーたちに向かっては、ＭＦＡ〔Master of Fine Arts の略で、芸術系修士号のこと〕というのは My Fucking Art〔直訳すれば「私のクソったれ芸術」〕の略だと冗談を言っていた。こうやってこの仕事を辞めても、その結果は失敗に終わるかもしれない、と仄めかすのが品の良いことのような気がしたのだ——私って馬鹿よね、夢なんか見て。でもスリムはさらに続けた。「俺が知りたいのはよ、本書くのになんで学校に行かなきゃなんねえのかってことよ。本ぐらい俺にも書けるぜ、題名は『スイッチバックとコックサッカー〔直訳すると「男性器をしゃぶるヤツ」の意〕』よ！」

その場に残っていた気まずさはこぼれたガソリンみたいに消えてしまい、スリムが本を書くところを想像して私たちは大笑いしたが（いつもの黒い帽子を被った彼が机に前屈みになっているところは、キャシーなら「ご冗談でしょ」と言うところだ）、でもこれほど完璧な題名があるだろうか？　彼はいったいどれくらい前からこれを考えていたんだろう、それを披露するときを待ちながら。私たち四人はしばらくの間笑っていた。普段は自分のことをジョークにされるのが嫌いなスリムまで。それから彼は真面目になって言った——「あんたの地区は今年はちゃんとしてっけど、あんたいなくなったあと誰がめちゃくちゃにすっかだな。とにかく、俺ら忙しいのよ、新しいラバがカリスペルで蹄鉄付けてもらってっから、グレッグが迎えに行かなきゃいけねえんだ。多分あんた来年もみんなと一緒に戻ってくるぜ、俺だってもう何年も、こんなとこ辞めようとしてんだからよ」。

出口に向かう途中、大好きなラバを撫でようとラバの柵の中を通った私に、グレッグが後ろから、「ま、あんた随分長くいたし、ラバにあんたの名前つけんのもいいかもな！」と叫んだ。スリムが笑って、最後にもう一回私の名前を間違えた——「クリスティーって名前のラバかい！　あんたの本に出したらいいんじゃねえの？」

なんて優しいんだろう！　彼らに背を向けたまま、私は顔を赤らめた。物事が移ろうのが当たり前で、短い間しか続かなかった者の顔など次のシーズンになればさっさと忘れ去られるのがこの仕事なのに、ラバに私の名前をつけてくれるなんて、どんな「頑張れよ」よりも素敵な褒め言葉だ。本当に彼らがそうしたかどうか、私はついに確かめなかった。だってもう十分だったのだから――ちょっとの間、もしかして彼らがそんなことをしてくれるかもしれなかった、そんなことを考えてくれた、自分が、立ち去ろうとしている世界の、そんなにも完全な一部だった、というだけで。

＊　＊　＊

木を切るときには必ずひき目ができる。木びき台にツーバイフォーが置いてあって、鋸で途中まで切ってあるとしよう。木が二つに分かれる、そのラインのことをひき目という。トレイルに倒れている木をチェーンソーが切りかけていれば、チェーンの幅の溝がある。それがひき目だ。切り終わればひき目はなくなる。作家トーマス・グリンはひき目のことを「鋸が木を渡る通り道」と呼び、リチャード・マニングは、「その小道を、鋸はおが屑に変える。その小道は木材ではなく無駄なものだ。だからもともとの木の強さの一部はおが屑の山になって死んでしまう」と言っている。実用的な見方だが、ひき目が無駄だというのはおかしいではないか？　ひき目は木にはなくてはならない「負」のスペースだ。空中に水分があり、文章に間があるのと同様に、あらゆる切断面にそれはある。ひき目は何かに使える「物」ではない。売買することも手に持つことも使用することもできない。もしもデリダ〔フランスの哲学者。ポスト構造主義の代表的哲学者と位置づけられる〕が大工だったら、ひき目は鋸を挽いた「痕跡」であり、過ぎ去った事象の、目には見えない証拠ということになるだろう。建築業者にとっては、ひき目はそれだけ板が短くなることを意味する。鋸を挽くたびに払う税金だ。禅を学んでいる者なら、ひき目とは、自分が歩く道が自分の後ろで消えていくことだと言うだろう——見ようとしないことでしか見えない道だ。それは「以前」と「以後」、これ、と、次、の間にある。木にとっては、ひき目はもうない。

＊＊＊

アンカレッジで修士課程を始めるために発つ日の二日前、私はハリソン・レイクでヒッチ中のゲイブと彼のクルーに会いに森に入った。ミドルフォークを一人で徒渉すると、川の北側で、私に向かって歩いてくるゲイブにばったり会った。私たちは川と森が出会うところで抱擁し、それからキャンプに戻ってクルーたちと一緒に夕飯を食べた。翌朝、ゲイブは仕事のために早く起き、私はテントに陽が当たってから起きて、ゆっくりと紅茶を飲んだ。モミの針葉の上に寝転んで、その香りを吸い込んで息を止めた——息が苦しくなるまで。私はトレイルにいるゲイブのランチを作った。ジャムがパンに染み込まないように、パンには二枚ともピーナツバターを塗った。私はゆっくり動き、速く動き、それからまたゆっくり動いた。しがみついたり、手放したり。

その二週間前に、ゲイブと私はノースフォークのポールブリッジで結婚した。私たちはそれまでに八年一緒に暮らしていて（モンタナ州では事実婚として認められる）、そのうちの六年はトレイル整備の仕事をしていた。私たちは大学のとき、本の山と、芸術や倫理学についての夜更けの議論の只中で恋に落ち、森で暮らしながら互いを愛し続けた。私たちは、ヒッチをしたり、土砂降りの雨の中、テントで誕生日を迎えたり、山道を歩きながら倫理学や芸術について議論しながら、共に生きていた。守る価値のある誓いを立てる場所として、グレイシャー国立公園以外には考えられなかった。

ハリソン・レイクのキッチン用の防水シートの下にいると、結婚式ははるか昔のことに思え、一日一四時間働いた日々や忘れられない天候など、ノースフォークの他の思い出と一緒になってしまっていた。結婚式の前に、友達のロシェルが私の足元に膝をついて、ペディキュアをしてくれた。式は慌ただしかった――いつものように予定は遅れていた。その前日、八日間のヒッチから私が泥だらけの服で戻ってくると、庭は式に参列する客のテントで一杯だった。式の三〇分前には私は砂利道をピックアップ・トラックですっとばし、この田舎流結婚式の最終的な段取りを詰めていた――発電機、小型芝刈り機、予備の燃料。私は自分が、今世紀ただ一人の、結婚の誓いの前にお風呂に入らない花嫁になるのではないかと思った。でもなんとか、水道が通っている唯一のキャビンで急いでシャワーを浴びることが出来た――水圧は低すぎて前腕に付いた樹液を洗い流すことは出来なかったけれど。ロシェルの前で椅子に座って、私はじっとしようと努めた。参列客は川のそばのハコヤナギの木立に囲まれて、半円形になって待っていた。妹が濡れた私の髪を三つ編みにし、キャビンの前の野原に咲いた野草の花を飾ってくれた――ヒナギクと、セイヨウカノコソウの小枝を。私が椅子で身を動かすと、ロシェルが私の膝をひっぱたいた。

「もぞもぞしないでよ」と、マニキュアのついたブラシで空中をつつきながらロシェルが言った。「ドレスに付いちゃうじゃない」。私はスカートを膝上までたくし上げて目をつぶり、ロシェルの指が、痣がある親指やたこの上を優しく動くのを感じた。ゲイブと私が、家族親族の一団に先導されて参列者の輪の方に歩いて行く頃には、ペディキュアも乾き、予定時刻を一〇分過ぎていた。手の爪は白く、マニキュアをしないままだった。私の手は、雑誌で見る結婚式の花嫁の、やわらかな、手袋をした手とは違っていた。血管が浮き出て、親指には腫れた切り傷、しわだらけの関節はちょっと茶色がかっていた。

ノースフォークの氾濫原のすぐ上、私たちにとっての我が家である山々が見下ろすところで、ゲイブは私に、私はゲイブに愛を誓った。丸太の背板で作ったベンチの上で座り心地悪そうにしている参列客と一緒に、北東に見える山々もまたその証人になった――ヌマの展望台、家族、レインボー・ピーク、トレイルドッグ仲間、旧友、ブラウンズ・パス。私は、ともにサンダル履きの、二人の足を見下ろした。私の爪先はもう埃だらけだったけれど、爪はピンク色だった。私は指をくねくね動かして、この、式典用の輝きを見せびらかした。私が考えていたこと――ここに愛する男性がいて、愛する人たちがいて、私たちの契りに立ち会ってくれている。それだけじゃない――愛する山があって、爪の下には土がある。またあの声がした――私は自分を信じている。

結婚式の後、ゲイブと私はそれぞれ別々のヒッチに行ったので、この、ハリソン・レイクでの一日が、新婚旅行に一番近いものだった。翌日の夜には私はアラスカに向かうのだ。「生活そのものが新婚旅行よ」と、結婚式で私たちは冗談を言った。ある意味ではそれは冗談だったけれど、夜、焚き火を囲んで切り株に座っていると、それはちょっと本当のことに思えた。新婚旅行と同じように、私たちがグレイシャー国立公園で過ごした日々は愛情いっぱいで、優しさと笑いに溢れ、と同時に、ささいなけんかや掴みそこねたチャンス、ときには、何かが欠けているのではないかと感じることもあった。長い間先延ばしにしていた「結婚」は、間違いなく新鮮だった。そしてそれを私は妙なときに感じるのだった――なぞなぞしながらクルーたちとお昼ごはんを食べているときや、脛まで泥に埋まり、目から泥をこすり取りながら側溝に立っているとき。私はサスペンダーとロガーブーツ姿のゲイブを見た。いつもと同じ愛しい顔、赤茶色のあごひげ、目尻の笑いじわ。そしてその一言を言ってみた――夫。

翌日の午後ゲイブは、クルーに一連の指示を与えた。彼は仕事を早退して、夜の便に乗る私を空港まで送り、その後、残りのヒッチのためにキャンプに戻ることになっていた。急がなければならなかった――私は荷造りがまだだったのだ。私たちは、緩い流れが腿まで来るミドルフォーク川を、エンジンが焼きついてしまったので修理に出さなくてはいけないチェーンソーを私が肩に担いで、一緒に渡った。川の真ん中からの見慣れた景色は広々としていて、大学以来ほとんど考えたこともなかったヘラクレイトスのことが頭に浮かんだ。同じ川に二度入ることはできない、という彼の言葉の意味が確信となって迫ってきた。私は気づいたのだ、二度とここに戻ることはないのだということ——私が二〇代で体験したモンタナ、偶然ここで築いて愛した生活、道具を背中に担いで立つ水の流れに感じるこの安定感に。知っていることと知らないことの、まさにこの通りのバランスに。

数時間後には私は荷造りを終え、日が暮れる頃にはカリスペルからアンカレッジ行きの飛行機に乗り、次の日には小説のワークショップに参加していた。その日、私が戸外で過ごした時間は一時間にも満たず、大学まで自転車で行く道は舗装されていた。私はチェーンソーオイルの匂いではなく、シャンプーの香りがした。動くのに慣れている私の筋肉は、張り詰めて痛んだ。そこにいる人の誰一人、パッカーのことも、鋸の研ぎ方も知らない。慣れなきゃダメよ、と私は自分に言った。あなたはまた学生になったのよ。でもこれまでだってずっと、私は生徒だったのだ。

こうして私は勉強に没頭し、それでいい、と思った。でも、小説の要素（登場人物、設定、時制）についてクラスでディスカッションしている最中、それはずっとしたくてたまらなかった議論だったにもかかわらず、不意に切ない気持ちに打たれることがあった——ものごとはかくもあっけなく現在から過去になるのだ。私は、一カ月後にシーズンが終わったらここに来るけれど、今はまだハリソン・レイクでヒッチ中のゲイブのことを、湿った服が山になった彼のテント、汚れたブーツのことを思った。暖かい朝のカラマツの匂い。私は愕然とした——あの場所、長い間私にとって「ここ」だったところは、一夜にして「あそこ」になっていた。

ボート

通勤の足——森や山では、トレイルの入り口まではトラックで、作業現場へはブーツを履き、ラバで行く。でもトレイルが、陸地ではなく水に囲まれていたら？　カッパー・リバー・デルタとプリンス・ウィリアム湾がすべてに絡まりあって、まるで陸地が水に浮かんでいるように見えるアラスカ中南部にいるとしたら？　トラックも、靴も、ラバももはや要らない。落ち着いて、身を低くして、ボートに乗り込もう。

海の工芸品——一七フィート〔約五メートル〕のボート、ボストン・ウェイラーは、「決して沈まない伝説のボート」として知られている。釣り、日帰りの調査、ツールや作業員の運搬などのための、船底が平らな汎用ボートで、必要最低限のものだけを装備したウェイラーは、スキータウンと言えばそこらじゅうにスバルの車が走っているのと同じように、海岸沿いならどこにでもある。贅沢な乗り心地とは言えないが、一・二メートルくらいまでの波は乗り切るし、転覆しにくいし、軽くて丈夫だし、トレーラーに乗せて庭の隅に置いておける。エビンルードの九〇馬力エンジンを載せて、半保護水域を走らせてみるといい。ボートの運転をしたことがほとんどない人でも大丈夫、馬鹿でも運転できるボートだ。

川下り用ゴムボート——ゴム製インフレータブルの、お風呂のおもちゃが大きくなったようなもの。膨れたガンネル、クーラーボックスと座席の間にはドライバッグ、川の波にぷかぷかと呑気に浮かぶ。ゴムのチューブを指でピシャッと叩いても、爪が割れるだけで跡は残らない。遠出のときは、予備のガソリンと安いワイン一箱がなくなる。頑丈で、快活で、ちょっと太め、だけどお洒落。小学校の同級生みたいだ。沈着冷静、服は原色。

語彙——船体（Hull）、ガンネル（gunnels）、ラダー（rudder）、バラスト（ballast）、ティラー（tiller）、キール（keel）、櫂（paddle）。同じ文字が二つ続くのは、水に浮くのに必要な左右対称性に似ている。職業に関する言葉の多くがそうであるように、船に関連する言葉もよくできている。古い英語だ。デッキ（deck）、モーター（motor）、オール（oar）、船首（bow）、船尾（stern）、ダビット（davit）、前方（fore）、後部（aft）、船尾梁（transom）、コックピット（cockpit）。強勢のある音節は、そのものの本質を伝えるために抽出された言葉の芯だ——うなり、船首を風上に向け、水に浮く。ラテン語の言葉もある——航海（navigate）、三角測量（triangulation）——ものというより、行動を描写する言葉。船を意味する英単語はいくつくらいあるだろう? Vessel、raft、ship、dinghy、craft、skiff、barge、dory、punt、ketch、shell、launch。これらに共通するのは、水の流れや潮の干満がその推進力であるということ。逃れようのない勢い、水は航行面であり、エンジンであり、燃料でもある。

計測——海の地図は海図といって、深いところや浅瀬、断崖や島、難破船、浜、浮標、港が載っている。波の高さの単位はフィートで、谷から頂上までを測る。風とボートの速度はどちらもノット。

一ノットは時速一海里、つまり時速約一・八キロのこと。長年ボートに乗っている人は、高速道路の制限速度標識を頭の中で換算するんだろうか——時速七〇キロは何ノット？　水の上を移動するときは、自分のスピードと同様に媒体のスピードも重要だというのが地上の移動にはないところだ。海の上では、水も、乗り物も、じっとしてはいない。常に上がったり下がったり、波が打ち寄せ、潮は引く。川の流れの速さは立方フィート／秒、体積流量で測る。ときどき、ボートはじっとしていて、その下の水だけが動いているように見えることがある。

歴史——イーヤク族は一万年前からカッパー・リバー・デルタの河口に暮らしている。アラスカで最少のこの部族のメンバーは、現在二〇〇人に満たず、古いイーヤク族の村はコードバの町に統合されている。プリンス・ウィリアム湾岸に暮らすこの先住民たちはカヤックの使い手だ。どちらからも読めるkayakという言葉はアリュート族の言葉で、イヌイット語で「狩人の舟」を意味するqayakという言葉の親戚だ。バイダルカ、ウミアクもそうだ——片方はコックピットが二つあり、片方はカヌーのように幅広で上が開いている。どれも、釣りや漁、人や荷物を陸地から陸地に運ぶために使われる。斧の柄と同じように、カヤックは一つ一つ、使う人の体に合わせて作られる。コックピットの幅は腰の幅、長さは伸ばした腕の長さが基準になる。船体が皮でできた、上部が閉じていないカヤックが、サーモンやアザラシを追う姿はもう見られないが、現在カヤックに乗る人たちと、ファイバーグラスやプラスチックや木でできたカヤックはみな、海を友としたイーヤク族に、足を向けては寝られない。

4 海岸

私が海と出会ったところ

コードバ

八月の終わりにアンカレッジに着いたとき、私はバリバリのモンタナ人だった。私は新しい友人たちに、北に来たのは大学院に通うため、それにアラスカに興味があったからだ、と言った。でもずっといるつもりはないと。一一月、私はまだ、山に囲まれたアメリカ西部を我が家と思っていたし、アラスカにしばらくいた後は、乾いた空気と低い木々に覆われた丘が広がる大好きな草原に、ロッキー山脈のゴツゴツした峠と西部の木々の複雑に混じり合う香りに、帰っていくものと誰もが思っていた（たぶんみんなは、私がそのことばかり話すのを聞かなくて済むように、帰って欲しいと思っていただろうと思う）。一月、私はまだ、新しい故郷に惚れてモンタナをないがしろにする気はなかった。それがアラスカほどわかりやすいところならなおさらだ——まるで高校生の男の子が一番可愛いチアリーダーに夢中になるみたいではないか。それに、私はもうトレイル整備の仕事は卒業したつもりだった。辞めどきよ、と私は言った。大学院は私の興味を書くことに移行させていた。新しい道が見えてくると思っていた。

五月。私は言葉を濁すようになった。認めたくはなかったけれど、私はだんだんアラスカに入れ込むようになっていた。残念なくらいだった、まるで、まだ愛している人がいるのに浮気をしているみたいに。私は昔スリムが季節雇用者について言ったことを思いだした――「来年になっても戻って来なかったってことになるまでは、辞めたことにゃなんねえよ」。学校は休みに入り、私たちにはお金がなく、季節労働はやめた、と誓ったにもかかわらず、私はとにかく森に戻りたくてたまらなかった。脳みそを解放し、体のリズムが基本の状態をもう一度感じるために。だから、冬の間に「万が一のために」送っておいた仕事の応募に採用の返事が来たとき、ゲイブと私はその仕事を受けることにしたのだ。ウェスト・グレイシャーではなくコードバという町で、国立公園局ではなく林野局の仕事。新しいクルーと、新しい主任と、見たこともない山や川や海が待っていた。

　ガイドブックによれば、コードバは漁師の町で、アラスカの沿岸部ではもっとも雨が多くて岩だらけの土地にあった。カッパー・リバー・デルタとプリンス・ウィリアム湾の一部、それに、米国林野局が持っている土地で二番目に大きいチュガッチ国立森林公園の東端がコードバ警備区域の管轄だった。チュガッチ山地のことは知っていた。アンカレッジにいたとき、冬中その西側の端でハイキングしたりスキーをしたりしたのだ。雪に覆われたその姿は大学の図書館の窓からも見えた。地元で人気のバンパーステッカーには、「I ♡ the Chugach（チュガッチ大好き）」と書いてあった。私も大好きだったけれど、私が知っていたのは、街の中にある私の家をその懐に抱く弧の、ごくごく一部にすぎなかった。私は、よく知らない海に突き出した山地の一角で、働き、遊ぶことに思いを馳せた。

* * *

　たまたま、なんとなくコードバに着く、ということはあり得ない。行く、と決めなければそこには行けない。海と山に囲まれているので、辿り着くにはアンカレッジから小さな飛行機でプリンス・ウィリアム湾をさっと横断するか（飛行機では焼きたてのクッキーがおやつだ）、アラスカで一番よく使われている公共交通手段で、ウィッターかバルディーズから一日おきに着く州政府運行のフェリーを使うしかない。車では行けない。陸続きに歩いて行くことは可能だが、危険なクレバスが散在する雪原や氷瀑を渡る覚悟がなければならないし、何週間もかかって辿り着いたときには、アメリカハリブキのとげはちくちくするし、一カ月におよぶ道探しで精神的にへとへとだ。時間があるならばカヤックで行くか、自分のボートを持っていればボートでも行ける(荒波に負けないでボートを操縦できて、海がちょっと怖かったりしなければ、だが)。どういう手段で行くにしろ、コードバに着くとまず、海と山に感動する。それから鳥と、唇を舐めると味がするくらい潮っぽい、魚の匂いがする空気だ。

コードバでは、思いつく限りの雨を表す言葉が必要だ。大雨、霧雨、シトシト雨、にわか雨、長雨、豪雨、嵐。ざあざあ降り、通り雨、雷雨、天気雨、時雨、土砂降り。雨の後に続く言葉も重要だ。じとじと、小止み、多湿、かび、水溜まり、むしむし、ジメジメ、べトベト、湿っぽい、もやっぽい。太陽が顔を出すと、圧力洗浄機で洗ったみたいに空気は澄んで、町全体が新品みたいにぴかぴかになる。何週間も灰色の空が続いた後に射す最初の日差しと交換するためなら、腐りかけたゴムブーツも、ふやけた指先も、大したことではない。雨を指す言葉なんて忘れてしまう――そんなものは、短い外国旅行の間に覚えた言葉みたいになる。あれどこだったっけ、こんにちは、ってどう言うんだっけ?

＊ ＊ ＊

必要なものすべてを箱に詰めてピックアップトラックの荷台に積み、ゲイブと私はアンカレッジから、ターナゲイン・アームに沿って南下し、北アメリカで二番目に長いトンネルを通って、ウィッターという海辺の町に出て、そこから週に二便のコードバ行きのフェリーに乗った。ざあざあ降りで、天気の悪さは噂通りだった。

私は、海を航行する大きな船に乗ったのはそれが初めてだった。海のことは何も知らなかった――つい最近ロッキー山脈から移ってきたばかりで、生まれは中西部、育ったのは五大湖地方だったのだ。五大湖は海みたいだったけれど、淡水だったし、それとわかるほどの潮もなかった。子どもの頃、夏休みに父と一二フィートのヨットに乗ったことはあったけれど、大きな船のことは何も知らなかったし、「航海」したことは一度もなかったのだ。コードバでは何もかもがボートを中心に回っていることを知っていたから、私にとってのボートカルチャー入門篇だったこのフェリーを、降りたらテストでもあるんじゃないかというくらいよくよく観察した。七時間の航海中ほとんどずっと船の中を歩き回り、丸い小さな窓が並んだ狭い廊下を歩いたり、滑らないように表面が加工された金属製の階段を上ったりした。船首の手摺りから身を乗り出しすぎて海水の飛沫が顔に当たり、目まいでクラクラした。最上階の甲板を歩きながら、高いところから海に飛び込むところを想像した――船から投げ出されたヨナ〔旧約聖書の登場人物〕や、敵の舷側から突き出した板を歩かされる海賊のように。ディーゼルエンジンの排気を吸い込み、開閉式のクリートを開け閉めしたり、私の手首くらいの太さのロープの結び目を触ってみたりした。船尾から広がる航跡は二車線の幹線道路くらいの幅があった。

あたりを飛んだり水面に浮かんだりしている鳥のほとんどは知らない鳥だったが、唯一知っているツノメドリに私は、言葉で言えないくらい興奮した。熱心に水平線を見渡していた二人のフランス人バードウォッチャーが、かたまって水に浮かんでいる白っぽい鳥の一群を指差し、強いフランス語訛りで「ギーモー」と言った。何分か経ってやっとそれが、私たちアメリカ人は「ギラモット」と発音するギルモット〔ウミバト〕だということに気がついた。

初めて飛行機に乗り、パイロットからプレゼントを貰おうと手を差しだし、プラスチック製の翼を衿に留めた子どもみたいに、私は目をランランと輝かせて船長室を訪ねた。出来なかったけれど、海図を広げてください、私に真鍮の機器を触らせて、航海できるふりをさせて、と船長に頼んでみたかった。自分がこれから向かう先で私にはそれが必要になる、と直感的に思ったのだ。そのうち私は、船に慣れない人がみなそうするように、窓で囲まれた展望台の座席の下でカーペットに横になり、最悪の船酔いを鎮めようとしていた。私は深呼吸し、気持ちで体を制すべく精神を集中して目下の課題に当たらせようとした――吐いたらダメ。

＊　＊　＊

前に、ワークブーツの話をしたのを――お気に入りの革製ブーツを挙げたのを、覚えているだろうか？ところがコードバに移ってからは、新しいルールが必要になった。モンタナのトレイルには付き物の、脛まである編み上げの革のブーツなんて、雨の多い森で一週間も仕事をすればカビが生えてしまうから、クローゼットに放り込んだ――結局そこでかびが生えることになったが。頑丈なダナーのブーツに取って代わったのはエクストラタフという茶色いゴムブーツで、私たちの新しい主任になるスティーブの要請で、コードバに着く前にアンカレッジの軍用品の店で買ったものだった。スティーブは、フェリーを降りるときにそのブーツを履いていなければ私たちを雇わない、と言ったのだ。「アンカレッジで買った方が安いよ」と彼は言った。「俺を信用しろよ、絶対欲しくなるから」

アンカレッジに着いた最初の週に、新しい友人が自分の「タフ」のことを言うのを聞いたときは、冗談で、彼女が勝手にゴムブーツのことをそう呼んでいるのかと思った。でも違ったのだ。エクストラタフというのはブランド名で、親愛の情を込めてタフというニックネームで呼ばれていた。アラスカでこれ以外のブーツを履いて顔を上げて歩けると思わない方がいい（このブランドとアラスカ州はあまりにもあまねく結びついていて、二〇〇七年のミス・アメリカ・コンテストでは、ミス・アラスカが、地域色を打ち出した衣装のときに、特別にあつらえたエクストラタフ製のパンプスを履いたほどだ）。猟師にも、缶詰工場の従業員にも、生物学者にも、ディップネッティング〔大きな網で魚をすくい上げる漁〕をする人たちにも、ハイキングにも、そしてトレイル整備にも、一番人気はこのブーツだ。海岸沿いの町ではみんながタフを履いているので、ポットラック〔食べ物を持ち寄るカジュアルなパーティー〕をしている家の玄関にはタフが積み重なる。だからみんな、ブーツの上端のクリーム色の帯の部分に油性ペンで名前を書いて、ちゃんと自分のブーツを履いて帰れるようにする。この見事なブーツは、ふくらはぎにぴったりし、爪先が先細になっているから、子どもの頃水溜まりを歩くのに履いていた、てっぺんに持ち手が付いているブカブカの長靴よりもずっと安定している。なくしたくなくて当然だ。

タフも完璧ではない。爪先が薄いから重たいものを落とせば痛いし、雨の日にチェーンソーを使うときはちょっと頼りない。タフを履いて一五キロもトレイルを歩けば、良い中敷きを入れてあっても足が痛くなる。数週間も経てば、ネオプレン製の裏張りは、かびと魚の内臓とカモメの糞と足の悪臭が混じって臭くなる。でもコードバのように、何日も、何週間も雨が降り続き、普通の靴が数カ月でボロボロになってしまうところでは、タフが一番長持ちするのだ。足は暖かく湿っぽい程度で、冷たくてぐしょぐしょにはならずに済む。ささやかな勝利だ。

＊　＊　＊

仕事の初日、何を期待していいかわからないまま、ゲイブと私は作業場に行った。違いは一〇分で明らかになった。ウェスト・グレイシャーの整備隊はいくつも班があって、三〇人を超える作業員はずっとこの仕事をしているベテランが多かった。一方コードバでは、全部で一二人の整備員のうち、ゲイブと私が一番経験豊富だった。ゲイブの班には、ブライアントとデールという若い男の子が二人、私の班には、班長のランディと、ジョンディアのロゴつき野球帽を目深にかぶった、ミネソタ州の田舎出身で体格ががっちりした一八歳のトレント。ランディは私が仕事に申し込む前に雇われていたので私には班長のポジションがないのが腹立たしかった。ランディはボブ・マーシャル野生地域で数年仕事をしていた。モンタナ人同士、私たちはにっこりして握手を交わした。私は全員を見回した。これで全部だ。キャシーも、ケントも、ブルックもいない。パッカーもいない。そして初日は雨が降らなかった。

＊＊＊

スティーブに雇われたとき、彼はゲイブを「地役権チーム」の班長に任命した。スティーブは、「最高だぜ。ちょっと変わってるけど、でも最高なんだ。絶対気に入るぜ」と請け合った。何が？　ゲイブにわかっていたのは、ボートをもらえることと、簡単な小型船舶操縦のトレーニングを受けられること（ラッキー）。地役権というのは、アラスカのネイティブアメリカンの土地と関係があって、普通のトレイル整備の仕事とは違う。私たちにわかるのはそれくらいだった。私たちは少しずつ、歴史的な事実を繋ぎ合わせていった。

それはアラスカ史の多くに典型的な、複雑で、ときにイライラするような問題で、実際に現場でそれがどうなっているかを目にするまでは何がなんだかわからず、現場に立ってさえ、運に頼るしかなかった。

「連邦地役権17Ｂ」は、アラスカ先住民による土着の土地への請求権を一括して買収し、その結果自立した先住民族コーポレーションが組織されることになった、一九七一年制定のアラスカ先住民権益措置法（ANCSA）に端を発している。一七万八〇〇〇平方キロ（アラスカの全面積の一〇パーセントに当たる）を九億六三〇〇万ドルで買ったのだから、これは大きな不動産取引だった。ANCSAをめぐる駆け引きは混乱している。この法令は、強制退去させたネイティブアメリカンの人びとに対するそれまでのアメリカの「補償」の試みに典型的な「居留地に押し込める」という考え方よりは明らかに改善された、進歩的なものだと見る人もいた。だがそれは相変わらず貪欲な政策で、パイプライン景気という甘い夢に駆り立てられ、自給自足の文化に、彼ら自《みずか》らは選ばなかったであろう物欲主義を押しつけて、資源の採取と保護をめぐって内輪もめを引き起こした。どんなやり方であれ、土地を奪うのに、高潔なやり方などないのだ。

ANCSAによってアラスカの土地はつぎはぎになり、連邦政府の公有地とネイティブアメリカンの私有地は、私たちの文化同様、絡まり合っている。ANCSAが制定された際に先住民族コーポレーションが選んだ土地の多くは、伝統的な居住地の基盤となった水路、特に、漁猟、狩猟、移送に欠かせない川や海に繋がる水路に面していた。こうした水路は、ネイティブアメリカンでないアラスカの住民たちも使うし、実際彼らは、ネイティブアメリカンのそれとは内容は異なるが法的には対等な生活権を持っている。ネイティブアメリカンの部族の土地が、政府機関が管理する、国民（ネイティブアメリカンとそうでない人をともに含む）の所有地と隣接する場合、アクセスや不法侵害にまつわる問題がいやおうなく発生する。そこで地役権回廊地域が登場する——所有権は政府が保持し、すべての人の合意によって、先住民族コーポレーションの私有地所有権を侵害することなく公有地を使用するため、誰もが通過することを許された、いわば中間地帯である。理想的かと言えばノーだが、公平かと言えば、まあまあ公平だ。複雑？　その通り。

林野局の仕事の一つは公有地へのアクセスを可能にすることだ。それができないと、法的な責任を問われる場合がある。ただでさえ米国林野局は、土地に「鍵をかけて使えなくする」という非難の的になっているので、少なくとも理論上のアクセスを確保しておくことが林野局にとって重要だ。その結果、ある意味では机上のトレイルが出来上がる——地図上には抜け道として印があるが、地上ではほとんど見分けられないトレイルだ。非常に人里離れたところにあり、辿り着くのが大変なので、地役権回廊地域のトレイルのほとんどは、めったに人が通らない。トレイル整備の仕事もただの帳尻合わせなところがある——ただし、踏み板も建造物もなく、トレイルと言うよりも、楽ではないが技術的には歩行者が通れる、一番邪魔が少ない草の刈り跡と言った方がふさわしいものに、「トレイル整備」という言葉が当てはまればの話だが。そうやって道の繁みを払うのは三年、七年、一五年に一度で、そういうときでさえ、マチェーテで刈ったみたいな雑な刈り方しかしない。つまり、ちょっとがっかりしてしまうのだが、地役権クルーがする仕事のほとんどは、「やった」と言うことだけが目的なのだ。

必然的で目に見える結果が出る、という満足感が得られなくても、した仕事に感謝してくれるわかりやすいユーザーグループがいなくても、仕事は概して大変で、でもかなり楽しかった。最初の一週間が過ぎると、ゲイブは地役権が設定された土地の整備班を「インディアナ・ジョーンズ・トレイル班」と名付けた。排水溝の中を掃除したり変な方向に生えた枝を切ったりするよりも、太いつるにぶら下がって地面に刻まれた溝の上を飛び越えたり、目の高さまである雑草の繁みの中で迷子になる確率の方がずっと高かったからだ。典型的なトレイル伝説がポール・バニヤンやボブ・マーシャルをもてはやすなら、地役権クルーにとってのヒーローはターザンやインディアナ・ジョーンズだった。込み入った仕事をきちんと完成させることに満足感を覚える人は、地役権が設定された土地での仕事には失望するだろう——何しろその主な信条は「さっさと、どんどんやっつけて、それでよしとする」なのだから。ゲイブは几帳面で、手抜き仕事や不完全な仕事の結果には慣れていなかった。最初のうちはそれが彼をイライラさせた。でもそれが彼の仕事だったのだ。やがて彼も、いっぱしのインディアナ・ジョーンズになっていった。

私も地役権クルーと何度かヒッチに行った。仕事は骨が折れたし内容は退屈なことが多かったけれど、一〇時間がまるで冒険みたいに思える日もあった。見ている人もいない、お役所仕事の煩雑さもない。ときには、何十年も人が通っていない場所が作業現場ということもあった。手も足も出ないような地形の土地をのろのろと前進していると、時間はあっという間に経った。夏の午後、誰にも監視されていない子どもみたいに、私たちは色んなゲームを考えた。誰かに追いかけられてるふり、道に迷ったふり、宝物を――国宝級のものや、大金を積んで墜落した小型飛行機とかを――発見するふり。雨が降り続けば怒りっぽく不機嫌になって喧嘩もしたが、私たちは仕事しながら起きる滑稽なこと、辛いことを通して結束を深めていった。頭から繁みにつっこんだり、ねっとりした泥溜まりに嵌り、ブーツだけ残して足を引き抜いたり。私たちはやらなければならないことを全力でやった。他の仕事で発揮した芸術性を思い起こして多少の誇りを保ちながら、かつ生きて帰れるだけの根性はなくさずに、やっつけ仕事をこなしたというわけだ。スティーブは正しかった。ちょっと変わっているけど、最高なのだ。

＊＊＊

プリンス・ウィリアム湾は地質学上の驚異で、その描写には必ず色々な形容詞の最上級が使われる。最古の、最長の、最も寒い、最も多様性に富んだ、最上の、最も水が綺麗な、最も手つかずの。一九八九年に起きたエクソンの重油流出事故から二十数年経つが、その間、最も繊細で、最も壊れやすい、最も豊かな入り江が、最も悲痛な、過去最大の危機に直面した。プリンス・ウィリアム湾は、四〇平方キロにおよぶアラスカ湾の入り江で、アラスカ州本土の南岸に面している。プレートテクトニクスと長年の氷河作用によってできた海中の低地で、さまざまな北部海洋性の野生動物が棲んでいる――アシカ、ツノメドリ、アザラシ、クジラ、そして多種多様な海鳥たち。ミツユビカモメは何千羽と群生するし、ウミスズメやウミバトは流木に止まって波間にぷかぷか浮かぶ。ウ科の水鳥は岩に丸くなり、ミヤコドリは隠した自分の卵を護るために浜を巡回する。

鳥の棲むところにはもちろん魚も棲んでいる。ありとあらゆる種類の魚だ。群れとなって渦を巻くニシンやユーラカン（読み方によってはフーリガン）は、ネイティブアメリカンの食生活には欠かせないものだったし、捕食する魚、鳥、哺乳類にとってなくてはならないカロリー源だ。ユーラカンは昇流魚で、とても脂が多く、乾かして燃え芯にくくりつけて火を点ければ燃えるので、「キャンドルフィッシュ」とも呼ばれる。漁猟は、イーヤク族の人たちがカヤックで最初に釣りをした頃からずっと、プリンス・ウィリアム湾沿岸の暮らしの根幹を成すものだった。今では漁猟は産業であり、観光客にとってはスポーツであり、沿岸の村や町の住民にとっては自給自足を兼ねた気晴らしだ。オヒョウとサーモンは金になるので、それを目当てに商業漁船や季節のフィッシングツアーが集まってくる。カレイの一種であるオヒョウは、深海に棲む平らな魚で目が頭の上に移動している。捕獲が可能な岩礁魚類やタラなどとともに、深度七〇メートル以上の深いところに棲むことが出来る。怒りっぽくてあまり魅力のないガンギエイ（細く切ってフライにすると最高）がいることもある。オヒョウの捕獲は面白味がなくて、まるでベニヤ板を引きずり上げているみたいだが、肉がしっかりして繊細な味をしているので、捕ろうという気にさせるのだ。

一方、海でサーモンを捕まえるのはとても面白い。夏の間、プリンス・ウィリアム湾では五種類のサーモンが放卵する。サーモンは海でガツガツと餌を貪って、生まれたところに帰る長い旅路に備え、着いた先で卵と精子を放出する。色鮮やかで生き生きとしたサーモンが、繁殖の儀式に付きものの力強さで波の上に弧を描く。カモメやワシは頭上を舞い、地引き網猟師が船から海に投げ捨てる泥の中の死にかけたサーモンを待ち構える——お手軽なタンパク質の補給だ。

プリンス・ウィリアム湾にはありとあらゆる種類の船がやって来る——バウピッカー〔サーモン漁のために一九世紀後半に開発された船〕、刺し網漁船、巾着網漁船、クルーズ船、貨物を運ぶはしけ、クレッパー、それにゴムボート。数えきれないほどの小さな入り江やフィヨルド、海峡や水路は、特にカヤッカーにとっては天国だ。半ば囲まれた水域なので、小型の船にとっては、だだっ広いアラスカ湾よりも安全なのである。氷河に削られた地形がそここに荒々しい曲線を描き、開放水域を吹き荒れる風をやわらげて、波立つ大海原からしばし逃れられるのだ。プリンス・ウィリアム湾をカヤックで何十年うろうろしても、同じ場所には二度と行くことはないかもしれない。ペースを上げても――たとえば一二日間で一二の氷河を回るとか、何カ月も遠征に出るとか――プリンス・ウィリアム湾の奥深さは計り知れない。空から見ると、生き物のような肢があらゆる方向にくねくねと伸び、それはまるで形を変化させるアメーバのように見える。

そういう規模の大きな生態系はどれもそうだが、プリンス・ウィリアム湾には、移行帯を伴うさまざまなコントラストがいたるところに存在する。はっきりと異なった生物学的コミュニティが隣り合うところだ。森の斜面は海岸線に続き、海岸線と満潮線が隣り合わせ、満潮線と浅瀬が、浅瀬と深いところが並ぶ。回遊の始めか終わりの、大型バスほどの大きさのクジラが船の竜骨の下に滑り込むかと思えば、顕微鏡サイズのプランクトンが潮流に乗って漂っている。一日カヌーに乗っている間に、滑降風を目に浴びながら氷河時代にできた氷河の表面の下を通ったかと思えば、三〇分後には、沼地に生えるような海草が水面に揺れ、ムナジロカワガラスが海岸線で虫を追いかける、厚板ガラスでできたみたいな洞窟に入り込んで、眠たげなラッコがカヌーを追いかけてくるかもしれない。気を引き締めて広い海域を横断し、日本行きの薄汚れたコンテナ船と、定年退職した人たちが甲板でシャンパンを飲んでいるクルーズ船の合間を縫うようにして進むと、プリンス・ウィリアム湾はまるで世界の交差点のようだ。それから再び岸が見え、細長い海峡に入れば、目に入るのは相棒のカヌーだけになり、海はまるで、衣装箪笥を通ってどこか遠くの国に足を踏み入れたみたいだ。

プリンス・ウィリアム湾の魅力は幅広い。観光客もアラスカの住民も口を揃えてその「さまざまな魅力」や「一生かけても足りないほどの探検オプション」について雄弁に語る。それは事実そうなのだが、こういう褒め言葉は商工会議所が作るパンフレットのように空っぽに聞こえることがある。この湾で長く暮らし、長年この海で働き、探索してきた人たちは、プリンス・ウィリアム湾のことを、控えめに、でも自分のものであるかのように、親密な言葉で語る。彼らは一日遠出して広大な景観を目にしたこともあるけれど、じめじめした霧の中で、蚊を防ぐために頭からネットを被って何週間も過ごしたことも、何日も続く風で目的地に辿り着けず引き返したこともある。彼らは絵葉書みたいなツノメドリのコロニーを感心して眺めたこともあれば、原油にまみれた海鳥を、手袋を嵌めた手に抱き上げたこともある。魚がたくさんかかった網を引き上げ、夜には石油ランプに照らされた小屋の中でその網を修繕し、波に揺られて操縦席で吐き、狭い船の寝台で膝を折り曲げ、波に揺られて眠りもする。そういう昔からの住民たちにとってプリンス・ウィリアム湾はいわば相棒で、ありとあらゆる経験を共にした長年の夫婦の片方が、時とともに、それでもまだ相手について知らないことがどれほどたくさんあるかに気づくようなものだ。

私は港や浜に立って、カヌーやカヤックを長年操ってきた人たちや猟師や研究者を、彼らの真剣さを、海との淡々とした付き合い方を、海のご機嫌に自信を持って接するさまを、感心して眺めた。彼らとは対照的に、私は自分が軽薄でもの知らずに思え、愛する人の奥深さが投げる影にほんの爪先を踏み入れただけの、浅はかな新婚の花嫁みたいな気がした。私の目は不確かな未来を見つめていた――ロマンチックで、今はまだ存在しない、歴史を期待して。

＊　＊　＊

アラスカ湾沿岸のヒグマに比べたら、モンタナのハイイログマなんかまるでマーモットみたいだ。プリンス・ウィリアム湾で私が初めてそれを見たのは、アラガニク湿地近くの展望台でベンチのラグボルトを締めているときだった。顔を上げたらオスのヒグマが見えて、私はコードバ地区で一番大きいに違いないと思った。でも、スティーブがやってきて、ヒグマが湿地帯の岸辺でスゲを食べるのを一緒に見ていると、まだ子どもだ、と彼が言った。スティーブはコードバに長いこと住んでいて、私のことを感激屋だと言って笑った。

内陸に棲む小型のクマが日和見的な雑食動物で、ときには動物の死骸を食べることがあるのと違って、沿岸のヒグマが大きいのは、夏と秋の食料のほとんどがサーモンだからだ。産卵流域の岸には、半分食べられたサーモンが散乱する――ヒグマは、卵と内臓がたっぷり詰まった腹、それに脳みそで一杯の頭を食いちぎるので、尾と背骨が残る。ワシとカモメが、棄てられた残骸の目玉をつつき、もっとおこぼれにあずかろうと、陸上ではヒグマを、海上ではアシカを、そして、桟橋でオレンジ色のヘリーハンセンを着て魚をさばいている猟師の後をついて回る。博物学者の友人によれば、一般的なサーモンの産卵の過程でサーモンの恩恵を被る生き物は一三六種にのぼる。聖書の中で五〇〇〇人の腹を満たした魚のように、サーモンのほとんどは、複数の生き物の食欲を満たすのだ。

そしてそれは、クマや鳥、あるいはコケや木々という根を持つ生き物の食欲だけではない。沿岸地方の人間もまた、クマに見習って、身近に育つものでお腹を一杯にする。真夏のある日、コードバでポットラック・ディナーに呼ばれたときは、こんなメニューだった――紅鮭の切り身、キングサーモンのコロッケ、銀鮭とタマネギの酢漬け、カラフトマスのディップ、シロイワヤギのミートローフ、イクラ、クロクマのステーキ、ヘラジカのハンバーガー、サーモンベリーのジャム、ブルーベリー・パイ、サーモンの白子のクラッカー乗せ。電気鍋には誰かが南部に旅行して持ち帰ったワニのシチューがあったが、それを除いて残りはすべて、過去九カ月の間にコードバ周辺で、狩りで仕留め、漁獲し、内臓を取り除き、包装したものだった。例外は箱半分のソーセージで、子どもたちはお腹を空かせたカモメのように、一袋四ドルの精白小麦粉のロールパンにそれをはさんで平らげた。

＊＊＊

グレイシャー国立公園では、ヒッチの荷を運ぶのは一連なりのラバだった。ラバ独特の息と、荷鞍の下で汗をかいた脇腹の匂いを嗅ぐと、それが山奥でのヒッチ終了の合図だった。コードバでは、ヒッチの荷を運ぶのはボートか小型プロペラ機で、どちらも機械音と燃料の匂いが合図だ。ラバがいなくて淋しいのは確かだったけれど、強い風の中、銀色のゴムボートの船首にツールを積み込んだり、帰りにもう一枚重ね着できるようにフロートコートを縛り付けたり、一七歳で免許を取ってからずっとアラスカで小型機のパイロットをしているというカッコイイ五〇代の女性が操縦する双発機の後部にダッフルバッグを投げ入れたりするのには、何か私を興奮させるものがあった。この新しい土地では、長年さんざん歩いて身につけたハイキングの実力は、ほとんど必要なかった。覚えた紐やロープの結び方や、馬と一緒にトレイルを安全に歩くための規則の数々は用無しだった。この広大な土地では、家に帰るというのは、うねる波の中を進む船体にバシャバシャと水を受けながら海の飛沫の中をロケットのように突っ走ったり、眼下にキルトみたいな地球を眺めながら雲の下を飛び、そうだろうと思ってはいたことを再確認することなのだ――ここでは通常の物差しは通用しない。何もかも、私が想像していたよりももっと遠く、そしてもっと荒々しい。

＊＊＊

コードバで、ゲイブと私は春中、自分たちが辿り着いた土地の独特さを楽しんだかと思うと、「グレイシャーではこうだったのに」と楽しくない比較をしたり、を繰り返した。私たちはお互いをやんわりとからかうようになった。朝起きると、窓ガラスが雨に覆われている。シリアルを口に放り込みながらぼやく――「グレイシャーではオートミール、こんな味しなかったよね」。そうやって自分たちで自分たちのすることをパロディにするのだったが、何が言いたかったかというとこういうことなのだ――グレイシャーには友人が、長年知っている人たちがいた。コードバにいたのは仕事の同僚で、その多くが怒りっぽく（私たちと同様に）故郷を恋しがっていた。グレイシャーには一一〇キロを超えるトレイルがあったのに対し、コードバ警備区域には約四五キロ。ここでは八日間のヒッチも、延々とチェーンソーで木を切ることも、肉体的にキツい一〇時間労働の日々もない。私たちは主に地元で短く、めったになかった。私たちは主に地元で一日八一日八時間働き、毎晩暖房が効きすぎのアパートに帰って、私は白髪の大家、ローズとスクラブルをした。ローズは上品できちんとした人で、下の階にある彼女の居間はレースで飾られ、彼女のたくましい過去を隠していた。プリンス・ウィリアム湾の一角、フォックスファーム湾に浮かぶ島の一つで育った彼女は、長いこと自分のバウピッカーを操業していたのだ。つまり、こういうことだ――グレイシャー国立公園は私たちのものだった。でもコードバは、他の人たちのものだったのだ。

それから、林野局だ。色々な意味で立派な組織だし、コードバ地区は優秀な人ばかりだった。でも、「林野局的なものの考え方」について長年聞いていた噂は本当だったのだ。林野局には、だらしのない、よどんだ雰囲気が蔓延していた。トイレに行く以外は何をするにも事務手続きが必要だし、毎週のミーティングは延々と長いし、馬鹿みたいな規則がある。朝、作業場に行っても、誰が率いるクルーが一番先に仕事に出発できるかとか、誰が一番たくさんツールを運べるかとか、といった、以前のような緊迫感はない。グレイシャー国立公園のトレイル整備は、スタミナと、禁欲主義と、倒れるまで働け、みたいな強がりがすべてで、まるで軍隊のブート・キャンプみたいだと思うことも時々あったけれど、私はそういう目的意識が、かつて森林警備隊員が私たちにあだ名をつけたように、「働く競技選手」であるという誇りが懐かしかった。私たちは必死に働いたのだ。コードバでは、天気が悪いと「車を停めて姿をくらまそう」とそそのかす班長がいた。暖房をつけっぱなしで窓が曇ったトラックで、昼休みが終わってずいぶん経つまで昼寝をしようとしていたのだ。グレイシャーのヤツらなら死んでもそんなことはしなかった。

仕事もしないでシャベルの柄に寄りかかっている、怠け者の公務員のステレオタイプ像がある。私はそれを見ると頭に来てしまう——だって私は公務員だったときほど汗水流して働いたことはないのだから。でもコードバではまさにその通りだった。仕事をせずに寄りかかる。「役所仕事なんだからこんなもので十分」とか、「時間で雇われている」とか、「雇用保障が」とか言うのだ。私たちが一緒に仕事をした人たち全員が怠け者だったわけではない。一生懸命働くし、腕も確かだし元気溌剌としている人も多かった。主任のスティーブは、現場に来ると率先して働いたし、私が愚痴を言いたくなるようなジメジメと寒い天候も気にならないような人だった。でも、チームの雰囲気というのは不可解なもので、何かが足りなかった。底に流れるアドレナリン、立ち上がれなくなるまで私を働かせた勢い、そしてそういう頑張りから来る満足感。私はそれを感じることが出来なかった。午前中、あるいは一日の作業にそういう活気を吹き込もうとしても、それはときとして、川の流れに逆らって泳いでいるみたいに感じられた。

とは言え、モンタナでの大好きな仕事と比べても、コードバは十分魅力的だった。グレイシャー国立公園には、六カ月間で約一〇〇万人の観光客が訪れるが、そのほとんどは車でやって来て、人気のあるトレイルの入り口は朝九時には渋滞する。コードバの年間観光客数はずっと少なく、海や森に、ボートで行く人、自転車で行く人、ゴムブーツで行く人、とバラバラだ。アラスカ州の深水港には付きものの、クルーズ船に乗船する人たちの通行もないので、アラスカのそこらじゅうに溢れてキーホルダーを買い漁る、キャンピングカーや観光バスの団体が、ありがたいことにここにはいない。グレイシャー国立公園は紛れもなく夏だけの観光地で、九月になれば何もかも閉鎖されてしまう。コードバでは、夏の観光客が去れば町の人口は半分に減るが、それでも、人が住んで仕事をする町であることに変わりはない。

その夏、故郷、戻るべき場所、という概念に私は翻弄され、バランスを失った。新しい冒険が大好きとはいえ、私は自分が他の人と大して変わらず、残してきたものを振り返って見ていることに気がついたのだ。コードバは、これまで私が行ったことのある場所の中で、もっとも魅惑的な、生き生きとしたところの一つだった――潮の香り、鳥の声、ゴツゴツした山頂、大きく広がる空。仕事は目新しく、海を使った通勤はワクワクした。でもそこは、私の帰るべき場所ではなかったのだ。コードバは私の好奇心をそそり、誘惑したが、最終的には私を包み込みはしなかった。私はそのペースや、そこで期待されることに、リラックスして溶け込むことができなかった。今にしてみればそれは恋人とのケンカ別れと同じで、コードバが悪いのではなく、私のせいだったのだ。グレイシャー国立公園は私を大人にしてくれた。初恋の人と同じく、グレイシャー国立公園は私の心の地図に、ある特別な場所を持っていて、次の場所がどんなに素晴らしくてもその場所を奪うことは出来ないのだ。コードバを心から愛するようになるには、私には時間が必要だった。

そもそも私にとって自分の帰る場所とは何なのだろう？　片や、もうそこにはいないけれど、忘れてはいない場所。片や、今私が住んでいる、愛してさえいる、それなのにやっぱり自分の居場所ではないところ。私は疑問の中を彷徨った。二つの場所について同じくらいに、自分が帰る場所だと感じることは可能だろうか？　もう二度と住むことはない場所は故郷であり得るだろうか？　二つの場所を同時に愛するのはいけないことだろうか？（そうでないとしたら、なぜこんなにも身を引き裂かれる思いがするのか？）どこかに根を下ろすには、かつてはそれが普通だったように、ある一カ所にずっといる、という地理的な意味での一夫一婦制に従うことが必要か？　疑問を積み上げて家を造ることは可能だろうか――ビーバーが枝を集めるように疑問を貯め込んで、安心して潜り込んで眠れる構造物が自分の周りにできるまで？

＊　＊　＊

プリンス・ウィリアム湾の天候は、日の出、日没、月の満ち欠け、季節、潮の流れで変化する。波立っていた海は数分で鏡のようにもなる。気圧計を正しく読んだり天気予報を聞いていれば予測できることもあるが、天候の変化に驚かされることもある。毎朝、クルーがボストン・ウェイラーに乗り込む前に、出港届を出す。あらゆる実用的な目的で天気予報を管理している政府機関はアメリカ海洋大気庁といって、私たちはそこの天気予報を使う。名称の頭文字がNOAAであることと、天気予報の大方はデジタル合成された男性の声であることから、姿なきこの気象予報士は普段ノアと呼ばれている。エコーと雑音の中から聞こえるそのデジタル音声の予報を聞くと、創世記でノアが空を見上げ、大洪水を待ちながら計画を練っているさまを思い浮かべずにはいられないのだ。「南東の風、一〇～一五ノット」と、ロボットみたいな声がうなる。「波の高さは三フィート〔九〇センチ〕でしょう」。洪水の気配はなし。仕事に出る意味がある天気だ。二人ずつ乗ったら出発だ。

＊　＊　＊

予報は最悪だった。今日は悪天候、明日はもっとひどい。NOAAの予想では、一週間ずっと大雨だ。でも、ヒッチが予定されていた。オルカ海峡の対岸でしなければならない仕事があった――行ったことのない浜にボートの着岸場所を造るのだ。それに、途中で晴れるかもしれない。コードバでは、雨を理由に予定をキャンセルすれば、決してどこにも行けないことになる。私たちはみな、町から数日離れたかった。毎日の単調な仕事、湿っぽいトラックで雨の中を走り回ったり、一週間が無駄になりかねないつまらない仕事から、しばし離脱したかったのだ。ヒッチが私たちを呼んでいた。そしてヒッチはめったになかったから、大歓迎だった——たとえ雨が降ろうが。

だから私たちは出かけた。そして雨に降られた。防水シートの縁の下に置いたブリキの桶には瞬く間に水が溜まり、一日分の飲み水が溜まるのに一〇分しかかからなかった。五日間、雨は降り通した。一秒たりとも止むことはなく、大雨と大雨の間のわずかな小休止も、よくあるように夜中にやや小降りになることもなく、頭の上の灰色の雲にはほんのひとかけらの切れ間もなく、わずか一条の日が射し込むこともなかった。天気ほど重要なことはかつてなかったように思われた。雨の音は絶え間なく低く唸り続けた。まるで耳で聴く中国の水責め拷問だ。来る日も来る日も、私は静けさを思い続けた。

ずぶ濡れの仕事だった。ときには私たちの頭を越える高さまで濃く生い繁った繁みの中を歩き、一日中、腕を腰より高い位置に上げたままの姿勢でチェーンソーを使ったので、レインコートの袖口から水が流れ込んでポリプロピレン製の服の脇の下を濡らした。防水シートの下で夕食を食べるときは、ゴム製の雨具を脱いでテントの張り綱にかける。乾かすためではなく——気温四度、湿度一〇〇パーセントの空気では乾きっこない——少なくとも、かびの生えたロールパンにイタリアンミートボールをはさんだサンドイッチの匂いを風にさらして消すためだ。寒くて感覚が無くなっていて、ちゃんとした料理や食器で食事するのも面倒なので、缶詰めの冷たいシチューをガブ飲みすると、熱い飲み物を持って、びしょ濡れのTシャツみたいにテントの布にぴったり張り付いているフラップを引き剥がしてテントに戻る。テントの中では、濡れたキャプリーン〔パタゴニア社の、吸湿発散性に優れたポリエステル製で速乾性もある下着〕を脱いで、ジップロックの袋に入れて寝袋の中にしまってあった、それでもなぜかちょっと湿っぽくはあるが着ていたものよりは乾いた下着に替える。濡れた方は寝袋の底に、朝着替えるまでに多少は乾くことを願ってしまい込む（寝袋は合成繊維製だ。羽毛の寝袋なんてとんでもない）。朝七時、比較的快適な状態をちょっとでも長引かせたくて、乾いた方の下着をそのまま着ていたいという欲望を強く感じるが、仕事が終わって着替える乾いた下着がなければそれを後悔する。だから湿った下着に着替えるのだ――みなそれぞれのテントで大声をあげながら。

一〇時間労働の日々は、終わりが見えない状況と、低体温症すれすれの冴えない脳みそのおかげで、幻覚でも見ているみたいに過ぎていった。私たちはなるべく腕時計を見ないようにした――どうせ文字盤は曇って読めなかったけれど。コードバの町の明かりは、ありがたいことに、私たちの宿営地と浜の間にある稜線のおかげで見えなかったが、ヒッチ五日目、主任のスティーブがそのコードバからボートで海峡を渡って私たちを迎えに来た。道具類をガンネルに積み込みながら、泥水の溜まったボストン・ウェイラーに乗り込みながら、スティーブは、今回の低気圧は四日間で記録を塗り替える雨を降らせたと言った。コードバというのは、そこでは普通の雨の日も、他所では記録的な雨量になるようなところだったから、これはかなりのことだった。それだけではなく、スティーブによれば、今週、外で仕事をしているのは私たちだけだった。この地区全体で仕事に出かけたのは私たちだけだったのである――宿泊小屋の補修チーム、ミヤコドリの調査をすることになっていた野生動物調査団、その他全員が仕事に行くのをやめたのだ。スティーブ自身はここで仕事しているわけではなかったが、彼の部下、つまり私たちは働いていた。そして彼はそれがすごく誇らしかったのだ。この五日間、私たちは不機嫌で、ずぶ濡れで、悲惨だったけれど、ボートで浜を離れるときには私たちもものすごく誇らしく感じた。港に着いて停泊所にボートを停泊させ、びしょ濡れの道具類を桟橋の魚臭い水溜まりに降ろした頃には、みんなでハイタッチしあい、埠頭の水溜まりで足を踏みならし、嵐から戻った水夫を迎える灯台みたいに、桟橋の向こうから暖かい灯りで私たちを招くカフェで食べるピザのトッピングは何にしようかと言い争っていた。

＊＊＊

コードバに住んで、私はバードウォッチングが趣味になった。それまでも、鳥に興味がなかったわけではなく、モンタナの川や湖で魚を捕まえるミサゴに感心したり、ウェスト・グレイシャーにあった私たちの家のひさしに巣をかけたスミレミドリツバメの鳴き声に耳を傾けたりはした。でも、誰でもが足を止めるような場合は別として、ほとんどの鳥は私のレーダーには引っかからなかった。ところが、プリンス・ウィリアム湾とカッパー・リバー・デルタの合流地点をぶらぶらしてみると、鳥に気がつくようになるのである。気がつかないわけがないではないか――五月、頭の上を二〇〇〇万羽を超える鳥が通り過ぎ、トレイルの入り口でトラックを降りると耳をつんざくような鳥の声に包まれ、大気は彼らが奏でる大騒ぎのシンフォニーに満ちているのだから。コードバにいる鳥の中には留鳥もいる（たとえばカラス。ここ以外ではアラスカでは見たことがない）し、夏だけ滞在するもの（白夜にやかましく鳴くスズメ目の小鳥たち）もいるが、その多くは北極圏の餌場に向かってさっさと通り過ぎていく。カナダヅルやカナダガンは大きな群れになって飛ぶが、ワシやワタリガラスなど、単独で、あるいはつがいで飛ぶものもいる。春の渡りの時期、それほどの数の鳥が一斉に空を駆けていくのは壮観だ。

私がバードウォッチャーになったのは、特に観察眼が鋭いからではない。バードウォッチングをする友人たちはみんな持っている生来の動物学者的なセンスを、私は持っていないのだ。ライフ・リスト〔自然観察家が、一生に出会った動物を記録したもので、特に野鳥を指すことが多い〕も持っていないし、オーデュボン協会〔野鳥をはじめとした野生生物の保護を目的として一九〇五年にアメリカで設立された環境保護団体。鳥類画家ジョン・ジェームス・オーデュボン（一七八五～一八五一）の名前を取り名づけられた」の会員でもない。鳴き声や翼の形で種類がわかる鳥はほとんどいないし、高級な双眼鏡も持っていないし、学名を知っているのはほんの数種だ。私がバードウォッチャーになったのは、ならないでいる方が大変だったからだ。プロのバードウォッチャーや熱心なアマチュアバードウォッチャーは、私がバードウォッチャーだと言ったら鼻で笑うだろう。でも他に何と呼んだらいいのかわからないのだ。私は、鳥たち自身に教えられて、翼の生えた生き物たちの存在に気づくようになった一人の人間だ。イスカが羽づくろいをしているところやイソシギが長い脚で歩いているところを観察し始めたら、簡単に目を逸らすことはもはやできない――そういう意味で私はバードウォッチャーなのだ。

＊　＊　＊

コードバでは、トレイル整備員は銃を携帯する。唐辛子スプレーもいいが、林野局の規則によれば、サーモンとクマがいる地区では銃も持たなくてはならないのだ。それはヘンだと私は思った――だって私はクマのいる山の中で何年も、銃を持たずに仕事をしていたのだし、クマの歯や爪にかかって死ぬことを怖れたことは一度もなかったのだから。でも、規則は規則だった。九・一一後の、非常に厳しい警備事務手続きをとって、私たちは銃器の使用を認められ、クルーは警備隊員の詰め所で一日、銃の安全な取り扱い、弾倉の掃除の仕方、ライフルと散弾銃の違いを教わった（私たちは両方使うのだ）。トレーニングの最後は射撃練習場で標的を撃つ練習で、私にとって銃を構えるのは小学生のときのサマーキャンプ以来だった。一二番ゲージの弾の衝撃は、思春期に撃ったライフルとは比べものにならなかった。

くだらない規則を冷笑していた私だが、白状すれば、射撃の練習は楽しかった。あたりには火薬の匂いがたちこめ、ポケットには弾丸、人気のない練習場にバーンという音を響かせて標的に弾が当たったときの満足感。私たち六人は一列になって、撃ち、薬莢を捨て、弾を込める、を何度も何度も繰り返す。ハリウッド映画の戦争でしか聞いたことのない大音響だ。私たちの班は、毎月数時間練習場に通い、田舎の農場育ちのトレントは、ランディと私が、毒ヘビを触るみたいに、伸ばした腕の先でこわごわ銃を扱うのをやめようと奮闘するのを見て笑った。ランディは最初銃を持つのをためらっていたが、二週目が終わる頃にはまるで強盗みたいに撃鉄を起こし、標的の中心を打ち抜いては宙に拳を突き上げて歓声をあげた。彼も銃の魅力には無関心でいたかったことだろうが、誰一人として——彼みたいに内気で声が小さい完全菜食主義者でさえ——射撃の魅惑に抗えないようだった。

お遊びはさておき、全米ライフル協会のキャップを被ったカウボーイ、トレントさえも、トレイル作業に散弾銃を持って行くのはまるっきり馬鹿げている、という点で合意した。片手にシャベルを持ち、肩にはチェーンソーを担いでいるのに、その上さらに荷物が四キロ増えることになるし、バックパックのストラップとぶつかって担ぎにくいのだ。法的には、一定以上の賃金等級でないと散弾銃を運べないことになっていたのだが、ランディと私のどちらかが銃を担ぐというのはもっと馬鹿らしい、と認めざるを得なかった。等級は一番下で未成年ではあったけれど、いざというときにちゃんと散弾銃を使えるのはトレントだけだったのだ。だから私たちはチェーンソーを、トレントが銃を担ぐことにした。

その、いざというとき、というのがいつなのかは謎だった。小川の岸で、私たちには目もくれず、ひたすらサーモンの味に酔いしれているクマの横を通ったときは大丈夫だった。ゴムボートを着けようと近づいた浜にクマがいたときも——そういうときはクマがいなくなるのを待つか、どこか他に停泊すればいいのであって、クマを撃つことはない。私が驚かせてしまったクマに威嚇された場合ももちろん撃てやしない——クマが襲いかかってくる間に、バックパックとチェーンソーを降ろし、弾を込め、銃を構え、濡れて冷たい指で、正確に狙い撃てると思うなんて馬鹿げている。こういう状況で散弾銃を持つというのは自信を――それも間違った自信を――与えてしまう落とし穴であり、感覚を、警戒心を、注意を鈍らせると私は思う。背中に銃を背負っていると、動き方が速くなり、顔を上げなくなる。注意を払わなくなってしまうのだ。

湾岸地方に住むクリンキット族の人びととクマは複雑な関係にあって、クマは彼らの従兄弟であり、衝突を回避する最良の方法は、従兄弟の存在を認め、共存させてくれと頼むことだ。その優雅さに私は惹かれたし、いくつかのネイティブアメリカンの系譜に出自を辿れるこんなアドバイスもそうだった。曰く、襲いかかってくるクマに対して女性は上着を持ち上げるとよいというのだ――乳房で性別がわかり、クマと人間は昔から婚姻関係を結んできたから、クマに、相手が親族であることを思い出させる、というのである。現実的な科学と食物連鎖の実用主義に慣れている現代人の耳には子どもだましに聞こえるが、こういう昔ながらの人と動物のあり方は、そのつながりについてのある重要な考え方を示唆している――つまり、無防備であるからといって必ずしも怖れる必要はないということだ。

自分のクルーを救うために上着を持ち上げるつもりはなかったけれど、万が一クマに襲われたら、私は唐辛子スプレーの方が自信を持って使えただろうし、それでもダメならボールみたいに丸くなって大声を出しながら運を天に任せる方が、無理やりに銃を撃って命中させるよりもずっと簡単なことはわかっていた。クマに襲われて、野性に殉死したいわけでは決してない。モンタナで仕事をした仲間の一人は、ハイイログマの成獣に襲われて重傷を負い、彼の傷跡やそのときの話を聞けば、アレクサンダー・スーパートランプ〔一九九二年、都会の生活を捨ててアラスカの山奥で暮らし始めたが、四カ月後に死体となって発見されたクリストファー・マッキャンドレスが使った偽名〕やティモシー・トレッドウェル

〔ハイイログマの保護活動家で、一三年間にわたってアラスカのカトマイ国立公園で保護活動を行ったが、二〇〇三年にハイイログマに殺された〕への憧れはたちまち吹っ飛んでしまうだろう。それでも、いざそういう状況になったならば、私には完全に理解することが出来ない暴力で格闘して死ぬよりも、謙虚な気持ちでこの世を去りたいと思う。私がライフルの名手だったらそうは思わないのかもしれない。バーで、一人の老いぼれが私をからかう――高校の卒業式にピストルを持っていきそうな輩だ。「襲われてみりゃわかるよ、お嬢ちゃん」。ゆっくりと彼は言う。そうなのだろう。

いずれにしろ、そんな気持ちのあやはお役所の関知するところではないし、林野局の規則は、議論するためではなく守られるためにある。私たちは、ずっしりと重たい散弾銃を携えて出かけた。それは言ってみればジョン・ウェインが持っていそうな小道具で、私やクルーたちにとっては明らかなある事実を伝えるのには役立たなかった――つまり、クマが暮らす土地を無事に通過できるかどうかは、それぞれのクマの性質や、そのクマと私たちがどうやって対峙するかということの方が、どんな武器を持っているかよりもずっと重要なのだ。

野性とは、静けさの中の騒音、墓地の大声。野性とは、喧噪の中の静けさ、途切れたおしゃべり、音を消された一斉射撃。野性とは、ウキウキ、めそめそ、浮かれて騒いだかと思えば、修道士のように行ったり来たり、変わらぬテンポで、行く先定めて。野性は嵐の中にあり、嵐の目の中にある。そして、規則正しく打つ雨音の中にも。

私たちの毎日の通勤を見守るのはラッコだった。バケツの水をひっくり返したような雨の日も、静かに澄み切った朝も、ラッコたちはボストン・ウェイラーの後ろに、クジラの尾びれみたいに尻尾を水面から突き出し、仰向けで、まるで穏やかな波みたいに浮かんでいた。豪勢にびっしりと生えたラッコの被毛は、二・五センチ四方に最大一〇〇万本も生えている。濡れると毛はつんつんと立つが、ずっと水中にいてもびしょびしょに見えることは決してない。ラッコは複雑な生き物に見える――髭の生えた顔は、子どものぬいぐるみにしたくなるほど可愛らしく、と同時に何も見逃すまいという詮索好きな様子でもある。でもラッコは可愛いだけではない。餌を捕るときは、カニやウニの外骨格を叩き割るし、アシカの死骸をすごい獰猛さで引き裂きもする。死んだアシカの子どもに性的な暴行を加え、終わると食べてしまった二頭の雄ラッコが目撃されてもいる(こういう自然の営みが玩具店に持ち込まれることはめったにないが)。

性的な暴行はさておき、私たちが惹かれる動物はみなそうだが、ラッコについて私たちが一番好きな特徴は私たち自身を思い出させる。たとえばラッコはとても個性的で、個体によって食べ物の好みが違う。また彼らは哺乳類には珍しく、道具を使ったりしまいこんだりする。彼らの道具は、捕った獲物の殻を叩きつけて割る石だ。いつも使う特定の石をとっておき、脇の下の皮膚にある袋にしまっておくラッコさえいる――私がお気に入りのペンをポケットに入れておくように。

単独行動も見せはするが、ラッコは社会的な動物で、荒れた海に何百匹も集まり、海に浮かんだディナーのテーブルのように互いの体から餌をつまみ、仰向けのお腹に子どもを乗せて日なたで昼寝したりする。また、ラッコが人をじっと見つめる様子は特筆に値する。私のことを見ているラッコのそばをボートで通り過ぎたことがあるが、その目は冷静だけれども私にじっと注がれており、まるで私について、私自身は理解できない何かに気づいているみたいだった。私の漕ぎ方おかしい? ズボンのファスナーが開いてる? サングラスを海に落としたかしら? ラッコは愛想のいいニヤニヤ笑いを浮かべて視界から消えた。こういう複雑な動物だから、エマーソンが言ったようにあらゆる言葉がかつて動物であったとしたら、ラッコをルーツに持つ言葉はたくさんあるに違いない。

＊＊＊

太平洋沿岸の多雨林の生態系の北端は、チュガッチ国立森林公園の南端までおよび、その地域の木々はアラスカ州本土で一番大きい――ベイトウヒ、アメリカツガ、それにときおり交じるイエローシダーなどだ。それまでも木を伐り出す仕事はトレイル整備には欠かせないものだったし、使うツールや技術は同じだったけれど、木がこれほど大きいと、これまでは出来なかったことが可能になる。森でのプロジェクトでは、橋の横梁にするために木を伐り、間柱や床に使う厚板に製材した。川幅が狭ければ、丸太一本でガドバリー式の橋ができる――中央にチョークで線を引き、チェーンソーで裁断するか、ちょうなで平らに削って、ハイカーが余裕で通れる、子どもなら二人並んで歩けるくらいの幅のある橋を造るのだ。これほどの巨大な木を想像してみてほしい――ノースウェスト地方の言い伝えに登場する、中に家が造れるほど大きな切り株。家の一部でも家を建てる材料でもない、それだけで家になるほどの、それ自体が構造物になるような大木だ。そしてもちろん、それは構造物だったのだ――私たちが伐り倒すまでは。

＊＊＊

ゲイブの班が、チティーナ橋からカッパー・リバーを八〇キロほど下ったところでの巡回作業を始めて四日経っていた。その四日間のほとんどは雨だったが、ある日の午後、太陽が雲間からおずおずと顔を出し、キャンプ設営の作業を縞々に照らして、ゴムボートが引き上げられた砂州を暖めた。引き上げていないボートが一艘だけになったとき、頭の上で飛行機の唸る音が聞こえた。固定翼機が低空で旋回し、さらに高度を下げて、今にも浜に着陸するかと思われた。クルー全員が上を見上げると、小さな包みが空から落ちてきて、浜で一回跳ね返って水の中に落ちた。それが何なのか知っている者はいなかったが、神々に投げ降ろされたかのように届けられたところを見ると、大切なものらしかった。みなが体を動かすことを思いつきもしないでいると、川下りのガイドの一人がボートに飛び乗り、停泊用の丸太からもやいを外して、あっという間に荷物のところまで漕いでいった。彼は、茶色い紙で包まれ、荷造りテープでぐるぐる巻きになった円筒形の荷物を拾い上げ、つかまえた波に乗って浜まで戻ってきた。本当に見事なお手並みで、その動きは直観的かつ的確だったが、それはすぐに別の興奮に呑み込まれてしまった。スティーブが包みを開ける間、クルーは彼の周りに集まった。スティーブは、その飛行機に乗っていたのは妻のドナと、パイロットである友人だと思ったのだ。彼女からのプレゼントは、ちょっと溶けかかった、二リットル入りのチョコレートアイスクリームだった。素早く荷物を拾い上げた川下りガイドはその日の英雄になった。その荷物が、味わうことなく下流に流されるところを想像するのはほとんど耐え難い苦痛だったから。スティーブが厚紙の容器の蓋をむしり取り、ゲイブが台所キットの中からスプーンを持ってきて、みんな心ゆくまで楽しんだ——気温七度の霧の中でアイスクリームをほおばって。

＊＊＊

何週間もコツコツと石の階段造りに励んでいたある日のこと、スティーブが私たちをそのプロジェクトから外し、素敵な気晴らしをくれた——山小屋の補修チームと一緒にモンタギュー島に行って、一般の人が利用する小屋の床板を張り替え、新しいポーチを造る仕事だ。普段はダンとフランク二人だけのチームだったが、この仕事に関しては追加の人員が必要だったのだ——ランディ、トレント、それに私である。

私たちは、デ・ハビランド・ビーバー〔カナダのデ・ハビランド社の水上機、DHC-2のこと〕で満潮の浜に着水し、飛行機二台分の荷物を一・五キロ内陸の山小屋まで運んだ。テント、大工道具、発電機などが階段の下に積み上げられた。腐りかけた木製の栈橋の上に傾きかけた小屋が立っていて、しなければいけないことは明らかだった。ダンは優秀な大工で、あっという間に私たちに手順を説明し、辺の長さが三：四：五の定規を使って簡単に直角を測る方法や、片方の手から別の手にハンマーをパッと持ちかえる方法などを教えてくれた。電池式ラジオから流れるハンク・ウィリアムスの歌に合わせて、持ち上げ、叩き、踊り、仕事は万事順調だった。

五時半きっかりに興味は別のことに移った――ビーチコーミング〔浜辺で貝殻やさまざまな漂着物を拾うこと〕だ。アラスカ湾に面した沿岸で人気の娯楽である。アラスカ湾の浜はゴミだらけだ。空になったオレンジジュースの瓶、壊れた電化製品、プラスチック文化が生んだガラクタの数々。でもそうしたガラクタに、日本の漁船の網に付いていたガラスの浮き玉が隠れていることがある。アラスカ湾を漂流して、嵐の後に浜辺に打ち上げられた宝物だ。この辺の家のポーチにそれがぶら下がっているのを見たことがある――青、緑、透明のもの。オレンジくらいの大きさのものもあればバスケットボールくらい大きいものもあるし、ときにはフジツボがくっついた網に絡まったままのものもある。実はダンは浮き玉拾いが趣味だった。最初の日の午後、浜までぶらぶら歩きながら、ダンは浮き玉拾いの歴史を説明してくれた。これまでいくつ見つけたか、どの浜で、どの季節に探すと一番収穫が多いか。「一番珍しいのはさ」とダンが説明した。「ローリングピンっていうんだ」。それはホットドッグのソーセージくらいの大きさの、細長い浮き玉で、両端に網をひっかける小さな凹みがある。「ここに住むようになってからずっと探してるんだ、一三年だぜ」

一〇分後、私の爪先が砂に埋まったロープの結び目に当たった。蹴ると、青いガラスがキラッと光るのが目に留まった。私はそれを砂の中から掘り出し、細長いそれを拾い上げて砂を払い、ダンに見せた。「これ、ローリングピン？」

「ウソだろ！」とダンが言った。「ウ・ソ・だ・ろー!!」彼はそれを掴むと私を見、ローリングピンをひっくり返し、私に返して頭を振った。私はあげると言ったが、彼は拒んだ。自分で見つけなければダメなのだ。そんなことは言われなくてもわかった。それ以来私は浮き玉拾いにハマった。

前の夜の嵐のおかげで収穫は大きく、私たちは三人では持ち帰れないほどの浮き玉を見つけた。戦利品を持ち帰るため、私たちは三人のトレーナーの袖を結んで間に合わせの袋を作った。ローリングピンを見つけたのは私だけ。私は子どもの頃、ミシガン州の湖の岸辺で珊瑚の化石を見つけるのが上手かったのを思いだした。見つけると父親が「すごいぞチビ！」と得意そうに叫び、私は照れながら、誇らしさで一杯になったものだった。

ポーチを造り終わると、私たちは浮き玉を手摺りに並べて、太陽にきらめく日本製の曲線を写真に撮った。ダンは、一日の収穫量ではこれまでの最高に近い、と言った。

その夏私は、訪ねてきた友人と一緒に行ったヒンチンブルック島で、もう一つローリングピンを見つけた。友人も、魚臭い、腐った網にくるまれた珍しい形の浮き玉を見つけたが、飛行機に持ち込む度胸はないので、私に預けて帰って行った。そのシーズンの最後の週、私はもう一度ダンに、私のローリングピンの一つをあげようとした。幸運な夏を過ごしたおかげでガラスの宝物はたくさんあったから何を犠牲にするわけでもなかったし、ダンにも言ったのだが、私は浮き玉そのものよりもそれを見つけること自体が好きだったのだ。それでもダンは、前ほど苦々しくはなかったけれどやはりそれを拒んだ。「信じられないよ。ビギナーズラックってのはこれだからな」

＊　＊　＊

サーモンベリーはキイチゴ属の一つで、ハニカム形の構造を持ち、齧るとサッカロースの味が口に広がる、ブラックベリーやラズベリーの仲間だ。その名前は、サーモンの肉の味ではなく、その明るい赤色から来ていて、最初に食べたときにはホッとした。サーモンベリーの繁みはアラスカ州の沿岸全域に生えている。実りの多い年には、枝に重たい実がたわわに実り、葉の中に指を滑らせるだけで収穫できる。熟しすぎていなければ、実は開いた手の平に無傷で落ちてくる。

コードバの町の中心部は、港から私たちのアパートまでの五街区だ。町で用を足すときは歩いて行き、出かけるたびに、サーモンベリーを摘むために三〇分余計にとるようにした。初めて瓶詰めを作ろうとしたときは、アイスクリームのトッピングになってしまった——ジャムにしては緩すぎるし、シロップと呼ぶには種が多すぎる。ずんぐりした瓶の中でそれは美しい虹色に光り、私に手作りの満足感を与えてくれた。私は瓶詰めの達人である母に一瓶贈った。手作りだということだけではなく、瓶の中で、口の中で、その中身が象徴しているものが嬉しかった——港町にそびえるベリーの繁みと、七月の暖かな雨が。

* * *

ジョンがオブライエン・クリークに現れたのは、カッパー・リバーを船で行くヒッチの最初の朝だった。その様子は頭のてっぺんから爪先までゴムボート乗りで、アラスカの田舎者で、そして無法者だった。ボート用のウェアを着て、髪はボサボサのポニーテールにまとめ、色の褪せたTシャツに、ぶかっこうに被せた金歯。まさに、林野局のクルーを連れてアラスカで三番目に大きい川を一六〇キロ下るのにぴったりの奇人に見えた。私の班は、ランディが途中で仕事を辞め、トレントが学校に戻って解散してしまっていたので、私はもう一人、仲間のいないベスと一緒に、ゲイブの地役権クルーのシーズン最後のヒッチに参加したのだ。カッパー・リバーはランゲル山地の高地に端を発し、メンタスタ山地を通過し、チュガッチ山地を抜けて、コードバから唯一延びた道路の先、町の東南八〇キロほどのところでプリンス・ウィリアム湾に注いだ。川沿いには公有地があり、その土地にアクセスする理由はたくさんあった（川下り、サーモン釣り、ヒツジ狩りなど）から、その人里離れた川の沿岸は端から端まで地役権が設定されていた。トレイル整備隊にとって幸運なことにそれは、ほぼ半年に一回、仕事で川下りが出来る、ということだった。林野局にとって、資格を持つガイドを常駐で雇い、必要な用具を揃えるのは、必要が生じるごとにガイドと契約するよりも高くつく。だから、私たちにはガイドがついたのだ。おかげでジョンと彼の子分は、お金をもらって私たちを下流に運び、朝食と夕食を用意し、濡れた繁みの中で私たちがのたうち回っている間、浜でのんびり飲んでいられるというわけだった。

カッパー・リバーをゴムボートで下りながらの一〇日間のヒッチ、と言うと素晴らしく聞こえるかもしれないし、色々な意味でその通りだった。ただし、遊びで川下りをする場合は自分で自分のペースを決められる。寝坊したり、風が止むのを待つ間サイコロを振ったり、昼前にボートの上でビールを飲んだりも出来る。が、仕事となるとそうはいかない。地役権が設定されている土地の船着き場から船着き場への移動は手早くしなければトレイルを整備する日がなくなってしまうし、道具や燃料の缶を一杯に積んだボートを、長い綱に繋いだ脚の遅い犬みたいに引っ張って進まなくてはならないし、悪天候の回復を待つわけにもいかないし、昼前にビールを開けることも決して出来ない。五時半前に開けるのもダメ。公費で出かける際のアルコールに関する林野局の厳しい規則に従えば、ヒッチ中は一切ダメだ。それでも、船で行く仕事は極上のボーナスで、ビールがあろうがなかろうが、断る人は誰もいなかった。

八月終わりのその冒険は、アラスカ州が運営するバルディーズ行きフェリーへの乗船で始まった。降りるときには数カ月ぶりの明るいオーロラが頭上に輝いていた。残りのガイド、ミッチとアランが迎えに来てくれて、私たちは、カッパー・リバー沿いの小さな町チティーナまでさらに数時間車を走らせた。その晩はそこにキャンプを張って、翌朝ジョンがゴムボートで現れるのを待つのである。私たちは、トレイルドッグのほとんどがそうであるように、何でも自分で出来るのが自慢のアウトドア人間で、それまでにガイド付きのヒッチに行ったことがあったのは一人だけだった。私はガイドを雇うこと自体が気に入らなかった。季節雇用者同士の気楽な仲間意識が、奇妙な境界線で分断されるからだ。雇い主である私たちが、この川ネズミたちに、私たちは彼らの仲間で、規則違反を見張りに来ているお役所勤めのデブ猫とは違う、ということをわからせるには数日かかった——皿洗いを手伝ったり、交代でオールを漕いだり、政府の職員の悪口を言ったりして。デブ猫は町に残って事務の仕事をしている、と私たちは彼らに断言した。彼らと同じく、私たちはただの日雇いだ、と。

ヒッチが終わるまでには、仲間意識がどうこうと心配する必要はなかった。ボートで過ごした一〇日間、私たちは、ガンネルに立って下ネタジョークを言ったり、ホットドッグを食べたいだけ食べたり、ブレムナーの湿地で黒いオオカミを目撃したり、最高に天気の良い日が二日ばかりあったり、御法度のウィスキーや安物のビールを飲んだりして、アラン、ミッチ、そしてジョンと親しくなっていった。私たちは彼らの川下りの腕を信用したし、野営地に彼らがいてくれるのも、一日一四時間働いた後で温かい食事が摂れるのもありがたかった。彼らは私たちの働きっぷりに感心し、日が暮れる頃、チェーンソーを肩に担ぎ、濡れて光る雨具を着てよろよろと浜に上がる私たちを、ハイタッチの嵐で出迎えてくれた。

私たちがお互いを好きになっていくと同時に、私は川にも惚れてしまった。カッパー・リバーの水音は絶えることがなく、氷河から流れてくる水はシルトの量がすごくて、川を下りながら手を水に浸けると、まるで指を液状の紙やすりにこすりつけているみたいだ。水中に浮かぶこの物質は岩粉と呼ばれる。ランゲル山地の氷河に水源を持つ、ということは、川の水と一緒に岩や氷の塵が運ばれて水が濁るということなのだ。

カッパー・リバーの大きさは人を混乱させる。ジョンが対岸を指差して、どれくらいあると思うか、と訊く。川幅が一・六キロもあるとは想像もできなかったが、ある日カヤックで漕ぎ出した私は思うのだ――ちょっとそこまで行くのにどうしてこんなにかかるの、すぐそこなのに？ カッパー・リバーの水温は氷点よりわずかに高いだけだ。ジョンによると、水に落ちたら泳げようが泳げまいが関係ない。水の「溜まり」でさえ流れは強く、浮き方をコントロールする以上のことは出来ない。さっさとゴムボートに引き上げられなければ、渦に呑まれる前に低体温で死んでしまう。濁った水はたくさんの犠牲者を隠していた――人里から遠く離れてハドソン川が流れているかのように、ギャングの争いの巻き添えをくった人たちを葬るのにはぴったりだっただろう。川を下りながら私たちは、私たちの下に、目には見えないけれど、どんな人が隠されているのだろう、と考えた。一九二一年にあった酒場での乱闘の後、行方がわからなくなった金鉱労働者？ チティーナでピクニック中に、兄弟と橋の上で大げんかしていて川に落ちたあの子？ ライフジャケットを着ることを鼻で笑い、命綱もつけずにディップネッティングをしていて、網の中できらめく三匹の魚に引きずり込まれ、手を離さなかったものだから、大漁だったはずのものがたちまち重しになってしまった人？ かわいそうに、と私は思った。そして、落ちませんように、とも。

コードバから少し離れたミリオン・ダラー・ブリッジ付近でカッパー・リバーは広くなり、マイルズ氷河が後退してできた珍しい湖、マイルズ湖に流れ込む。太陽が明るく照りつける静かな水面を、私たちは手漕ぎで渡った。広大な湖は氷河に囲まれ、氷山がたくさん浮いていて、それが流れに乗ってボートに当たった。その夜、ヒッチ最後のキャンプの場所は砂利浜の端で周りには何もなく、川と、氷河と、空に向かって開かれていた。秋の手前の爽やかさだった。夕飯は、残り物と、貯め込んであった宝物――もうスニッカーズやベーコンをとっておく必要もなかったから――の寄せ集めだった。ミッチは前からの約束通り、ゴムボート乗りのキャンプ用品には不可欠の、ろうを塗った箱を使って火を熾した。ヒッチ中に中身のリンゴやオレンジを食べて空になった、青物を入れる段ボール箱を、上下の蓋を開いた状態で置いて可燃性の煙突を作り、その中で火を熾す。と、煙突はオレンジ色の炎を一〇メートル以上も吹き上げるのだ。それは素晴らしく見事だった。私たちは火を囲み、粗い砂の上で、裸足で大声をあげながら踊った。

グレイシャー国立公園のパッカーたちと同じく、ジョンは、ヒッチ中に飲めたはずのアルコール類を持ち帰るのを断固として拒んだ。だから私たちは飲んだ。真夜中になり、ジョンは緊急連絡用のフレアガンを取り出して、群青色の空に向かって四発の空砲を撃った。こんなふうにウソの警報を発するのは、私たちがもっと町に近いところにいたとしたら米国林野局の安全基準の深刻な違反だったかもしれない。幸い私たちから八〇キロ以内には、それを気に留める者はいなかった——私たちが窮地に立っていたとしても救助隊を送ってくれる職員もいなければ、浜じゅうに散らばったビール瓶を見つける上司もおらず、私たちの半数がテントに戻れなかったことを笑う人もいなかった。翌朝遅く、私たちが朦朧とした頭で起きると、ジョンは砂浜に大の字になり、パタパタとはためく防水シートの下で酔いつぶれていた。無精髭に黄色っぽい砂が交じり、至福の笑みを浮かべて、まるで天使が大酒飲みになって地上に戻ってきたみたいだった——堕天使ではない、ただの酔いどれ天使だ。

＊　＊　＊

友達のクロエがスウェーデンから遊びに来た。『アウトサイダー』誌〔観光スポットや催事情報が乗っているタウン誌〕を片手に、数カ月ここで暮らしただけの私は地元民に昇格し、昔からここにいるみたいに町を案内した——桟橋、漁船、停泊中の私たちのボストン・ウェイラー。これが潮汐《ちょうせき》図と気象通報。私は捕れたてのオヒョウや、ベリーをのせたパンケーキをごちそうした。

彼女が来て数日後、クロエ、ゲイブ、私の三人は、コードバの南西、プリンス・ウィリアム湾に浮かぶヒンチンブルック島に飛んだ。赤いデ・ハビランド・ビーバーが私たちを荷物と一緒に浜に残して飛び立つと、機体はすぐに雲に隠れ、私たちはそれから三日間、三人きりで、歩いて行けるところ以外にはどこにも行きようがなかった。だが歩いて行ける場所はいくらでもあったのだ。私たちは延々と浜を歩いた。難破船の残骸を調べたり、石灰岩の崖を登ったり、ガラスの浮き玉を拾い集めたりもした。クロエは私と同じくらいゴミ拾いが大好きで、ゲイブは喜んで私たちと一緒に宝物を探しはしたが、見つけたものに向かってお尻で相手を押しのけながら走っていく最後の短距離走の段階になると、おめでたいくらい勝つ気がなかった。

ヒンチンブルック島は、アラスカ以外どこの基準から言っても辺鄙なところにあったが、アラスカの基準で言えば、小さな町から飛行機ですぐ行けるところにあるというのは辺鄙でも何でもなかった。私たちにはその浜は誰の手もついていないように思われたのだが、高潮線沿いに流れ着いた切り株やつるつるになった丸太の下には、ガラクタがいっぱいだった。お払い箱にされた、現代社会のありとあらゆる痕跡がここに辿り着くのだ。割れたプラスチックのブイ、レインコート、網のかけら、ビーチサンダルの片方、マクドナルドのオマケのおもちゃ。プラスチックのゴミにクロエはびっくりした。「最後の辺境」〔アラスカ州のニックネーム〕にこんな廃品があると想像する人はいない。

午後遅くキャビンに戻る途中、海はカラフトマスで活気づいていた。キャビンに戻るために渡らなければならない小川の河口でカラフトマスが跳ねている。私たちは釣り道具を持っていなかったが、素手でも捕れるに違いない。カラフトマスは見た目よりすばしっこく、工夫が必要だった。私は浜の先端にある流木の山の中から、砂に埋まった網の一部と、刃がギザギザの折りたたみナイフを見つけ、網を切り取った。クロエと私が網を持って河口の幅一杯に広げ、ゲイブが水の中を上流に歩いて行って、カラフトマスを強制的に私たちの腕の中に送り込んだ——レッドローバー〔二手に分かれた子どもが手を繋いで列を作り、一人ずつ相手の列を突破しようとするゲーム〕で捕まった子どもみたいに。ほとんどのカラフトマスは、下をくぐったり編み目の破れを見つけて網を突破し、網に引っかかったのは一匹だけ。でも一匹で十分だった。

アラスカの人は、無理してカラフトマスを食べようとはしない。銀鮭、紅鮭、キングサーモンに比べると食感が劣るので、普通は缶詰めやスモーク用、またはドッグフードになるのだ。だがこのカラフトマスは乳白色で身が締まり、砂の上でぴちぴちと跳ねていた。海で捕れたばかりで身がピンク色、さっきまで生きていたところを焚き火で焼いたカラフトマスは、断然食べる価値がある。そこでゲイブが尾を押さえ、クロエがその生命に感謝を捧げ、そして私が流木のこん棒で頭を叩き割った。キャビンに戻るとクロエがカラフトマスをアルミフォイルで包み、ゲイブと私が高潮線沿いのプラスチックゴミの中を漁って、掻き集められるだけ掻き集めた木で火を熾した。波に削られて丸くなった倒木。櫂の水かき部分。壊れた貨物台。集めたゴミは湿っていてくすぶりはしたが、燃えることは燃えた。

＊　＊　＊

さてここで今日の特別上映、『インディアナ・ジョーンズと恐怖の橋』の時間です。

私たち五人組は、それまでの四日間で六キロのトレイル整備をこなしていた。地役権が設定された土地のトレイルから、ものすごい量の繁みや枯れ木を取り除いたのだ。地面は落ち葉と泥でぐしょぐしょで、少なくとも三〇分に一回、私たちの誰かが、隠れた木の根につまずいたり、アメリカハリブキに覆われた地面ががくんと低くなっているのに気づかずに、膝まで穴に落ちる羽目になった。最初のうちは突然仲間の姿が消えるのが面白かった——繁みの上に頭と肩だけ見えていたのが、まるで落とし穴に落ちたみたいに、ボン、と何も見えなくなるのだ。初めのうちは「一人やられた！」と大声で叫び、誰が落ちたかを数えていたが、すぐにそれには慣れっこになってしまった。誰も何も言わず、自分で起き上がり、首に引っかかったチェーンソーのドッグ〔チェーンソーの刃を安定させるための部品〕を首から外して作業を続ける。話題になるのは、真っ正面からもろにうつ伏せに転んだり、流血の大怪我をしたときくらいだった。

GPSの情報から、トレイルがいずれはいくつかの小川を横切ることがわかっていた。地役権が定められた土地のトレイルには橋はないが、ときどき、前の整備班が木を伐って渡したり、石を集めて横断歩道のようなものを造り、川を渡りやすくしたところがある。最初の川には、川幅五メートルをまたぐ丸太がかかっていたが、皮が剥がれてずぶ濡れだったので、ツルツルすぎてその上を立っては歩けなかった——特にエクストラタフの長靴では。そこで私たちは、丸太に跨り、腕で抱えるようにして、這って渡った。丸太の端から端まで間隔を置いて並び、ヘリーハンセンのズボンを穿いて、バランスを崩したりズボンに穴をあけたりしないように体を捻りながら、頭の上で動力工具類を渡していく。ぬるぬるした木の表面でゴム製の雨具が滑らないように、脚で丸太をしっかりはさんで。それはひどく滑稽な恰好だった。後になってこのときの写真を見ると、いったい何を思ってこんなことをしたのかさっぱりわからなかった——水面の上六〇センチのところに一列に並んで腰をかけ、頭の上にチェーンソーを持ち上げている人たちを、レンズに水滴の付いたカメラで撮った写真だ。

こうして最初の川を越えると（私たちは一日二回この川を渡ったわけだが）、そこから十数キロは大きな障害もなく、定石のトレイル整備があるだけだった。最終日、GPSに示された作業の終了地点まで、頑張れば行けそうだった。顔を出した太陽と、地役権設定地の仕事ではめったにない贅沢なのだが、もうすぐ仕事が完了するという高揚感に恍惚としていたそのとき、私たちの前に最後のハードルが立ち塞がった。別の川だ。最初の川の三倍は川幅があり、同じように、ツルツルした大きな丸太が渡してあって、ちょっと下流には急流が白く渦を巻いているところがあった。控えめに言っても、それはかなり怖ろしい眺めだった。

私は何も考えず、衝動的に丸太に突進した。みんながこわばってしまうと、ときどきこういう衝動に駆られるのだ。何でもいいから何かしなければ。一つめの橋と同じ方法で渡るわよ、と私はみんなに言った――川幅が広いことにも、落ちたときの危険度が高いことにもひるまずに。自分を実験台にすることにして、私は丸太に跨り、お尻で進み始めた。岸から一メートルかそこら進んだところで、ものすごい魚の匂いがした。その朝浜辺のキャンプ地で嗅いだよりももっと強い匂いだった。さらに進むと、丸太はたわんで水面に近づき、丸太の下側と、広げて丸太からぶら下がった私の両足の底が水に触れそうになった。想像したより怖ろしい状況だった。そのとき私は、丸太から川上の側に突き出した枝に、死んだサーモンが重なっているのに気づいた。産卵を終えて疲れ果て、川の流れに負けた魚が、木に引っかかって腐り、私のブーツの下でバラバラになっていたのだ。私はことさら怖がりではないけれど、この不気味な魚の死骸には身がすくんだ。子どもの頃、地下室に背を向けて階段を上るときに感じたような、本能的な死への怖れを感じたのだ。

降参するのは嫌いだった。岸でクルーが見ていたり、それが自分が志願したことならなおさらだ。だから私はそれを見ないようにして、お尻の筋肉に力を込め、さらに前進した。嫌な匂いで吐き気がした。長靴のかかとが魚の死骸に触れて、肉の塊が骨から剥がれた。私はやっとのことで反対側の岸に辿り着いたが、丸太から降りるときに滑って片足が膝まで川に落ち、ブーツが水で一杯になってしまった。この失敗のことを私たちは「コップになみなみ」と言って、普通、他のクルーに缶ビール六本パックを買うのが罰則になっていた。でも私の失敗には誰も気づかなかった。私が溺れずに反対側に渡れたことに歓声を上げるのに忙しかったのだ。乾いた地面に立ち、私はあたりを跳ね回って氷みたいな手を振り、川を渡ったときの怖ろしさを絞り出すように大声をあげた。最悪なのは、私は川を渡って戻らなければならないということだった。もう午後も遅く、道具を担いでいない私でさえ渡るのに一〇分かかった川を、五人のクルーがチェーンソーや刈払機を持って渡るのは、効率も悪いし安全でないことはすでに明らかだった。私たちのうちで一番脚が短くて、危険を冒すリスクに弱いベスには、まったくもって無理だった。

　反対側の岸を、こっそりブーツの水を捨てたりしながらちょっとの間探索した結果、GPSが示す終点はどこにも見えず、測量結果を示す標識も見つからず、今日中どころか明日一杯かかっても作業は終わらなかっただろうということがわかって私は気持ちが明るくなった。なにしろ、その日キャンプに戻るだけでも仕事の時間をオーバーしていたのだ（おかげで、もうちょっとで終わるところなのに終えられない、というよりは、その場を去りやすくなった）。

　丸太を渡って戻る途中、枝が生えていたところの出っ張りは全部都合の悪い方向を向いていて、丸太に跨ってお尻をくねらせながら進む私の股間に突き刺さった。空っぽになった魚の目に見入ってボーッとしてしまい、長いこと下を向きすぎてもう少しで落ちそうになったりもした。岸に辿り着くとクルーたちがよくやったと褒めてくれた。ゲイブが、私たちはこの川を渡る運命《さだめ》にない、と同意した。私たちは、魚の悪臭がするところより下流に、枝を低く広げたトウヒを見つけ、湿気たクリフバーとトレイルミックスで簡単に軽食を摂った。一瞬、数日ぶりの明るい日が射した。

「すっげえおっかなかったよなあ」とブライアントが言った。同意するところだったが、それより私は、こっち側に戻ってきてからずっと悩んでいたある倫理的ジレンマのことで頭が一杯だった。小屋に戻るために立ちあがったとき、私は決意していた――良心に従うことにしたのだ。
「ねえみんな」と私は白状した。「ビールをおごるわ」

＊　＊　＊

かつて私はその鳥を「カモメ」と呼んだ。バードウォッチャーである友人は笑って言った。「カモメ、なんてものはいないっていうのは知ってるよね？　よくある間違いだけど」。でも実はそのとき、私はそのことを知らなかったのだ。少しばかり海岸沿いに住み、毎朝彼らの文句で目を覚ました今では知っている。カモメたちの正式名称だ――ワシカモメ、クビワカモメ、ヒメクビワカモメ、ボナパルトカモメ、ヒメカモメ、ワライカモメ、クロワカモメ、ユリカモメ、アメリカズグロカモメ、カリフォルニアカモメ、セグロカモメ、アイスランドカモメ、ウミネコ、カナダカモメ、キアシオオセグロカモメ、シロカモメ、アメリカオオセグロカモメ、オグロカモメ、ゾウゲカモメ、ニシセグロカモメ、オオズグロカモメ、オオセグロカモメ！（シブリー氏［シブリー・アールキスト鳥類分類の考案者の一人］に感謝。）

水面に集まってユラユラ揺れているカモメの中をゆっくり通り過ぎたり、糞まみれのカモメの死骸の中を、おんぼろのボストン・ウェイラーで港から出港したり。桟橋でオヒョウの内臓を取り除きながら、餌を争いあっているカモメに向かって、頭や尾や血だらけのはらわたを――ウミスズメ号（古い木製のトロール漁船）の停泊所にひたひたと寄せるちょっと濁った港の海面に――投げてやったこともある。潮風に乗って、ワシのように勇敢に、カモメはクマがくわえたサーモンを横取りしようとする。

高貴なカモメよ、私はお前たちを海岸の王者と呼ぼう。どこにでもいる、ありふれた、美しい白い鳥。貪欲に品定めをし、値切り、いつだって無料《ただ》で一番いい魚の頭を手に入れたがる！　子ども時代の思い出――五大湖の上で、我が物顔に甲高く鳴いていた、自由なカモメよ！

海面よりずっと上、海抜七〇〇メートルのところで貝殻を見つけたことがある。小さなカモメよ、どんな気まぐれがお前を、海の潮からずっと遠く、風に乗って峠へと向かわせるのだろう——秋の雨が始まる前の最後の日に私たちが登った山のてっぺんに、貝殻を落っことすために？

＊　＊　＊

トレイルドッグはアドレナリン・ジャンキーだ。私たちの山好きはハンパじゃない。トラックやワゴン車の屋根に荷物を積むラックを装着し、車より高価なカヤックや自転車やスキーを積み込んで、休みの日には奥地で冒険にいそしむ——他の人たちが株の売買や子育てにつぎ込む克己心と情熱で。机の上にはいつも地図が広げてあって、頭の隅には次の山行きの計画がある。大自然はまるで巨大な遊園地で、遊具は際限なくあるし、（辺鄙な場所では）滑り台に並ぶこともない。

アラスカ以外の本土四八州では、アウトドアを仕事にする人たちや、生まれ故郷になかったもの——野山の自由や旅の伴——を求めて山岳地の町に集まってくる人たちがまさにそんな感じだ。そういう傾向が極端なのがコロラド州ボールダー風な人たちで、『アウトサイド』誌の見本市に群がる人たちにとって、環境は売り買いするものだしレジャーはステータスシンボルである。でも私たちの多くにとっては、山に登ったりマウンテンバイクで山を走ったりするのは大切な生き方そのものであり、私たちが愛する生き方を持続するために鍛えた背骨なのだ。別に軽蔑して言っているわけじゃない。トラックも、ラックも、カヤックも、自転車も、スキーも、私はみんな持っている。

そしてそういうもの全部を持って私はアラスカに移住した。それはひとつには、実現可能なのは些細な夢だけで、雄大な夢は実際の地形やきまぐれな天候に阻まれてしまう究極の冒険の地、「最後の辺境」のイメージに惹かれたからだった。だがコードバで私を待っていたのは意外にも、レジャーなんてあまり重要ではないというメンタリティで、それはアラスカの地方住民の多くに染み込んでいた。コードバは険しい山や海に囲まれていたが、地元住民のほとんどは、日々山登りやカヤッキングをしているわけではなかった。彼らは、ベリー類を摘んで瓶詰めにしたり、サーモンを捕って保存食にしたり、オヒョウを釣ったり、網を修繕したり、日曜大工をしたり、ヒツジ狩りをしたり、温室を建てたり、野鳥観察をしたりして過ごすのだ。

天候が理由の一つではあった。私たちがアラスカに着いた頃にはもう、晩春のスキーを楽しむには積雪状態が悪くなりすぎていたし、雨が降り、屋外で休暇を過ごすにはあまりに寒いし泥だらけで、高山にも登れない日が多かったのだ。さらに、周囲から隔絶された小さな町の暮らしはのんびりしている――呑気さがやる気を奪い去り、近所の人と一日中おしゃべりして過ごしたり、薪を運び込むのに手を貸したり。だがそれだけではなかった。コードバのアウトドア活動のリズムは、アラスカ州の都市部以外では多くの場合そうであるように、自給自足の生活を維持するのに必要なことによって決まるのだ。これはアラスカ州にいなかったときには想像もつかないことだった。道路網から隔絶されているので、コードバでは食料品が高く、ほとんどの家が、採集・漁獲・狩猟で手に入る野生の食料を出来るだけ集めてアメリカ流の食生活の足しにする。オヒョウを釣りに行くことを人びとは「夕食を捕まえに行く」と言い、ベリー類の季節の終わり近く、みんながものすごい勢いで瓶詰めに興じる様子は本当に「食料を蓄える」という感じだった。

アラスカ人のこういう気質には、ネイティブアメリカンの価値観も影響を与えているに違いない。私が住んだ他のどこよりも、アラスカ州の性格にはそれが深く組み込まれていた。アラスカ州のネイティブアメリカンとこの土地は、大昔から、自然がそこに存在するということを前提としてきたのであって、その存在を削減しようとはしてこなかった。このことをあまりにも美化しすぎると、アラスカ人が一人残らず、謙虚で自立した、聡明な長老だったり逞しい開拓者であるかのように思いがちだ。とは言え、実際そういうふうに生きているアラスカ人がたくさんいるのは事実だ。それにはいくつも理由がある。昔からそうやって生きてきたということ——自給自足は単なる伝統ではなく、それを生き方とするコミュニティもある。それが可能だから、という理由——ここは広くて、広いがゆえに動物や植物も多いのだ。そして、そうしたい、という理由——その人の主義や気質によって、労働する生き方が意味する努力や価値に惹かれるのだ。あるいは必要に迫られて、そうせざるを得ないという場合もある。

モンタナでは、休日の後で仕事に戻ると、整備クルーの間で競争が起きた。週末の冒険談を語り合い、誰が一番すごいことをやってのけたかを競い合うのだ。一〇時間で五つの山に登頂したとか、峠から見える三つの斜面をスキーで降りたとか、ポールブリッジまで自転車で往復したとか、国境を越えてカナダへロッククライミングしに行き、車の中を調べられたとか。だがコードバでは私たちの週末は短くて、自慢することはほとんどなかった。何匹か魚を捕った。ボートでひとっ走りした。ちょっとした獲物を探して雨の中をうろうろした。行動の範囲が変わり、それと同時に、自然から何を得られるか、という前提も変わったのだ。

ときに、昔の日々を懐かしく思うことがあった。アパートの窓から見える、雲に見え隠れする山々の尾根を歩き回る時間と、それが出来る天候が恋しかった。しばらくの間は、最大酸素摂取量を測れる場所が欲しくてたまらなかった——誰か他の人の自己最高記録に刺激されて、自分の肉体の限界を超越できるような場所が。私は昔の自分が恋しかったのだ。目覚めた途端、どれほど遠くまででも、どんな山でも、どんな日程でもこなす準備ができていた私が。ところがここでは、トラックは駐車されたまま、スキーはクローゼットの中、ハイキングブーツさえエクストラタフに取って代わられてほとんどうっちゃってあった。アドレナリンの放出と限界の追究は、まるで前世の遺物のように思われた。

でも、私にはそういう日々もあったのだ。そしてそういう日はいつかまたやってくるだろう。雨ばかりのその夏、閉所恐怖症になりそう、いや、冬眠しているようでさえあったけれど、コードバが私のために用意してくれた授業に、私は感謝している。それは、ソフトシェルのジャケットやフロントサスペンション付きの自転車やカービング・スキーが似合う場所もあるけれど、そういうもの自体が自然とのつながりを与えてくれるわけではないということを思い出させてくれた。アウトドアというのはカタログでも映画のセットでもないし、ただの仕事場でもないし、サンクチュアリーですらない——私がそこにどれほど深いものを求めているように見えたとしても（植物の名前が言えたり、魂が静まったり）。アウトドアというのは、サーモンが自分の生まれたところで死ぬために川を遡り、冬ごもりを生き抜くためにクマがそのサーモンを食べ、人間が大声をあげながら、魚やベリーやクマを求めて通り過ぎるところだ。スポーツは娯楽であって、登頂の興奮やスキーの連続ターンやロッククライミングは、楽しいけれど二次的なものだということを思い出させてくれるところなのだ。それは、遊び場というより自宅学習の場である世界の、ほんのおまけに過ぎない。それは何度となく私が、腰を落ち着けて暮らすことを教わった場所だ——屋外で過ごすことは我慢比べでも娯楽でもなく、生きることそのものなのだということがわかるまで。

＊　＊　＊

私がコードバに着いたのはフェリーで、船酔いで足はフラフラだったけれど、好奇心いっぱいだった。飛行機でコードバを後にしたとき、私は船というカルトに入会を許されたばかりで、まだ一人前のメンバーにはなっていなかった。コードバで過ごした四カ月の間に私は、ゴムボート、モーターボート、カヤック、フェリー、ボストン・ウェイラー、オヒョウ漁用の平底船、そして野生動物見物のクルーズ船に乗った。違法だったが、短時間、必要ならいつでも操縦輪を握れるように控えているゲイブを横にボストン・ウェイラーを操縦したり、カッパー・リバーの流れの緩い区間で、漕ぎ疲れた肩が感覚を失うまでゴムボートのオールを操ったりもした。ボートに荷を積んだり降ろしたりもしたし、車をバックさせてボートを積んだトレイラーを庭の定位置に動かしたり（ただし、港の急な進水路で、漁師たちが見ている前でバックしてトレイラーを降ろすことはしなかった）、エビンルードのプロペラの修理を手伝ったり、燃料缶にガソリンを入れたり、スパークプラグを交換したりもしたし、プルコードを巻き直したり、もやい結びも上達して、ほとんど（もう一歩で）片手で結べるくらいになった。でも、これまでに私が仕事で使った大好きなツールの数々のうち、船は一番手強かった。波と風の強い水面を、横に身を乗り出しすぎてこちらの胃が痛くなるような乗客を乗せても平然と航行できるような本物のプロになるには何年もかかるだろうことはわかっていたし、私にその時間はなかった。私たちがコードバで過ごしたひと夏は、唯一最高の、ほとんど伝説のような経験だった。新しいことに挑戦し、こわごわ海との恋に落ちたそのときのことを、私は後にもっと内陸から、懐かしく思い出すのだった。

＊　＊　＊

雨具。荒天具。ゴワゴワのフードを立てたポリ塩化ビニルのレインコート。袖が大きく開いている。**どうして袖口にシンチベルトを付けないのよ？** 綿の裏地はすぐにびしょびしょになる。雨が入って、じっとりと汗をかく。あっという間に水が溜まってしまうゴアテックスは役立たずだ。**なんでこんなクズを買うんだ？** これほどの雨にはテクノロジーもお手上げ。漁師の服は、海で濡れずにいられる唯一の頼みの綱だ。ヘリーハンセンにグランデンズ。ストーブの煙突みたいな脚の、ゴム製のオーバーオール、バックルで留めるサスペンダー付き。オレンジ色、緑、黄色。色鮮やかでぶ厚く、膝はツルツル。暑くて速く歩けないし、じっとしているとベトベトして冷たい。着るものは何でもかまわないが、ただし濡れた綿は禁物だ。歯を食いしばれ。動き続けろ、しっかり、タフに、粘り抜け。震えればいい。頭脳で雨を乗り越えろ。いつかはきっと乾くから。

＊　＊　＊

エクストラタフのブーツは、コードバ暮らしの記念品で、私はそれを海岸から持ち帰って他の場所で使うようになった（スティーブに感謝）。どこの州へ行ってもエクストラタフはアラスカ人のしるしだ。シアトル空港で誰かがエクストラタフを履いているのを見かけたら、その人たちはアラスカに帰省するところだろう。最近では、エクストラタフは仕事の道具からファッション哲学に飛躍を遂げて――映画俳優がカーハートを着るように――潮の干満や土や汗とは無関係なところにも顔を出す。お洒落なアンカレッジの女の子たちが、ミニスカートに、作業用ブーツを最新流行ファッションに仕立て直したピカピカのエクストラタフを履いて、ナイトクラブに繰り出すべくさっそうと街中を歩いているのを見たことがある。彼女たちがそこを我がもののようにしたがっているのはわかる。地元住人であることを主張したいのだ――ちょうど私が初めてのエクストラタフを履いてフェリーから降り立ったときのように。でもこの子たちは肝心なことがわかっていない。エクストラタフはカッコ悪いし、セクシーというより汗臭いものだ。エクストラタフがセクシーになるのは、それがどこを歩いてきたか、そしてその証拠としてブーツに何がくっついているか次第なのだ――魚の悪臭、泥、地面でどろどろになったヘラジカの糞。本当の地元民は少ないが、地元民である人たちには一番よくわかっている――私たちには、我がものに出来る場所などありはしないのだ。私たちは、そして私たちのブーツは、これまでどこにいたのか、そのことしか語れない。

スキッドステアローダー

用語解説――油圧トランスミッションを持った小型土工機械のこと。左右のタイヤが別々に動くので、狭い場所で小回りがきく。専門的に言うとスキッドステアは車輪で動くもののことだが、トラックローダーも同じカテゴリーに分類されることが多く、メーカーがキャタピラーだろうがジョンディアだろうがクボタだろうが、全部が「ボブキャット」と呼ばれる。クリネックスと同じで、すべて一つの名前で事足りるのだ。スキッドステアローダーを単にローダーと呼ぶ人もいるが、「ミニ」とか「スキッドステア」という接頭語なしの「ローダー」は、正確には、運転室の前にリフトアームと先端アタッチメントが連結した重機であるフロントエンドローダーのことを指す（ボブキャットのリフトアームは車体の脇から出ているので、その分作業に場所を取らない）。フロントエンドローダーは巨大なものを持ち上げたり大規模な掘削をするが、ボブキャットがするのは小規模な仕事で、安全に操作するのに必要な専門技術もずっと少ない。スキッドステアローダーに最高の名前を付けるのはよちよち歩きの子どもたちだ。三歳になる私の姪っ子は驚嘆とともに言う――「おばちゃん、掘るくん運転できるの？」

使い方――トレイル整備の仕事では、ボブキャットは砂利を運ぶのに使う。ダンプカーや小型平床式トラック、あるいは動力付き手押し車に荷を積んだり、トレイルの必要箇所に盛る土を運んだりする。他にも、移植する植物を運んだり、斜面に直角に走るトレイルを掘ったり、腐葉土を撒いたり、土木作業の仕上げをしたり、刈った下草を運んだり、雪掻きをしたり。でも覚えておいて欲しい大事なことは、ボブキャットは人を運ぶものではないということだ。決してバケットに整備クルーを詰め込んでトレイルを移動させるのに使ってはいけないし、絶対に、高いところの枝を切るためとか、誰かの野球帽を物置小屋のてっぺんに隠すためにバケットの中に立ってアームを上げたりしてはならない。

先端アタッチメント――スキッドステアローダーで使う一番一般的な付属品は採掘用バケットだが、他の作業用のさまざまなアタッチメントが先端部に装着できるようになっている――雪掻き用の爪の付いたもの、パレットフォーク、長さ一・二メートルもある怖ろしいらせん状の刃(穴掘機はたちまち時代遅れだ)、チェーンソーのガイドバーにステロイド剤を使ったチェーンが付いたみたいな、大きな鋸歯状の刃付きの切断肢がある掘削用のもの、六方向に動くドーザー、容量一立方メートル弱で、前部にタイヤが付いた、なかなか言うことを聞かないホッパー。暑い日の昼休み、人がいない場所でホースと蛇口を見つけて空のホッパーに水を溜めれば、はい! 汚いけれど、四人組クルーが肩まで浸かれる水風呂の出来上がりだ。

熟練――ディーゼル排気の匂い交じりの、膝まで浸かるぬかるみにも美というものの存在を認められる人なら、腕のいいスキッドステアローダー操縦者の仕事は実に美しいと思うだろう。新人は、バケットに瓦礫を積んでその荷を落とさないようにゴミ捨て場まで運ぶといった単純な仕事をして喜ぶが、ベテランになると、スキッドステアローダーで歯磨きだって出来そうだ。バケットの平らな底を一種の地ならし機みたいに使って、上手い人なら、降ろされたばかりの砂利をほんの数分で駐車場みたいにきちんと均したり、斜面を平らにしたりする。あるいはバケットの角を使って、チェーンソーを始動させるより短時間で小さい木を取り除いたりもする。

事故――スキッドステアローダーは小回りがきいてひっくり返りにくいので、ベテラン運転手は、自分の経験とボブキャットの性能が一緒になれば出来ないことなどないと確信し、何でもやってみる。だから事故を起こすのは大抵、経験豊富な人だ。経験の浅いユーザーは、三〇度の勾配を斜めに傾いて走ったり、一メートル以上ある盛り土をバックで乗り越えようなどという度胸はない。ボブキャットが変な風に傾いてタイヤの上まで埋まっていたり、（非常に稀だが）ひっくり返っていたりするのを見かけたら、操縦していたのはベテランである可能性が高い。ヒヨッコはそこまで限界に挑戦しようとはしない。

5 国立公園

どこまで北上できるか？

デナリ

「今年の夏の仕事はもう決まってる？」三月、ラルフから電話があってそう訊かれた。彼はデナリ国立公園トレイル整備隊の主任で、前の年、ゲイブは彼に仕事の相談をしたのだが、そのときは班長のポジションが二つ空いていなかったので、私たちは代わりに林野局で働いたのだ。ラルフはいい人みたいだった。押しは強かったけれど、感じは良かった。

「他に声がかからなければコードバに戻る予定です」とゲイブが答えた。雇用の時期になると、季節雇用者は自分の手はなかなか見せないようにするものなのだ。

「何かあるんですか？」

「ここは雨が全然降らなくてさ」とラルフが冗談を言った。「冬がなかったら、砂漠と呼んでも構わんだろうね」。多雨林でひと夏過ごした後では、砂漠は魅力的だと想像したのだろう。そしてその通りだった。もちろんほかにもおいしいところはあった。国立公園局は給料がずっといい（ただしそれまで私たちは、単に給料だけで仕事を決めたことがないのを誇らしく思っていたが）。そう、そして、すべての山好きを魅了する、その有名な峰々や山頂で、デナリ国立公園は誘惑の言葉を囁く。一生分の山歩きを、そこに暮らしながら出来るかもしれないのだ。私たちは飛びついた。

　住むところの選択肢とその夏予定されたプロジェクトを説明した後、ラルフはゲイブに、この仕事は制服を着ることが義務づけられていると念押しした。人目につかない山奥で、だらしない恰好のトレイル整備員がウロウロしているグレイシャー国立公園や、必要以上の服にかける予算なんてない、僻地の林野局管轄地であるコードバと違って、アメリカの至宝、デナリ国立公園のトレイル整備員は、緑とグレーの制服を着るのだった。仕事の応募用紙にそう書いてあるのを見たことはあったけれど、実際に雇われることになってみると、制服を着る、ということが実感を持って迫ってきた。

一八歳のとき以来、私は仕事で制服というものを着たことがなかった。レストランのウェイトレスをして、ぴったりした白いシャツと膝よりずっと短い黒いスカートを着させられたのだが、結局その仕事は、私を含め、ひどい嫌がらせを受けたウェイトレスを代表して抗議の声を上げたために首になった。私は制服が嫌いなのだが、主義がどうこうはさて置き、何年もずっと私の役に立ってくれた、着慣れた服、パジャマみたいに快適な、着ていると安心できる服がなくては、トレイル整備なんて出来るわけがないではないか？　色褪せてほとんど白くなり、補強された膝の外側の布地は磨り減ってしまっているカーハートのワークパンツや、穴のあいたズボン下、涼しい日用の赤いチェックのフランネルシャツや、虫除けの軽いオックスフォードシャツや、八〇年代後半のパタゴニア製の、袖に焼け焦げの穴があいた年代物フリースや、ものすごい数の野球帽やニットキャップ、それにバンダナのコレクションや、レザーマン［マルチツールナイフのブランド］を入れたポーチをぶら下げたところがほとんど透明に擦り切れた、柔らかい革のベルト。大切にしてきたこういう服を捨てて、ポリエステル製の、矢じり形のワッペンがついた醜悪な国立公園局のシャツを着るなんて、神を冒瀆する行為に思えた。グレイシャー国立公園では、トレイル整備用の服は私たちの神聖な祭服で、私たちは森林警備隊員たちの制服をからかったものだった。少しでもプライドを持ち合わせているトレイルドッグなら、ピクルスみたいな緑のパンツとフリースを着ているところを見つかるわけにはいかない。しかも、バッジ付きのあの馬鹿みたいな帽子まで被らされたりしたらどうしたらいいの？　五歳の頃、自分では決して選ばないような、留めくぎ形のボタンの付いた変なウールのコートを母に着せられ、幼稚園行きの相乗りの車に乗せられたときみたいに、私は断固としてそれがいやだったし、頭に来ていた。

ゲイブが私を説得した——いかにも彼らしい調子で。給料もいいし、二人とも仕事があるんだし、ずっと歩き回りたいと思っていたところじゃないか。制服を着たくないのは自分も同じだが、やってみるべきだ、と彼は言った。彼がいかにも理性的だったので、それに比べて私は自分が子どもっぽく、うぬぼれが強いように思えた——まるで、幼稚園に向かう車を待ちながら、ポーチの階段で仏頂面をしていた頑固な女の子そのままだ。私はしぶしぶ折れた。私は自分がアラスカ山脈の山々を登頂するところを想像した。高山ツンドラの、そこらじゅうにクマやオオカミがいるところで働くところを想像した。でも、自分が制服を着ているところを想像するたびに、すぐさまシャワーを浴びなくてはいけないような気がした。

＊　＊　＊

「デナリ（Denali）」という言葉は、コヨクン・アサバスカ語族に語源を持つ。Denadhe、Dghelay Ka'a、発音に一番近いDeenaaleeなどいくつかのバリエーションがあるが、訳せばだいたい同じ意味になる——「大きな山」または「高い山」だ。どれも、内陸に住むネイティブアメリカンの人びとがアラスカ山脈の最高峰を指す言葉だ。標高六二〇〇メートルのこの山頂は、白人の地図に載るずっと前からこの地に住む人びとには知られていたのだ。よそ者（アラスカの人は、アラスカ以外の北米大陸四八州に住む人をこう呼ぶ）のほとんどには、この山は「マッキンリー山」として知られている。一八九六年、金探鉱者ウィリアム・ディッキーが、故郷オハイオ州出身の大統領候補ウィリアム・マッキンリーに媚びるようにこの名前を付けたのである。一九八〇年に現在の自然保護区域の境界線が定められたとき、マウント・マッキンリー国立公園という名称はデナリ国立公園・保護区に改められたが、オハイオ州の人びとが、地元出身大統領の名前が山の名前として残るよう議会で抵抗したため、北米大陸の最高峰のこの「正式」名称は、今も地図や公式記録上に残っているのだ。現実主義者は、国立公園と山の名前が違っている方が会話の中でこの二つを区別しやすいと言う。だがアラスカに住む人のほとんどは、アサバスカ族であろうがなかろうが、二つを区別するのは文脈に頼り、この山を昔の、より表現豊かな名前で呼ぶ。その心臓部から生まれ出た言葉がつけた、デナリという名前だ。

＊　＊　＊

四月の終わりにアンカレッジで大学の学期が終わると、私は再び待ちきれない気持ちでフォルダーを箱にしまい込み、ラップトップをシャベルと、街用の靴をワークブーツと取り替えた。アパートを又貸しし、トラックに荷物を積んで、私たちは北に向かった。イーグルリバー、エックルートナ湖を過ぎ、マタヌスカ・スシトナ郡でグレン・ハイウェイからパーク・ハイウェイに入る。パーク・ハイウェイはフェアバンクスまでずっと、片側一車線で続いている。タルキートナ・スプール・ロードの北で大河ササイトナを渡り、デナリ、フォレイカー、ハンター、ムースズ・トゥースと、アラスカ山脈の山々の見事な景観を眺めながらデナリ州立公園を抜け、ブロードパスでチャリトナ川を渡る。そしてさらに北へと向かう——キャントウェルの町と、東に向かうデナリ・ハイウェイを通過し、ネナーナ川に沿って北へ、北へ、北へ。そして私たちは、デナリ・パークロードを西に折れた。アンカレッジではとっくに消えていた雪が、ここではまだ路肩に残っていた。空気がさわやかだった。

私たちは、ほとんど空っぽの従業員用住宅区域、Cキャンプの、私たちのキャビンの前に車を停めた。季節雇用者たちが大挙してやって来るのはまだ一カ月先のことだった。ゲイブはすでに数週間仕事をしていて、最初に私に何を見せようか決めてあった。私たちは砂利を敷いたトレイルをそり犬の犬小屋まで歩き、小屋の外の柱に繋がれて、騒々しく跳ねたり回ったりしながら吠えている警備パトロール犬、三〇匹のアラスカンハスキーと対面した。私はこの、人なつこい、やかましい犬たちが羨ましかった。ツンドラの匂い、音、風の質感や、それが吹いてくる方向を彼らは良く知っていた。彼らが知っていることを、私も知りたかった。

＊＊＊

ツンドラとは、北極圏の、樹木のない巨大な地域で、低土が永久的あるいは断続的に凍結しているところのことだ。ツンドラには主に二種類ある。高山ツンドラは乾燥していてルートマット〔古い根や枯葉が草地の表層に堆積したもの〕が薄く、アラスカ以外の北米大陸四八州の高山地帯で見られるものに似ているが、アラスカ内陸部では標高六〇〇メートルより低いところでもツンドラができる（緯度の高さが標高に加わるので、緯度が高いほど、高山地の特徴が海抜の低いところでも見られ、沿岸のさらに北の方では、事実上、海からすぐに「高山」ツンドラが始まる）。一方、森林ツンドラは厚く、高山ツンドラより湿っていて、コケが生えている。クロトウヒの湿原平野には弾力のあるコケの房が浮かび、もう少し水はけの良い、カバノキやアスペンの生えた斜面にはふさふさとカーペットのようにコケが生える。こういうツンドラでは、背中から倒れ込んでも平気だ――子どもが落ち葉の山に倒れるみたいに。

小学校の授業は、ツンドラの植物が弱くて、一足踏んだだけで何千年も残る被害を与えてしまうことがある、と強調する。たしかに、特に高山ツンドラの敏感な植物はそうなのだ。が、その授業内容は、ツンドラの植生を構成する小さな植物たち――小さくて白いシカの角みたいな形をしたハナゴケ、瓶を洗うブラシみたいなヒメシャクナゲ、薬用にもなるラブラドルチャなどが地球上で最も頑強な生物の一部であるという事実にはそぐわない。ここでは、木質を持つ植物と非維管束植物はどちらも、毎年六カ月から一〇カ月もの間、極寒の冬を生き抜き、ヘラジカやカリブーの重たい蹄が残す足跡にも負けず、クマが植物の根や地虫を求めて地面を掘り返すのにも耐え、真夏に降りる霜や真冬の雪解けも平然と乗り越える。繊細な植物であることはたしかだが（それにアラスカ州の各地で四輪バギーや馬の蹄との戦いに敗れてはいるが）、ツンドラの植物は、アラスカの景色を形づくる頑健な構成物なのだ。

＊　＊　＊

最初の年の大きなプロジェクトは、外部の建築業者が建築中の、デナリ国立公園の新・ビジターセンターの敷地にツンドラの植物を移植し、植生回復することだった。建築中にそこで作業することを許可してもらう代わりに、国立公園局側の人間は建築業者のすべての規則に従い、行儀良く振る舞わなければならなかった。ラルフは、自分たちを彼らの客人と思え、と言った。彼らが決めた制限速度や交通規則に準じ、ヘルメットを被り、立ち入り禁止のところには立ち入らず、そして常に、必ず、彼らに先行権を譲ること。必死でご機嫌を取ってくれ、とラルフは言った。

作業現場では、最初の五時間は万事うまくいった。デナリで働くのが初めてな何人かは順番に、腐葉土の山でボブキャットの操作を練習していた。アレックは普段からボブキャットを運転していたので、自分の練習時間を、エイミー（チビだけど逞しく、うっすら口ひげがあってにこにこしている）と私に譲ってくれた。課題は簡単だった――バケットに腐葉土をすくい上げ、アームを前後に動かしてそれを平らにし、バックし、向きを変え、腐葉土を元の山に戻す。ごく初歩的なことだが、一度もボブキャットを運転したことがなければスリル満点だった（私はほとんど運転をしたことがなかった）。エイミーが練習しているとき、作業員数人を乗せた建設業者の小型トラックが通りかかって、助手席に乗っていた男が窓から叫んだ。「よお、シャベル使った方が早いんじゃねーの!?」キャタピラー社のD-9や950を操る彼ら建設業者にとって、市場で一番小さいスキッドステアローダーである「リトルボブ」などちゃんちゃら可笑しいのだった。だが私は憤慨した——憤慨しやすい性格なのだ。なによ、エイミーは初めてなんだから! 私だってそうよ! 私は思わず中指を立ててしまった。このプロジェクトの責任者で、規則には全部従うから、とラルフに約束していたゲイブは、やれやれと頭を抱えた。到着して数時間のうちに生意気なことをしたのみならず、それをしたのが自分の妻だとは。ゲイブは私を呼んだ。

「お前今、中指立ててた?」ゲイブはいつだって公平で、決して片方だけを非難したりしないのだ。

私はニヤッと笑った。「まあね」

「謝らなきゃな」

私は謝るのが大嫌いだ、特に挑発されたときは。ゲイブにはそれがわかっていた。

「挑発したのは向こうよ!」

「あいつがアホで、お前のこと誰かに報告すりゃ、俺たち追い出されるんだぜ。俺はラルフに殺されるし」

その相手が、(A)アホで、(B)誰かに告げ口しようとしている、という可能性はすごく低いように思えた。それに、ゲイブを殺したい人なんかいない。ゲイブには誰も腹さえ立てない。私以外は。

「勘弁してよ。何にも起こらないわよ。もうやらないから」

ゲイブは片方の眉を上げた。それ、いつも羨ましいと思っているんだけど。抵抗しても無駄なのはわかっていた。責任者はゲイブだし、少なくとも理屈では彼が正しかった。私は頭をうなだれて、プリプリしながら、建築作業員が車を停めたところに歩いていった。

「ヘルメット被ってけよ」とゲイブが後ろから大声で言った。

こうして、ヘルメットを脇に抱え、腹を立て、ブツブツ言いながら私は、トラックから余計なことを言って私が中指を立てる標的になったニックに出会ったのだ。

途端に、彼は告げ口なんか決してしないというのがわかった。「ウソだろ?」私の上司が謝れと言った、と言うと、彼は大笑いした。「嬉しかったんだぜ! 指おっ立てるのは大体いつも俺だからな、たまにゃされるのもいいもんだぜ!」

ニックと私は握手して名前を名乗り合った。想像するに彼は五〇代初めで、色褪せた野球帽の下から短いグレーのポニーテールが飛び出していた。背は私と同じくらい、握力が強く、ちょっとだけビール腹で、日に焼けた顔をしていた。どこの建設現場にもいるタイプだが、平均よりちょっと陽気だった。

「じゃあね」。一、二分とりとめのないことを話した後、私は言った。最後の決めゼリフはニックが後ろから叫んだ――「でもよぉ、やっぱあのボブキャットはケツが小さすぎるだろ!」

その夜、仕事から帰る車の中で、ゲイブは私が謝った後の出来事を話してくれた。私が備品庫に燃料を取りに行った後のことだ。ニックが腐葉土の山のところにやってきてゲイブに自己紹介すると、ゲイブがもう一度私の中指のことを謝罪した。ニックは相手にしなかった。

「あのクリスティーンって娘《こ》、芸術品だな」とニックが言った。ゲイブは頷いた。

「ガッツあるぜ」。ちょっと間があって、「カレシいるかな?」アレックに後で聞いたところによれば、ゲイブはぽかんとしていた(アレックはこの場面を腐葉土の山の後ろから見ていたのだ)。

「えーと、ああ、いるよ」とゲイブが言った。

「へえ」とニックが言った。「真剣なのかな?」

「えーと、かなり真剣だね」

「どれくらい?」

「えーと、結婚してるんだ」

「ああ、そうなのか。で、ここいらのヤツ? この辺に住んでんの?」ニックは抜け道を探していたのだ――もしかしてダンナは留守がちで、スキーのゲレンデで働いていて一度に何週間も留守にするんじゃないのか？　おあいにくさま。

「実は俺と結婚してるんだ」

ニックは真っ赤になった。「へぇ、そうかい！　いや、悪かった。あんたいい嫁さん持ってるな！」ニックはもう一度ゲイブと握手すると、スニーカーの踵を返して足早に去っていった。アレックが腐葉土の後ろから笑い転げながら出てきた。「いやマイッたね！　お前なんで笑わないでいられんの？　俺、あっちで死にそうだったぜ！」

一カ月後、朝のミーティングのために休憩室に行くと、そこに座っていた新入り、雇われたばかりのトレイル整備隊専任重機オペレーターというのは、なんとニックだった。私が彼に向かって中指を立ててみせると彼はニヤッと笑った。夫を通して私をデートに誘おうとしたことを私がからかい、彼がしどろもどろの言い訳をした後で、ニックと私は仲直りごっこをした。そしてその年、私たちには図々しさの他にも共通点があることがわかった。私たちは一緒に制服の悪口を言ったり、めったに聞かない言葉の定義をめぐって賭けをしたり、失礼な下ネタを競い合ったりした。

その夏、私の三一歳の誕生日に、ニックがチェーンソーとポケットナイフを使って、高さ一五センチの、中指を立てた拳のミニ彫像を彫ってくれた。今それは、私の書き物机の上にある窓の枠に置いてある。書き物から顔を上げると、芸術の女神が私に中指を立てている。芸術品だ、間違いなく。

＊　＊　＊

ビジターセンター開発計画によれば、翌夏の営業開始までに、二五〇〇坪の敷地を見栄えの良いものにし、また、公園の入り口とこの新しい施設を結ぶマウンテンバイク用のトレイルも造らなくてはならなかった。ラルフは難しいことに挑戦するのが好きだった——複雑な段取りを組むのが大好きで、他の人が障害だと思うところに彼は可能性を見出し、そして私たち整備隊なら二つを同時に出来ると信じていた。建造と植生回復のダブルパンチだ。マウンテンバイク・トレイルにあるツンドラ植物をすべて取り除き、それをビジターセンターの敷地に移植しようというのだ。一石二鳥、というわけだった。ツンドラの植生をそこまで大規模に植え替えるというのは前例がなかったし、そんなことはできない、と言う人も多かった。ラルフが大好きな組み合わせだった。いざ進め、だ。

ラルフはひと夏の間キャタピラーの950ローダーをリースし、重機オペレーターとしてニックを雇い、三人の班長のために商業車免許を請求して、後は私たちの自由にさせた。ゲイブと私は職務内容をメモした。グレイシャー国立公園でした仕事といえば新規建造作業よりも現況保全作業が多く、丸鋸、ましてバックホーなんかめったに必要なかった山奥専門のトレイルドッグにとっては、それは信じられないような内容だった。シャベルやプラスキーを使っていたのがはるか昔のことのように思え、この年になって、私たちはまたしても初心者だった。仕事が始まって最初の数週間は、もの珍しさと懐古の情が入り交じり、速いペースで進む大規模な建造作業をうまくこなしながらも、あの静かな、長い距離を移動しながら作業した山奥の日々が恋しかった。高山湖のほとりで昼休み？　まさか。代わりに私たちは、ローダーの巨大なタイヤの上で横になったり、機材を入れた大きな箱にもたれかかったりした。私たちはまるで、キャメルバックのウォーターボトルとトレイルミックスが昼ご飯のトレイル整備員というよりも、小型クーラーボックスとコカ・コーラ持参の建設作業員みたいに見えた。デナリの作業員は組合所属の重機オペレーターか、最近地元の高校を卒業した若者で、有能さと無能さが激しく交ざり合っていた。私たち以外で唯一の正統派「トレイルドッグ」、アレックスは、グレイシャーと同じように、石積みのトレイルと高山の景観で有名なハイキング向きの公園、ロッキーマウンテン国立公園で七年働いたベテランだった。もちろん私たちは仲良くなった。

トレイル造りと植生回復の作業は変わっていたが、

退屈ではなかった。現場ではまず、トレイルの位置を大ざっぱに測量し、それからチェーンソーで下生えを刈り、刈った低木は後で燃やすように積んでおく。ツンドラの地面の上に、平行した二本の点線をスプレーで描いて幅五メートルのトレイルの印を付け、プラスキーやマトックを使って、線に沿ってツンドラ土壌に切り込みを入れて根を断ち切り、剥がせるようにする——手でする仕事があることに感謝しながら。

ツンドラの植生を植え替えるには、素早さが何より重要だ——いったん木が取り除かれると、ツンドラの植物を太陽が直射し、その下の永久凍土層を暖め始める。ローダーがツンドラの表土を取り除いた後の露出した凍土は解けてぬかるみになり、機材が沈まないように、タイヤチェーンを装着し、丸太を横に渡して敷かなければならなかった。道の脇では平床式トラックが待機して、ローダーが五メートル四方のツンドラ表土をその荷台に乗せると、トラックはビジターセンターの敷地内であらかじめ決められた場所にそれを運び、盛り土をして造った丘やさまざまな曲線の上をバックして、それから荷台を傾けながら前進して地面にツンドラ表土のじゅうたんを置いていく。その様子が想像できなくてもご心配なく。作業しながらでさえ、この全部を理解するには何週間もかかったのだから。

作業には多くの人手が必要だった。ローダーのオペレーター、線に沿って切り込みを入れ、ローダーのバケットを正しい位置に向かせる係が二〜三人、トラックを運転する係が三人、シャベルで角切りの表土を正しい位置に置き、縁を根覆いする係が二人。雑用係も必要だった——刈った低木をどけたり、小さい木に支えをしたり、重機が道を横切るときに人の通行を指示したり、ひっきりなしに備品置き場まで、燃料缶、シャックル、牽引用ストラップ、緩衝材、チェーン、携帯電話、ヘルメット、マトックの柄、レバーホイスト、潤滑油などなどを取りに走ったり。それだけじゃない。いつでも何かしらが泥にはまって動かなくなっていた——トラック、ローダー、それに工具の数々。ときには人間がはまってしまうこともあった——うっかりして泥沼の縁に近すぎるところに足を置いたり、昼休みに笑いを取ろうとしてわざと泥の中にお腹から飛び込んだり。

状況は日々変化した。新しい植え替え箇所は以前の植え替え箇所より優先される。腐葉土が足りなくなる。ブレーキが故障する。ダンプカーの荷台のパワーテークオフ〔さまざまな作業をするための動力をトラックのエンジンから取り出す装置〕がイカれる。スキッドステアローダーがひっくり返って安全操作手順の見直しが必要になる。段取りが複雑でスケジュールが厳しいので、私たちは一日一日、創造力を働かせなくてはならず、避けようのない問題を乗り越えるためには罵り言葉の数々が必要だった。越えるべき障害はあったものの、大きな機械や泥遊びが好きな人間には（トレイルドッグのほとんどがそうだが）、楽しいプロジェクトだった。私は商業車免許をもらえなかったので合法的にローダーや大型ダンプカーを運転することは出来なかったけれど、ニックがこっそりエアブレーキとバケットの操作を教えてくれた。人の目がまったくない森の中で、私は舞い上がった牛が誰もいない陶器店の中で暴れるみたいに、二〇トントラックをヨタヨタと運転した。

終わってみると、プロジェクトは大成功だった。二・六平方キロ近い面積のツンドラ表土を移動し、植え替えたのだ。こういう作業としては、知られている限りアラスカ州過去最大の規模であり、二年後の時点で、うち八〇パーセントが根付いていた。マウンテンバイク・トレイルとビジターセンターはぴかぴかで、その仕上がりは、これが私たちの手には余る仕事だと思っていた批評家たちを黙らせた。私たちが重機を借りた道路建造クルーは、私たち素人——ヘルメットや安全ベストやシートベルトや安全メガネを着けるのを忘れたり、現場を走って行ったり来たりするような——が彼らのトラックを運転するのを嘆いていたが、その彼らでさえ、私たちがいい仕事をしたと認めないわけにはいかなかった。上司といえば――ラルフは自分の席で有頂天だった。このプロジェクトが始まったばかりの頃と比べてラルフがオフィスの外に出ることはめっきり少なくなったが、だからと言って彼の功績が減るわけではなかった。「言っただろ、俺たちなら出来るって！」

＊＊＊

毎度のことだが、新しい仕事があれば新しい言葉を覚えることになる。大規模な、機械化されたトレイル整備の仕事には、道路建築用語が付いてきた。砂利にあんなに色々な種類があろうとは知らなかった。川砂、骨材、スクリーニングス、四分の三インチ以下、D-1、トレイルミックス、化粧砂利、小砂利。砂利を運んでくるトラックも色々で、一〇トントラック、五トントラック、リヤダンプ、ボトムダンプ、サイドダンプ（パップと呼ばれるトレーラーを後ろに牽引しているものもある）。重機を使うからには重機を運ぶ必要があり、運搬するトレーラーについても色々な言葉がある。ティルトトップ、ボールヒッチ、ラチェットストラップ、ローボーイ、チェーンバインダー。トレイル整備の用語が、道路工事、土木工事、建設現場の言葉と交じり合い、流れる液体のように一つになると、ある変化が起きた――私たちトレイルドッグは、「森林警備隊の身分の低い親戚」というより、「肉体労働者の森の兄弟分」みたいな気がし始めたのだ。グレイシャーの納屋からコードバの港、そしてここデナリの作業場でも、昔からのルールは正しかった。卑屈にも攻撃的にもならずに新しい世界に足を踏み入れる唯一の方法は、よく聞き、余計なことを言わないことだ。無口でいる方が、アホであるよりもマシなのだ。

＊＊＊

クルーの名簿はニックネームだらけだった。まずはアレック。ゲイブと私と同じときに、ロッキーマウンテン国立公園から雇われた班長だ。彼はとにかく優秀なトレイルドッグで、ゲイブと私が仕事で知り合った誰よりも三枚目で、腕のいい山登りの相棒で、すぐに私たちの親友になった。シーズンの二日目、自分は実はもうずっと前から、アレックという気品ある名前でなく、「クラスティ」というニックネームで呼ばれるようになっている、と彼が告白した。彼の滑稽な身振りと、高校時代の、下着と関係のある、口に出来ないようなエピソードから来たニックネームだった〔クラスティは英語で「乾いて固くなった」という意味〕。よく、人は自分で自分のニックネームは選べない、そして抵抗すればするほどそのニックネームがまとわりつく、と言う。彼が気に入っていようがいまいが、クラスティは一生彼について回るだろう。故郷の彼の母親さえ、しぶしぶながら、クラスティのママ、と呼ばれている。

＊　＊　＊

もちろん、グレイシャーとデナリは違っていた。グレイシャーでは山奥で八日間ヒッチをし、六日間休む。デナリでは四日間、一日一〇時間働いて、三日間の週末がある。グレイシャーではベッドルームが二つある現代的な家があったけれどほとんど家にはいなかった。デナリでは毎晩、ワンルームで水道がないキャビンに帰ってくる。グレイシャーは敷地四〇〇〇平方キロ、米国地質調査所の地図上のあらゆる区分線を越えてトレイルが縦横無尽に走る。デナリの敷地面積は二万四〇〇〇平方キロ、建造されたトレイルはほとんどないに等しい。

モンタナ州では、食料の買い出しには国立公園から三〇分の町へ行った。デナリでは、一番近い食料品店は北へ車で二時間のところにあった。グレイシャー国立公園を訪れる人は半年で一〇〇万人、デナリは年間四〇万人。グレイシャーのクルーは機嫌の悪い荷ラバのパッカーとテレマークスキー中毒。デナリでは、トラックの運転手と四輪中毒者。グレイシャーでの作業は、手工具を使ったお決まりの重労働。デナリでは重機を使い、毎日新しい挑戦が待っている。しばらくすると、何が長所で何が短所か、区別がつかなくなる。

＊　＊　＊

デナリ国立公園のトレイル整備用の作業場は、他の場所から引き揚げたり、拝借したり、頼み込んでもらったりした構造物の寄せ集めだ。動力工具や作業台や荷繰り台は、アラスカにはどこにでもある、困ったときのにわか建築、緑色の運送用コンテナ（通常、コンテナの横に書いてあるメーカー名をとってコネックスと呼ばれる）の中に置かれている。鋸置き場はベニヤ板でできた小屋で、チェーンソーやチェーンソーのオイル、レバーホイストや滑車装置やウィンチやカムアロングで一杯の棚がある。壁には雑多なものが並んでいる――牽引用のチェーンやストラップ、四〇種類の留め具（根角ボルト、引き締めねじ、寸切ボルト）。それから、ごちゃごちゃに置かれた安全装置の山――金属製のゴミ箱一杯のヘルメット、標識テープ、安全ベスト、道路標識など――もある。正面ポーチが崩れかけている細長くて茶色い建物にはトレイル整備に使われる伝統的な手工具が、頭を上にしてラックに吊されている。片隅には壊れた工具が立てかけてあり、誰かの手が空くのを待っている。

新しい作業場ができるという噂があった。ラルフがそれを仄めかしていたのだ。私たちはそのための場所を刈り払うのを手伝った（またまたツンドラ表土の植え替えだ）し、壁には設計図が貼ってあるのだが、実現するまでは信用しないことにしていた。第一、ぴかぴかの作業場で何をしろというのだろう？ 油の染みのついていないコンクリートの床や、傷がついていない壁なんてまっぴらだ。会議室だの、ましてや製氷機なんて、いったいどうしろというのか？ まるで、おニューのカーハートを建物にしたみたいなぴかぴかの作業場なんて、薄汚い負け犬、という私たちの身分にふさわしくないではないか？ 私たちは工具やスペースを他の色々な人たちから拝借していた。ガレージは光熱設備班のものを、テーブルソーは木工班のものを、ボール盤と溶接機は車体修理工場のものを使わせてもらう、といった具合だ。そしてもしかするとみんな、それを迷惑に思っているのかもしれない。でも私たちは満足なのだ――今私たちがいる、錆びついて歪み、崩れかけた、人目に付かない隅っこで、何でもいいからうまく行くやり方で仕事をこなせれば。拝借し、伸ばし、工夫し、真似し、筋交いをつけ、かき集め、補強し、溶接する。返却する。それを繰り返す。

＊　＊　＊

大学院と森の中での仕事を行ったり来たりするたび、私の語彙は変化した。二つが重なる時期、五月と九月には、間違った言葉を間違った場面で使ったりした。数ヵ月間のトレイル整備の間に使った汚い言葉遣いが小説のゼミの最初の授業に持ち越されて、原稿に「こんなのまるでクソ」と書きそうになったり。それに、その土地の言葉を使うと場面を鮮やかに描くことが出来るのはたしかだけれど、美意識のことを討論するのに「すっげー最高」という言い方が役に立つとは言えなかった。学校が始まって数ヵ月経ち、美術の展示会のオープニングや詩の朗読会で交わされる業界っぽい会話のおかげで学究の徒にふさわしい言葉遣いが出来るようになった頃、私はまた仕事に戻る。そして私の班のクルーに向かって、この夏のプロジェクトには「パラダイム・シフト」が必要だ、と説明したり、国立公園局から回ってくるメモのそこらじゅうにある文法的な間違いを指摘したりするのだった。

たしかに、汚い言葉を使う学者もいるし、ものすごく語彙が豊富な季節雇用者がいるのも本当だ。だが、私が言葉を汲みあげるその二つの井戸の水は、それぞれに違った鉱物の味がする。こうやって、それぞれの世界に特有の言葉遣いが必要だというのは面白いことだ——言葉遣いが、その分野の精神性と織り交ざっていくのだ。完成したトレイルの前で仲間のクルーたちとハイタッチしながら言い合うのは「おつかれ！」以外にはないし、論考がうまくいって複雑な構文が気持ちよく響くのを耳にしたときは本当に嬉しい。私はこの、正反対の水桶二つを汲み上げるのが好きなのだ。難しいのは、そのどちらも直観的に理解できるときに、二つを上手に交ぜ合わせ、文脈にふさわしい言葉を使い、読む人のこと、意図すること、関係性に考慮することだ。それぞれの領域で、反対側の領域からの引用句が私の手引きになってくれる。トレイル作業の現場では、「簡潔に述べよ」という作文上のアドバイスが冗長な指示を言い直すのに役立つし、学術的な環境では、トレイルで気に入って使われる言い回しが良いマントラになる――「学のないアホどもは淫らな物言いに頼る」。

＊　＊　＊

デナリ国立公園の北東の端を、一四六キロにおよぶ道路が貫いている。二万四〇〇〇平方キロの公園内で唯一の、整備された道路だ。公園の北入口に始まり、ワンダー湖の東、昔の鉱山集落だったカンティシュナで終わるこの道は、ほとんどが砂利道で、峠や川を縫うようにしてアラスカ山脈と並行に走り、車で入れるところとしては最も手つかずの自然が残ったところも通る。ごくわずかな例外（研究者や許可を得た写真家や公園の職員）を除き、その車というのはバスのことだ。最初の二四キロ区間から先は自家用車の乗り入れは禁じられていて、観光客にはいくつかのオプションが与えられる――バスから降りたくない人のための、案内付きパッケージ観光バス、乗ったり降りたりしたい人のためのシャトルバス、そして、とにかく山の奥に行きたい人のためのキャンパーバスだ。

公園内の交通規制は一九七二年以来このようになっている。アンカレッジとフェアバンクスを結ぶジョージパークス・ハイウェイが完成し、それまでは辺鄙な土地だったこの場所を訪れる人が一年で倍増したときのことだ。以来四〇年あまり、観光産業は巨大から超巨大に成長し、その間デナリの野生生物が比較的被害を蒙らず、訪れた人の体験が豊かなものになったのは、交通プランについてのこの先見の明があったからこそだ。だがこれを書いている現在、デナリ国立公園の経営側は現在の交通規制を緩和するよう提案している。その後ろには、観光業界の大手からの圧力と、成長への飽くなき行進がある――もっとバスを、もっと休憩施設を、もっと道を、もっと例外を、もっと、もっと。

エドワード・アビーは、アーチーズ国立公園の警備員だった一九六八年、国立公園内の道路建設をすべて中止し、すでにある道路は徒歩か自転車かシャトルバス（子ども、老人、障害者への彼なりの譲歩として）でしか使用できないようにすることを求めてロビー活動を行った。明らかに、アビーの望みは実現しなかった——一九八九年の彼の死後、国立公園の開発は急激に進んだのだ。今となっては、夏になると車で大渋滞し、シロイワヤギがうだるような駐車場で車の不凍液を舐めるグレイシャー国立公園のゴーイング・トゥ・ザ・サン・ハイウェイや、高い絶壁のふもとにぴかぴかの自動車が連なり、まるで金属でできた川が流れているように見えるヨセミテ国立公園の谷間の状況こそが、達成すべき目標となってしまった。こうした重荷を背負った国立公園制度のゾッとするような現実や、自家用車での移動に取り憑かれた一般の人たちに比べれば、デナリの進歩的な交通規制は異色であり、ホッとする。だが実際には、エドワード・アビーに正しく敬意を表すとしたら、彼の名前を出したそばから「規制にホッとする」などと言うべきではない。規制されてホッとするのは、臆病な小心者だけだ、とアビーはきっと言うだろうし。デナリの道路は他よりずっとマシだが、アビーにとってはこれでもまだ多すぎるのだ。公園の奥の方へ短時間で行けるのは嬉しいが、その代償は私も知っている。ポケットにモンキーレンチをしまい込むたび、私は身がすくむ思いがする〔環境破壊を抑止する手段として環境保護活動家が逆破壊行為を行うことがあり、動作している機械を止めるためにモンキーレンチを動作機械に投げ込むのはその一例。ここでは、ネイチャーライター、詩人であり、同時に過激な環境保護活動家であったエドワード・アビーの冒険小説『爆破　モンキーレンチギャング』（築地書館、二〇〇一年）を暗に示唆している〕。

道路のある地点に立つと、何らかのバス、あるいはバス数台が、約七分ごとに通過する。手つかずの森、というのからはほど遠いが、通常の、車中心で回る公園とどれほど違った感じがするかには驚く。自家用車がいない、ということは、休憩所以外の駐車場がないということだ。駐車場がなければトレイルの起点もなく、トレイルの起点が決まっていないということは、大勢の人がみんな仲良く同じ方向に向かっててくてく歩くという状況もないということなのだ。バスとバスの間、バスが行ってしまって道路脇に取り残されたあなたは、川の流れる音を聞き、あるいは風の吹いてくる方向に気がつくだろう。六分間、道路ができる前の森がどんなだったか、そしていつの日か、道路が消えてしまった後にどうなるのかが想像できるのだ。バスを降りた後は、どこへでも日帰りのハイキングに行ける。さらにバックカントリー許可証があれば、どこへでも、どれほど遠くへ行ってもいい。何キロか歩いた後で回れ右をして出発点だった道路に向かって戻れば、巻き上がる埃で通りかかる緑色のバスが見つかるかもしれない。でも、静けさに引き込まれ、進む道がそのもっと先へと手招きするようなら、やがてバスのことなんか忘れてしまうだろう。二時間後、あるいは六日後、それとも三週間後にあなたが再び道路脇に現れ、手を振ってバスを停めるまで、みんなあなたのことを忘れてしまうのだ。

＊　＊　＊

交通量を最小限に抑えるのは、訪れた人たちの体験を護るためでもあるが、一番大事なのはそれが動物を護るということで、道路の周りに暮らす動物たちに多少とも普通の生活をさせてやるためでもある。クマやオオカミは道路をあっちへこっちへと横切るし、シロハヤブサやケアシノスリは断崖に巣を作る。パークロードを走るバスからは、動物の肉を吐き戻して五匹の子どもに食べさせる父オオカミと草むらでくつろぐ母オオカミや、トクラ川の中を、肩まで水に浸かりながら上流に向かって走るクマや、駐車場で円錐形の交通標識と遊んでいるハイイログマの子グマ二匹や、立派な角を持つヘラジカが小さな沼の水面の氷を頭で割るところや、トウゾクカモメが三羽、戦闘機みたいに編隊を組んで飛ぶところや、オスとメスのオオカミがカリブーの群れを分断し、制圧して、一番小さくて弱く、速く走れない子どもをとうとう倒してしまうところや、ノネズミの頭をくわえたキツネを見たことがある。私ではないが、雪解け水で水位が増した川でクマがヘラジカを仕留めるところを見た人や、オオカミとクマが死んだカリブーを奪い合うところ、雪原を母グマと三匹の子グマが滑り降りるところ、キンメフクロウがカンジキウサギを捕まえるところを見た人もいる。バスに乗ると子どもたちはビデオゲームや iPod から顔を上げて外を見る。テレビみたいだね、とオハイオから来た男性が言う。ものを斜めに見る人は呆然とし、冷静な人はにっこりし、おしゃべりな人は静かになる——一人だけ、すごい、すごいと言うのを止めないおしゃべりもいるけれど。

デナリ国立公園の道路のシステムは完璧ではない。国立公園局が観光産業の要求に屈することが増えるにつれ、許容人員数や頻度や価格についての些細な譲歩が、動物や人間の共同体に大きな影響を与える危険性が高まる。デナリ国立公園のお偉いさん方は、再び交通規制について検討を加えている。観光業界から、一日に走れるバスの数を増やせという強い圧力がかかっているのだ。だが、デナリはどうやらヨセミテの悲劇は免れたように見える。私の中の楽天家の部分は、いつまでも人びとがこの場所を護ろうという良識を持ち続けてくれることを願っているし、この場所で私が得たものをとても幸運に思う。だが私の中の悲観論者は、人はいずれ愛するものを殺してしまうものだということを知っている。そして現実家の私はバスの運転手に切符を渡し、窓際の席に座って外を眺め、探す——イグルー・クリークの上にかかった巣の中のフクロウの子どもを、編み目のようなテクラニカ川の河川砂洲にいるクマを、自分の尻尾を追いかけるのに忙しく、まだ私に気づかない、トクラ・パック〔トクラ川流域に住むオオカミの群れ〕の子オオカミたちを。

＊　＊　＊

野生動物と言えば。ボブキャットに乗った最初の一〇分はぎこちない。ハンドルは――新しい機種だとジョイスティック型のこともあるが――握ると妙な感じがする。運転席はとても狭い。バケットを制御するフットペダルは精度が高くて、間違って靴が触れて意図せず動いてしまいやすい（ゲイブは足がすごく大きいので真っ直ぐ床に下ろすのもやっとだ）。最初のうちボブキャットは、どんなにそっとアクセルを踏んでも機械仕掛けの雄牛のようにギクシャクとぎこちなく動く。でも、三〇分頑張ってみるといい。その頃には、敷地を突進し、ウィーリーをし、三六〇度回転し、急ブレーキをかけて停まれるようになる。全速力で砂の山に突進してバケットを一杯にし、荷を平らにし、一〇セント硬貨の上に下ろせるようになるのだ。

ボブキャットの操縦を覚えるには、アラスカに三〇年以上住み、西部、スキー場、鉱山、北部、氷原で働き、パイプラインや道路の建設に携わり、漁船に乗り組み、組合の仕事もしたことがある、生意気なヤツに教わるのが一番だ。運転するところを見ているといい。どこで手首を（腕全体じゃなく）返すか。スロットル・レバーは、プロ野球の選手がバットを持つときみたいに、軽く握る（誰かさんみたいに指の関節が白くなるまでぎゅっと握りしめない）。彼の言うことをよく聞こう――「グリースニップルにグリース入れろ。プラグはチェックしたか？　トラックは分散させな。山を作れ。そっとだ」。何を言っているのかわからなくても、聞き続けていれば、また同じことを言うだろう。お嬢ちゃんとかおねえちゃんとか呼ばれてもぐっとがまんする――からかっているだけだから（大抵は）。遅いぞとか、バケットが一杯になってねえぞとか、アームを上げる前にエンジンふかさなかっただろうとか、お前のやり方はめちゃくちゃだとか言われても、言い返さないこと。その通り、めちゃくちゃなのだ。間違って、ディーゼル車用の軽油の代わりに無鉛ガソリンをタンクに入れ、ボブキャットが動かなくなってしまったら、彼には言わないこと。深呼吸して、燃料フィルターを交換し、ブレーキラインの空気を抜く。大丈夫、いつかはきっとちゃんと出来るようになるから。そうしたら彼は言うだろう――「やるじゃねえか、お嬢ちゃん!」

＊　＊　＊

夏の盛り、私の班は西に、つまり、道路の終点にある、ワンダー湖のジプシーキャンプにヒッチに行った。私たち五人で、イールソン・ビジターセンターとワンダー湖のキャンプ場の間のいくつかのトレイルを整備するのだ。フロントカントリーでの、ボブキャットが頼りの仕事からの気分転換になるので、ヒッチは歓迎だった。デナリ国立公園の北面全部が見渡せるツンドラの急斜面での仕事が、私はとても楽しみだった。道を造る作業も、手の平でツールの木の柄が回転するお馴染みの感じも、歯を食いしばって重たいものを動かすのも、複雑に石を組み合わせて造る、ハイカーのブーツに蹴飛ばされたり冬の雪の重さにも耐えられる石段や石壁も、みんな楽しみだった。

ウェストエンド地区の班長はオーウェンで、私は副班長ということになった。オーウェンはデナリ国立公園で数年働いていて、ここでの段取りを私は知らなかったから、私は彼が班長でホッとしたが、オーウェンの指揮に従うのは大変だった。ものすごい早口で、矛盾したことを言い、途中で話が折れるし、私たち全員（特にチップ）にしょっちゅう小言を言った。でもオーウェンは気前が良かった。彼の家に伝わる、サーモンの缶詰めを使った料理で、コンテストで賞を取ったレシピを教えてくれたり、ヒッチの最終日の朝食には必ずグレイヴィー付きビスケットを作ってくれたり、出来ることは何でもしてくれた。そして、不満をわめき散らすのが大好きだった。そういう傾向がある、とかいうことではなくて、それはまさに彼の趣味だったのだ。ラジオのAM局のショック・ジョック〔過激な発言で聴取者を挑発するラジオ・パーソナリティのこと〕よりも過激な意見を持っていて、話題によっては、話し出したら、彼の意識の流れがそのまま溢れるように一人で話し続け、アンフェタミン〔中枢神経興奮剤〕をひとつかみ飲んだみたいに興奮して収まらなかった。

パークロードで下手くそな運転をしている人がいれば――「やめとけこの野郎、通行権はこっちだぜ、ざけんなよ、なんだこいつら、ここがクマつきのアウトバーンだと思ってんじゃねえの？　ライト点けろよこのアホ！」

政府について、特に当時大統領だったブッシュとその取り巻きについては――「ったく信じられねえよ、アホのかたまりめ、誰があのマヌケに票入れたんだよ、なら因果応報だな、やつらアイツを再選しようってアタマしかねえの？　ティンブクトゥに引っ越したいぜ、カナダじゃまだ近すぎらあ」

だが一番辛辣な攻撃は、スタンピード・トレイルに置き去られた「バス」〔もともとは鉱山の労働者を運ぶバスだったが故障して放置された。映画化もされた小説『イントゥ・ザ・ワイルド』の主人公はここで餓死した〕と、それに関係するものすべてに向けられた――ジョン・クラカウアー〔『イントゥ・ザ・ワイルド』の著者〕や、ここを巡礼に訪れるヒッピーたち、そして、豊富なお金と貧弱な判断力を持った若者たちだ。

「クリス・マッキャンドレスだかアレクサンダー・スーパークリープだかなんだか知らねえけどよ、あのクソッタレ。出来損ないのアホだぜ。何がイントゥ・ザ・ワイルドだ、アホくせえ、あんなもん爆破しちまった方がいいぜ、あいつらが記念碑にする前によ！」

＊　＊　＊

デナリのクルーは汚かった。制服も汚いし、トラックも汚いし、休憩室もめちゃくちゃに汚いし、バックパックはローダーに引きずられたみたいだったし、口も汚いし、ランチボックスには泥がこびりついていた。たちまちその部屋が空っぽになるようなおならをするメンバーも四、五人いた。目に見える汚さと同時に、下ネタはひっきりなしだった。私はそれまでの三一年間に知っていたのよりもたくさんの下品な俗語を三カ月で覚えた。しかもそれまで、私は初心《うぶ》な方だと思ったことなどなかったのだ。長さをセンチで言うことがあれば、必ず誰かがペニスの大きさにまつわるジョークを言った。「あそこ」とか「行く」といった普通の言葉も、たとえそれが二分間に四回使われてもその都度バカウケした。曖昧なダブルミーニングにドキッとさせられるのは、ある程度は笑えるし、こういう言葉の応酬は会話を面白くするけれど、くたびれもする――たとえばツーバイフォーを指差して「あれ、長さどれくらい?」と訊いたとき、答えが知りたいのに、「アイツのより長いね」と言われたりすると。

最初のうち、私は自分のことを、それまで気がつかなかった言葉の底に流れるものに唖然として、サイドラインの外で笑っている好奇心の強い観客のつもりでいた。ところが間もなく、ほとんど私の意思に反して、意味ありげで下品なコメントを言うのが誰より上手くなってしまった。それがすっかり染み付いてしまって、クラスメートが何かについて「硬めに批評」してくれと言ったときに噴き出しそうになったり、ディックという名前の人に会うとクスクス笑うのを〔Dick は男性の名前だが、男性器の意味もある〕こらえなければならなかった。誰も予想していないときに、誰もがびっくりするくらい下品なことを言えるのを、誇らしいと思うこともある。でも、最高にお下品なジョークをたくさん知っていることが名誉なことかどうかは疑わしい――そういうジョークを場違いなディナーパーティーの場で言おうものなら、べろべろの酔っぱらいより先に冷たくあしらわれる。「あの人があんなこと言うなんて!」と誰かが囁き、私はこんなユーモアには縁がなかった頃を恋しく思うのだ。

* * *

ああクロトウヒよ、あらゆる木々に見下されるお前よ、その不器用さだけが取り柄の、針葉樹の負け犬よ。弱々しいカエデ、燃えるようなアメリカカラマツ、巻き毛のアメリカシラカンバ、どれもお前よりはるかに美しい。クロトウヒ、主役になれないお前は、木などほとんど生えないところに生える。讃えるべきなのはわかっている、お前のたくましさを。乾杯すべきなのだ、お前の粘り強さに、どんなに堂々としたオークも枯らしてしまう冬にさえ立ち向かう、お前の決意の固さに。敬礼すべきなのだ。それなのに、秋の中西部の広葉樹に、西部の丘に燃えるカラマツに、空のように高くそびえる海岸沿いのセコイアに甘やかされて、私は軽薄にも色彩を、物語を、名声を求める。クロトウヒよ、私がお前にしてやれるのは、小さく頷き、認めてやることだけだ。醜かろうとなかろうと、お前はこの土地に根付いている、私は通り過ぎるだけだけれど。

＊　＊　＊

グレイシャー国立公園の女家長制度とはお別れだ。デナリ国立公園では、私は唯一の女性班長だったし、合計しても、雇われた人間のうち女性は四分の一になるかならないかだった。そういうわけで、男性四人のクルーに対して、私は早くに、ある基本原則を定めなければならなかった——私がおしっこするとき、繁みの奥の方に入ったりはしない、ということだ。男子が私から三メートルのところで向こうを向いて雑草に水撒きできるのなら、私だってそうするのだ。少なくとも私のしゃがみかたは上品だ——ワークパンツをサッと下ろして腿のあたりで押さえ、Tシャツの裾で、森の方に向けた裸のお尻を隠す。しゃがんだ恰好で頬杖をつけば、誰も私がおしっこしているなんてわからない。それがイヤなら、慣れることね、と私は彼らに言った。そして感心なことに彼らは慣れてくれたのだ。シーズン半ばになる頃には、彼らから二、三メートルのところで私がおしっこをしても、誰も気に留めなくなった。しゃがんでいる間にクルーが話しかけてきて、指示を一通り与えたこともある。私が立ちあがってベルトを締めるのを見るまで彼は自分の間違いに気づかなかった。実際、彼らが文句を言える筋合いではないのだ。彼らより私の方がよほどさりげないのだから——高いところからやかましくおしっこを葉にひっかけて、終わるとぷるぷるっとお尻を揺らす、大人になっても男の子のまんまの彼らより。彼らは痛いところを突かれたわけだ。

トレイル整備用トラック各種。クルーキャブ、フラットベッド、ステーキサイド、シックスパック、ディーゼルダンプ、リフトゲート、ダンプトラック、クルーキャブデューリー。ダッジ、フォード、シェヴィ（公有地内では外国車は御法度）。幌なし、幌付き。スティックシフト、オートマチック、ディーゼル、ガソリン。ヒッチボールあり（サイズは?）、ヒッチボールなし。○・五トン、○・七五トン、フルサイズ。オーバードライブ、PTO。このトラックはタンデムトレーラーを引ける、あっちはティルトトップだけ。緑、赤、グレー、テールライトが点かない、トレーラーのブレーキがきつすぎる、登りでサードギアだとのろい。ラルフのトラック——無断で拝借しないこと。トレイル版エアフォース・ワン〔大統領専用特別機〕だから、いつでもお偉いさんが乗れるようにしておかなくては。

＊＊＊

連邦政府に雇われた季節雇用者は、雇われている人間のほとんどと同様に、ぼやくのが大好きだ。上司について、天気について、給料について、政府の役人について、観光客について、自分以外の部署の人間について。他所の組織を攻撃するのは簡単だが、組織内でさえ、季節雇用者は必ずしも忠実な従業員とは言えない。平気で飼い主の手を咬むのだ。私たちは無責任で、どんな組織にも一〇〇パーセント与《くみ》することはないし、組織が私たちを使い捨てできると考えるなら、私たちだって組織に忠誠を尽くす義理はない。特にトレイル整備は、因習打破主義者を惹きつける——自分なりのリズムで行進し、馬鹿な人間に媚びへつらうことをしない不遜な者どもだ。私たちの誰一人として「雇い主のために」仕事をするのが好きなわけではないし、お互いに、政府の仕事をするのはこれが最初で最後だ、と断言し合う。でも、泥んこになって遊んで給料をもらえるのだから、これは妥協の価値があるのだ。だから雇用のための宣誓も（その中で私たちは、公然と政治的な反乱を起こさない、と誓う）、行動規定書（ここで私たちは、雇用機関の名誉となる被雇用者であることを誓う）にもいやいやながら同意するのだ。いったん事務手続きが終われば、私たちは再び反抗的な不良分子に戻る。

トレイルで働く季節雇用者の間では、フルタイムで一年を通して働く正規雇用者になるというのはつまり、会社人間になるということを意味する。現場作業は減り、デスクワークが多くなって、前はこっぴどくけなしていた事務仕事を庇うようになる。そういうふうになってしまったらその人は「上司」になり、現場時代にどんなにカッコ良かったとしても、「司令塔」の中で正社員の職に就いている人よりも自分たちの方が上だと思っている季節雇用者たちの、不満タラタラの苦情の標的になるのがオチだ。ラルフはクルーとしての経験はあまりなかった。道路建設のクルーからさっさと部門主任に昇進したので、いわゆるトレイルドッグであったことがなく、「組織の人」になるのに時間はかからなかった。シートベルトをしてくれよ、と彼はなだめるように言った（彼の言うことが正しいかどうかなんてどうでもいいが）。ボブキャットのバケットに乗るな、スケジュールが変更になったら報告しろ、おい頼むよお前ら、俺を嫌なヤツにしないでくれよ！（誰かを嫌なヤツに「する」ことなんて出来るんだろうか、そういう状況が整うと、嫌なヤツは自然に嫌なヤツになるんじゃないのか？　と私たちははぐらかした。）クルーはラルフの見えないところで呆れた顔をした。私は、グレイシャーの主任が出世の梯子を登りたがる人を非難して言った言葉を思い出した――サルが木の高いところに登れば登るほど、ケツがよく見えるようになる〔英語では嫌なヤツのことを「ケツの穴」を意味する ass hole と言う〕。

梯子を登らなくても、私のカーハートのワークパンツにはものすごく大きな穴があいていて、ほとんど私のお尻が見えるほどだった。そして制服をめぐっては、ずっと争いが絶えなかった。最初のうちラルフは、シャツが汚れていたり、ときどき膝に穴があいていたり、ワークパンツがボロボロだったりしても見ないふりをしてくれた。彼もまた私たちの好みを共有していたからだ。私たちは一生懸命働く、だから汚れる。それだけのことだ。問題は、彼の上司が、彼の部下の扱い方に目を光らせていたということだ（施設管理部長に要注意！）。そしてラルフは、デスクの人間らしく清潔な制服を身に着け、だんだんと権力を好むようになり、出世を狙った。現場の土のことを忘れるのが容易になり、間もなく彼は、上から圧力がかかればそれを私たちにそのまま伝えるようになった。穴のあいた服はダメ、グレーの制服の下に着るのは白か緑のTシャツだけ、私物のバックルはダメ、頭に被るのは国立公園局の帽子だけ、半袖シャツの上にベストを着るのも禁止。洗濯しろよ！　シャツが油だらけになったら新しいのを買うこと！（古いのはまだ十分着られるし、新しいのは一週間で油にまみれるが、そんなことはお構いなし。）たまにはシャワーも浴びるんだ！　直径二センチ以上の穴はダメ！（実際にラルフは大きさを測った。）クルーに一番ウケたのは、国立公園局の制服ガイドに載っている文句で、「男性のズボンには目に見える膨らみがあってはならない」というのだった。「見えない膨らみはどうなんですか？」ある朝休憩室で私が大まじめに訊いた。「ほら、クラスティのみたいな？」部屋は爆笑に包まれ、私は顔が熱くなった――可笑しいことを言ったのが自分でわかっているといつもそうなるのだ。

大抵の場合私たちは言いたいことを我慢して、ラルフが不平を言うのにまかせた。周期があるのがわかっていたのだ。ものすごくうるさい時期はやがて過ぎ、私たちはだらしない状態に逆戻りする――とれかかったボタンや擦り切れた袖口のことより仕事が優先になるのだ。この、激しく身だしなみの悪い状態は何週間も気づかれないこともあり、私たちはまたしても、制服なんか大したことじゃなかったんだと思い始める。と、グレーのシャツがグレーより黒に近くなった頃、「ある人」が苦情を言い、ラルフがかんかんになる。ガムテープで股に継ぎを当てた私のカーハートのパンツはお払い箱。制服の規定に反するニックの赤い帽子はロッカーから出さないこと。どういうわけか規則はラルフを安心させるようだった。まるで、あれはだめ、これもだめと説教すれば自分が偉くなるみたいに。問題は、肉体労働者に向かって清潔にしろとか行儀良くしろと言っても勝ち目はないということで、そんなことはみんな知っているのだ。何しろウェルギリウスだって私たちの味方なのである——「すべてのものは、悪化せんとする」と、彼は紀元前三〇年に書いている。大丈夫よ、ラルフ。エントロピーで苦労しているのはトレイル整備だけじゃないから。それは宇宙の法則で、あなたにはたくさん仲間がいるの。何百年もの間、科学者や哲学者、牧師や大将、みんな達成不可能な秩序を求めて机をドンドン叩き、きちんと線を引き、部隊や懺悔者が表に出るやいなやその線が消えてしまうのを見守ってきたんだから。

＊　＊　＊

ウェストエンドのジプシーキャンプはちょっとした町だ。木でできた土台の上に、虫除け網がはまった窓付きの五面テントが並んでいる。並んだテントの中央にある、コネックスの貨物用コンテナでできたキッチンは、水とお湯が出るようになっていて、食器類、ナイフやフォーク類も揃い、おんぼろのテーブルと古い雑誌の山がある。コネックスと道路の間には一人用のバスルームがあり、必要に応じてプロパンガスで湯を沸かすシャワーがある。私の班の五人のうち、四人は家に水道がなかったから、私たちにとっては「作業用キャンプ」は贅沢だった。日当は使わなければ返さなくてはいけなかったから、食事も豪勢だった——ステーキ、ホタテ、ベーコン、アスパラガス、こっそり持ち込んだ樽ビール。

キャンプ場は小さなアスペンの木立に囲まれ、少し先のキャンプ場にいる観光客からは見えないようになっている。ヒッチのたびにクッキーやパイを焼いてくれる年長のボランティアの管理人、フィリスとハリーの声も聞こえない。私たちは、キャンプにいるときは大抵コネックスの中にいた。ピクニックテーブルに座っていると虫の攻撃がすごいので、景色なんかどうでもよかったのだ。でも、天気の良い日には、キッチンの流しの上の窓からデナリの山並みと山頂が、雲のように真っ白に見えた。

ある朝、オーウェンと私がコネックスに入ると、ジャックが流しのところに立っていた。私たちの方を見ずに、彼は窓の外に向かって手を振り、なよっとした笑顔を浮かべ、夏の後半になると公園中に溢れるアジア人のアクセントを真似して、「コンチハー、デナーリー！」と叫んだ。ちょっと人を小馬鹿にしたような、同時にひたむきなその言葉が頭にこびりついた。その夏、毎朝私たちのうちの誰かが、信者がメッカの方角を向くようにして窓の外に向かい、デナリ山が見えても見えなくてもその言葉を言った。その一日に、山に、クルーに対する、これ以上の挨拶があるだろうか？

いつか私がデナリの登頂に成功することがあれば（そう願っているのだが）、標高六一九三メートルの山頂から、声を限りに「コンチハー、デナーリー！」と叫ぶ、と私はジャックに約束している。

＊　＊　＊

どこへ行っても、私は肉体労働者に気がつく。北京やペルーやモンゴルの道路脇で、割れ目の入ったアスファルトにハンマーを打ちつけたり、アメリカではとうの昔に使われなくなった旧式のローダーを運転したり、黄麻布の大袋で濡れたコンクリートを階上まで運び上げたりしている彼らを私は眺める。結婚式や葬式で、地下鉄で、空港で、私は機械類に油を差す男たちを観察し、彼らの使う工具のブランド（マキタ、デウォルト）や、彼らのスキッドステアはタイヤか無限軌道か、手袋をしているかどうか、腰にコルセットをしているかどうか、お昼に飲むのは炭酸飲料か水かに目が行く。

あるメディテーションセンターでの週末瞑想会に参加したときは、三人の男性作業員がその週末の大部分を、セメントの階段に新しいレンガを敷く作業に費やしていた。私は毎日その横を通りかかり、つい仲間意識に引かれて、自分は肉体労働者には見えない（ブロンドで華奢だし、コットンのスカートとサンダル姿で、清潔だった）けれど、彼らの仲間なのだ、という信号を送りたくなった。切削機を操縦している人に、「これ、車両総重量はどれくらい？」と業界っぽい質問をしたり、「なかなか上手いじゃない、このメーソンリー〔石、レンガ、コンクリートブロックなどの組積造の建物〕」と口説き文句もどきを言うところを想像した。この三人と無理やり仲間になりたいだなんて、まったく見苦しい――それはうぬぼれで、目立ちたがりで、弱気で、すがりついているみたいな行為だ。もし誰かが作業現場で突然私にそんなことを言ったら私は軽蔑の薄ら笑いを浮かべるだろう。そんなに簡単に仲間入りなんて出来やしないのだ。つながりたい、という気持ちより自意識が勝り、私はついにその質問を口にはしなかった。

だがその週末の最後、メディテーションセンターのホールからその階段を最後に上ったときのこと、その場の監督が丸鋸を持ち、見習いの若者に「これ何だか知ってるか？」と訊くのが聞こえた。

「丸鋸です」と若者が言った。

「ああ、そうだが、種類を訊いてるんだよ」と監督が言い張った。若者は言葉に詰まっているようだった。その横を通りがけに私は、監督が待っているのが見えの答え――ウォーム駆動――をボソッと言って立ち止まらず歩き続けた。監督が驚いて私を見た。

「おい！　それは俺のセリフだぜ！」と彼が叫んだ。階段を上る間中、彼の驚きが私を追いかけてきた。私はその一瞬、彼の環の中に足を踏み込んだのだ。そう、ペディキュアはしているし、肩幅も狭い。でもほら――手の爪はぎざぎざだし、腕は腱が浮き出ているし、足にはたこがあるでしょ？　何が変わったわけでもなかったけれど、私は突然、わかってくれたと感じた。こうやって人の期待を裏切るのが嬉しいのは、私もまた、性急に人を判断をすることがあるからだ。人を驚かせるのは楽しい――「カノジョが肉体労働者?」――なぜなら私も普段、人はよく見ろ、と自分に釘を刺さなくてはならないのだから。あのヨーロッパ人観光客はフライフィッシングが上手い。ネブラスカのプレートを付けたキャンピングカーの女性はプルーストの愛好家。この人は無骨な労働者だけど、ベトナム戦争のときは良心的兵役拒否者だった。「ウォーム駆動」は、私の中での記号の役割を果たす言葉になった。マントラのように使って、自分にこう言い聞かせるのだ――何ごとも、決めてかかってはいけない。

＊　＊　＊

労働とは。作業し、骨を折り、あくせくし、力を発揮し、必死になり、精を出し、汗をかき、苦労し、もがき、競い、コツコツ打ち込み、やってのけること。

労働は絡まりあった結び目だ――一〇〇本のロープが絡まってできた、固い意味の塊だ。こっちのロープを引っ張れば、あっちのロープがきつく締まる。結び目を一つほどいて輪を取り出そうとしても、絡まって抜けない。

労働とは仕事であり、任務であり、単純な繰り返しであり、キャリアであり、天職であり、気まぐれであり、義務であり、地位であり、使命であり、面倒な作業でもある。技能が必要なもの、必要でないもの。組合の仕事。つらい仕事。雇われ、強制される仕事。洒落た仕事。報われない仕事。

文化というものの枠組みは動かしようがない。もしもあなたが、他にもたくさんある選択肢の中から技能を要する肉体労働を選んだ、もしくは代々受け継がれてきた仕事だからそれを選んだのだとすれば、それは「立派」で「まっとう」で「謙虚」な仕事だ。だが、周りの状況や教育の欠如や何らかの必要に迫られて肉体労働をせざるを得なかったのだとしたら、それは「魂を売り渡した」「単調」で「退屈」な仕事である。これは、あらゆるところに見られる比喩だ。たとえば文学なら、ディケンズの小説に登場するメイドから、ヘンリー・デイヴィッド・ソローがふるう気高い鍬として。政治なら、産業革命の犠牲者から、現代のアメリカの勤勉な労働者。信仰や神話では、ルターやカルヴァンの労働賛歌（褒賞のための労働）からシーシュポスの石運び（罰としての労働）まで。

労働は、人を高揚させもすれば、地に足を着けさせもし、高めもすれば貶めもする。労働は人を救済するし、また呪うべきものであったりもする。

称賛を集める石工の家系の三男坊として生まれるのと、倉庫で荷物を積み上げる移民と、あなたはどちらになりたいだろう？　どちらも肉体労働者だ。組合に護られたローダー運転手として、デービス・ベーコン法〔労働条件を規定するアメリカの連邦法の一つで、連邦政府又は連邦の補助を受けた工事において、労働者に支払う賃金と付加給付について定める〕に則った給料を貰うのと、ホテルの部屋の掃除をして最低賃金の半額の給料を不法に受け取るのと、どちらがいいだろう？　そのどちらも、「生きるための仕事」だ。

労働は、負担であり、報いであり、要求し、還元し、疲弊させ、支えになる。働く者は救われる。そして消費される。

働きづめの一日を愛せるかどうかは、どんな恋愛ともいっしょで、愛される対象と同時に愛する者次第でもある。労働とはこういうもの、と思い込むことも出来るが、どんな仕事にもさまざまな表情があって、ステレオタイプよりも複雑だ。果物を収穫する移民労働者が疲れ切ってヘトヘトだからと言って、高い梯子のてっぺんで顔に受ける風を愛したことがなく、うずたかく積み上げられたレモンに誇りを感じたことが一度もない、と誰が言えるだろう？　見事に腕の立つ大工が、痛む手首をのろい、一日でいいからおが屑が目に入らないでほしいと願ったことがない、と誰にわかる？

私はもののはずみで労働者になり、やがてそれが私の人生になった。それはたしかに優れた技能であり、同時に苦役でもある。一緒に働いた人の中には、これまで私が出会った中で一番聡明な人もいれば、一番の馬鹿もいた。私には多すぎる報酬をもらったこともあれば、ひどい低賃金で働いたこともある。私はこの仕事を、ずっと前に選び、そして毎年毎年それを選び直すことが出来る。そのとき、わかっていることが二つある——お金を稼ぐために出来ることは他にも色々あるということ。教えたり、編集したり、助成金をもらったり、サンドイッチを作ったり、大学に戻って考古学を勉強したりも出来る。そして、今の私が一番得意とするのはトレイル整備の仕事だということ——穴を掘ったり、勾配を測量したり、トレイルを設計したり、クルーを訓練したり、丸太を運んだり。

労働とは、赤ん坊を産むみたいなものだ。十分にいきめば、産まれるのだ。

＊　＊　＊

昇進する、ということについてこれまでに貰った最高のアドバイスは、デナリ国立公園で一緒に働いたジョエルからのものだ。「お金のないときはガムテープに助けられるが、ガムテープのないときにお金は助けてくれない」。この原則の例外は思いつかない。

＊　＊　＊

「ヘラジカのフン」のやり方。昼休みに、一人が口を開けて椅子に座り、その正面から別の人が、開けた口を狙ってヘラジカのフンを投げる（ヘラジカのフンは、おが屑を固めたみたいな親指くらいの大きさの細長い卵形で、軽くて乾燥している）。フンが口に的中して、座っている人がビクッとしたら、その人はそれを呑み込まなければならない。投げたフンが口の中に入っても身じろぎしなければ、吐き出すことが許される（私はそれを一度見たことがある）。

ある日、フリップがクラスティの口のど真ん中にフンを投げ込んだ。クラスティは、いかにも彼らしい非常識な空威張りでもって、それをゴクンと呑み込んで舌鼓を打って見せた。私たちは特に驚かなかった——変人集団の中でもダントツで変人のクラスティのすることに驚いていたらきりがない——が、感心はした。みんなは大声で喝采したが、普段なら喝采を浴びればますます図に乗るクラスティが、突然黙り、自分の喉を掴んだ。ヤギを呑み込もうとしているヘビを真似るみたいに、彼は頭を前に傾けて必死で呑み込もうとした。フリップが、彼らしくなく心配そうな声で、「よぉ、大丈夫かよ?」と訊いた。

フンがひっかかって呑み込めないのだった。ひっかかった場所は咳をして吐き出すには下すぎ、でも上すぎて食道を塞いでいた。クラスティは水を飲んでみたが、塞がったフンにぶつかって戻ってきて口から溢れた。水分を摂るには、後ろに首を傾けた状態で寝かせ、流れの悪い排水溝みたいに水がゆっくりと落ちていくのを待つしかなかった。それが緊急を要する事態ではなく単なる困った状態であることがわかると、クルーは死ぬほど笑い転げたが、クラスティはその後も不快な一二時間を過ごすことになった。何も食べられないし、飲めない——他のことならどんな悩みも解決してくれる安物のウィスキーさえも。何もフンを通過できず、クラスティは衝動的に呑み込もうとしてみたり、喉の詰まりをマッサージしたりした。そしてついにフンが食道を通過した。その後二、三日、クラスティは、自分の便の中のフンを再利用できるかもしれないと想像して喜び、朝、フンを探したが、フンの通過を確認することは出来なかった。今では彼もその出来事を存分に面白がって思い起こし、私たちは新人に「ヘラジカのフン」ゲームを教えるとき、こういう教訓を添えるのだった——気をつけないと、クソ食らうぞ。

野性とは。金属と騒音。操作を誤れば押し潰されてしまうトラックをぶっ飛ばすこと。作動中のギアの音、物体が発する熱。何かが圧力で破壊され、ポキッと折れる。動きが止まった後の空間。慣性ブレーキが突如働き始めるときの衝撃。エンジンが冷えながらゆっくり立てる、カン、カン、カン、という音。

フロントカントリーでトレイル整備をしていると、観光客がアホウドリみたいにまとわりつき、次から次へと質問を浴びせて邪魔をする。あるとき、向こうから歩いて来たカップルが、泥道の縁にはためく「注意」と書かれた黄色いテープを越えて近づいてきた。女性の方はピンク色のケッズを履いてアンクレットをし、トレーナーにはラインストーンで「セクシー・グランマ」と書いてある。男性のトレーナーは吠えているオオカミの横顔に、筆記体で「最後の辺境」と書いてあった。

二人は私がトレイルに掘っている溝の真ん中に来て立ち止まった。「へえ」と男の方がろれつの回らない舌で言った。「男どもはすっかり怠け者になっちまったんだな、綺麗なお嬢ちゃんにこんなに働かせるなんてさ！」男は唇を舐めてウィンクし、ボブキャットの車輪でどろどろになったところを避けて左に寄った。彼の妻は彼の腕につかまって、リップグロスで光る唇でこわばった笑みを浮かべた。二人のベルト通しからは、蛍光色の、とても二人の体重は支えられない小さなカラビナで、クマ除けの鈴がぶら下がっていた。

私は眉をつり上げて、C. Byl と書いた名札が縫い付けられた制服を着ていなかったら言っただろう言葉を呑み込んだ。行儀良くしなければいけないのだ。だがその後、白髪の、頑丈なブーツを履いた女性が通りかかって「女の子がこんなラッキーな仕事を見つけるにはどうすればいいの？」と訊いたときには、答えを想像した。目の前にいる、こういう仕事をしたかったけれど機会がなかったのかもしれない女性への答えではない。私は頭の中で、あのろれつの回らない助平オヤジを相手にしていたのだ。私は彼の前に立って服を脱ぐ。制服のシャツの裾を持ち、頭の上に引っ張り上げる。ボタンが弾け飛ぶ。汗をかいたスポーツブラは、スパンデックス地の下に乳首が見え、カーハートのワークパンツはレザーマンの重さでローヒップになり、ヘソが見えている。私は彼が首に掛けたホイッスルを摑んでねじる。「オオカミおじさん、誰が綺麗なお嬢ちゃんですって？」私は問い詰める。彼の顔に血が上る。私は彼のベルトからクマ除けの鈴をひきちぎって、肘の内側にはさみ、上腕二頭筋と上腕部でそれを押し潰す。鈴は割れて音をたてる。「ここはアラスカよ、おじさん」。私は薄笑いを浮かべ、決まり文句を楽しむ。彼が言えば白々しいし、私が言えば意地悪だ――同じ言葉が、二人の立場が違うだけで意味が変わる。

「野生の生き物には気をつけることね」

＊　＊　＊

ウェストエンドでのヒッチの真っ最中、石積みの作業に飽きた私たちは、ワンダー湖畔のキャンプ場からマッキンリー川に続く、約三キロのマッキンリー・バー・トレイルの下草刈りに行った。頭を使わない簡単な作業だが、満足感を得られる、気分転換にはぴったりの仕事だった。それに、必要な作業だ。そのトレイルは何年も草を刈っておらず、育つのが遅いとは言え、ツンドラの植物が伸び放題に道を塞いでいた。私は以前から、大胆に思い切って草を刈り込むのが好きだった。せっかく機械を持ってそこにいるのなら、大いに利用すべきだと思うのだ。もちろん、私が草刈りを最初に経験したグレイシャー国立公園ミドルフォークの、ジャングルみたいに草が生い繁った流域では、この辺までだろうと思うところの二倍くらいまで刈り込まなければ、パッカーにめちゃくちゃに怒られるし、お仕置きが済む前に元通り草が育ってしまう。でもチップとジャックにはそんな経験はなかった。ジャックはその年トレイル整備を始めたばかりで、仕事の手順を覚えるのに忙しかった。チップは何年か経験があったけれど、何をやらせても熱中しない傾向があった。二人はやんわりと、草を根こそぎ刈るように、という指示を批判した。私の命令を、やり過ぎだと思ったらしかった。

「こういう小さい木も殺さなきゃいけないんですか?」と心優しいジャックが言った。私はトウヒの若木を、一回か二回捻ってから、根元から引き抜いて捨てるように指示したのだ。

「トレイルの中で大きくなっちゃうでしょ! 刈らなきゃだめよ!」と私は怒鳴った。自分がスリムになったみたいに感じたが、私が正しいのはわかっていた。私たちには剪定ばさみも手鋸も時間もあるのだし、私はもうずっと前に、一本一本木を伐るたびに泣くのはやめていたのだ。こうして私たちは一日中、行きつ戻りつした――ジャックは数本の木を伐らずに済まそうとし、チップは剪定ばさみをほとんど地面に引きずるようにして長い区画を足取り重く進み、私は後ろからガミガミ言った――「もっと後ろまでよチップ！　もっと切りなさい、ジャック、遠慮しちゃダメ」。私は鋸と剪定ばさみを手にして身を屈めて徹底的に草を刈ることに集中し、私が通った後には手作業の破壊跡が残った。

午後も半ば、二人は私よりずっと先にいて、姿が見えなかった。私はバックパックと道具を担ぎ、二人に追いつこうとして、二人が草を刈ったばかりの四〇〇メートルほどの区間を通った。全体として、トレイルとその両側は綺麗だった。もちろん、私だったらもっと遠くまで刈っただろうが、朝のおっかなびっくりの刈り方に比べたらずっと良くなっていた。私は足を速め、しばらく行ったところで自然が私を呼んだ。立ち止まり、草むらでズボンを下ろそうとしたそのとき、ほんのちょっと先に、弓なりに曲がった一本のアスペンの若木が、三メートルほど脇のツンドラ表土から生えてトレイルに弧を描いているのが見えた。ハイカーの顔に当たってしまう。剪定ばさみを持ってここを通りながらこれを伐らないなんていったい何事よ！　ったく怠け者なんだから。

私は歩を速め、ほとんど駆け足でその木まで行くと、根元から刈り取る前に木の上の方を切ろうとして手を伸ばした。はさみの刃で幹をはさもうとしながら、きっと私はブツブツ言っていたと思う。とそのとき、木が突然グイッと後ろに飛びしさったのだ。上に跳ねるようにして木は遠ざかり、それから、草むらの中から気味の悪い声が響いた――伐るんじゃないよ！　私はギョッとして跳び上がり、何が起きているのかわかるまで、もう少しで倒れるところだった。トレイルの脇でジャックが、私をハメるために使った枝の根っこを抱えて、ついこちらまでつられてしまう彼流のクスクス笑いをしていた。私ときたら見事にハマったどころではなく、すっかり度肝を抜かれていた。怒った顔をしようとしたけれどそれは粉々に砕け散って役に立たなかった。私たちは涙が出るまで大笑いした——ジャックは顔を真っ赤にし、私は脇腹を抱え、トレイルの脇で一部始終を眺めていたチップも加わった。「あんときのあんたの顔、見せたかったぜ！」とチップが言った。どんな顔をしていたかは想像がついた——不機嫌でうぬぼれた、標的にするにはぴったりの顔。あんまり笑ったので私はおしっこを漏らしてしまった。ほんのちょっとだけど。

＊　＊　＊

たまに、通りがかりのハイカーに訊かれることがある。「そもそもどうしてトレイルが必要なんですか？ここは自然保護区でしょ？」こういう質問にはだいたいいつも、けしからん、自然をいじくるな、という態度が隠されていて、「自分の力で辿り着けない場所には人間は行くべきではない」という純粋主義者の理屈が強調されていた。こういううるさいヤツは大抵、大学院に通う理想主義的環境保護活動家とか、少しばかりエドワード・アビーを読んで、自分が行ったことのないところまで含めた「手つかずの場所」のことを思い巡らすお子ちゃまだったりする。世間にいじめられていると感じるものだから、自分が「手つかず」でいるために、そういう手つかずの場所が必要なのだ。

私は自己防衛的な答えが喉から出かかるのを抑えようとする（この理想主義者！　女々しいわね！　非現実的だわ！　野宿なんかしたこともなくて、トレイルがなかったら一発で迷子になる、方位磁石も読めないヒッピーもどきの寮生の能なしのくせに！）。私は大学生だった頃の自分を思い起こす——測量杭を抜いてしまったり、ゲーリー・スナイダーの詩を暗記したり、家の駐車場前の道路のひび割れに生えた若木を護ったり、すべすべの石を洗ってトイレットペーパー代わりにしたり（次に使うときまでトイレのタンクの上に置いておいた）した女子学生だ。そして深呼吸して尋ね、答えを待つ――「ハイキングが好きなの？」「一番好きなのはどこ？」

そういう人たちに向かっては普通は言わないが、私が頭の中で考えている答えはこうだ。人間は事実上、地球に出現したときからずっとトレイルを「作って」きたのであり（狩猟採集民だった頃も、古代ローマ人も、インカ帝国も）、道教の格言にあるように、「歩く人が多くなると初めて道ができる」のだ。先住民も、探検家も、ハイイログマも、有蹄動物も――こういう質問をする輩にとってはどれも信仰の対象となる存在だが――みなトレイルを造ることで有名だということも言わない。歴史的に見れば、トレイルというのはインフラというよりも、歩くことによってできる形跡である、ということも。

ただし、たくさんの人が同じ方向に歩くと、それによる影響は大きくなるということは説明する。地盤が弱いところは特にだ。水捌けの悪いところにぬかるみができれば、人はそれを避けて道の脇を歩く。トレイルに木が倒れていれば、ハイカーは普通、その上に登ったりそれをくぐったりせずに、迂回する。だから影響される範囲は広くなる。人の往来が多い地域がきちんと維持管理されていなかったり計画的に造ったトレイルがなかったりすれば、植物や地勢に甚大な影響を与えかねない。川沿いの、高校生が大騒ぎをしにいく場所で、草が踏みしだかれ、深い轍跡がジグザグについていたり、カメラを持った観光客が大挙して押し寄せる見晴らしの良い高台が荒らされているのを、私たちはみな目の当たりにしている。トレイル整備の仕事は、いかにも自然を開発しているように見えもするが、多くの場合、それは実は自然を維持しようとしているのだ。そこでインフラ整備が必要になる――たまたま道ができたところを、きちんと設計されたものにするのだ。人が自然に与える影響を方向付けし、最小限に留めることで、トレイルの存在は、土地を、その土地を愛する人びとから護るのである。私の言うことに納得できなければ、トレイルができる前後の写真を見比べればいい。片方には泥んこの穴、もう一方には遊歩道。そして、ほんの少しまとまった、相変わらず何もわかっていない観光客。

でも、何故トレイルを造るのか、という質問に対し、私が納得できる唯一の答えはこうだ。トレイルは、人が色々な場所に行ってそこを体験できるようにする。そこでする体験によって人はその場所を知るようになり、その場所を知る人は、犠牲を払ってでもその場所が繁栄できるようにしようとするのだ。環境保護運動は、大量に送られるダイレクトメールや、石炭会社を非難する弁護士だけに頼っていたのでは成功の見込みはない。環境保護の努力は、人が土地と出会い、その土地を思い出すようになり、それを護りたいと願えばこそ成功するのだ——ニュースで見る名前も知らない子どもたちよりもまず、自分が知っている子ども、愛している子どもを危害から護ろうとするように。国立公園や国有林や市立公園に造られたトレイルは、人びとが、自分だけでは勇気がない、技術がない、あるいは時間がなくて出来ないような形で、自然の「中」にいられるようにする。

広いアスファルト舗装のトレイルで、ある女性が車椅子から身を乗り出して木の幹に頬ずりする。やかましい子どもたちが屈みこんで、林床に生えたキノコのベルベットのような傘をそっと撫でる。小道の前方を這って横切っていったヘビによって何かが変わった人や、オックスボー〔牛につけるU字形の頸木〕越しに見える月に自分が変容した人を知っている——ハンマーみたいに猛スピードで木をつつくキツツキの音、あるいは自分自身の呼吸の音以外は聞こえない静寂の中で。私自身、身を乗り出し、屈みこみ、そして変化したのだ。

理想的な世界なら、私たちの家が、日常の生活が、私たちと自然を密接につなぎ、私たちも足を止めて自然に——裏庭の木にいる鳥や、冬の変化や、家の土台に沿って生えている野草に――目をやることだろう。それを大切にし、その自然に参画しようとさえするかもしれない。だが私たちの多くが送る、慌ただしいコンクリートジャングルの生活は、そんな関係性を一切育てようとはしない。自然とは出かけていくところであって自分の住む場所ではない、と言う人もいる。建造されたトレイルや国立公園訪問はたしかに、全体性から遠ざかってしまった生き方を示しているのかもしれない。だとしても、それが道であることに変わりはない。

トレイルを造るのは正しいことだ、と、私はほとんどの場合確信を持っている。私が一生の仕事として選んだものを、私はプロテスタントの厳しい目――それは天職、使命か――で、同時に仏教徒の寛大な心――それは正命《しょうみょう》か、アヒンサーに従っているか――で検証する。もしも私の仕事が、木々や土地よりも、破壊やアスファルトに重きを置いていると感じたとしたら、この仕事をこんなに長く続けることは出来なかっただろうと思いたい。

だが時折、この質問をしているのは、二〇歳そこそこの活動家でもエドワード・アビーの幽霊でもなく、私自身の影であったりする。トレイルを歩く人が、ある場所に行けるように橋を造る私。おそらくは橋なんかない方がいい場所に。「自然保護区域」のために、ボブキャットを運転し、ディーゼル燃料を缶から注ぎ込む私。新しいトレイルの道筋に沿って測量杭を打ち込み、木に貼った目印のテープを剥がしてしまった理想主義者に悪態をつく私。懐疑派のみなさんと私自身の影に対して、私は説得力のある正直な答えをたくさん持っているが、どれもとどめにはならない。私の一生の――ここまでの全生涯の――仕事であるトレイルと国立公園は、二つのものが交わるところに位置している――手つかずのものと管理されたもの。夢と給料。理想と現実。世界と我が家。どの交差点にも標識がある――この先危険あり。分かれ道。分岐合流点まで一キロ。

シャベル

基礎知識——道具というものの歴史において、もっとも原始的で有用なものの一つであるシャベルは、ものをすくいあげるためのスプーン状の刃が、とても長い柄の先についている。私たちの祖先がひざまずいてやっていたこと——料理するための穴を掘ったり、木の根を掘り起こしたり、愛する者を埋葬したり——をこなす。

語源——ゲルマン語を語源とする古英語の scofl という単語が同じ道具を指している。オランダ語の schoffel、ドイツ語の schaufel と関係があり、英語の動詞 shove〔押しのける、押し込む、押しやるといった意味〕ともつながっている。shovel という言葉は名詞（鋤、こて、ひしゃく）であると同時に動詞（掘る、動かす、てこで動かす、えぐる、運ぶ）でもある。

手入れ——ほとんどの人は、シャベルの手入れをしようとはめったに考えない。それでいいのだ。シャベルの手入れについて考えて過ごす人はおそらく、それを使ってしなければならない仕事を避けているのだ。とは言え、シャベルの刃、土を掘る部分は、普通の中粗目やすりで研ぐことが出来る。シャベルは掘るのが仕事だが、その際に植物や固まった土などを切る必要もでてくるので、刃が鋭ければ役に立つ。木製の柄は、亀裂、割れ目、裂け目などがないかチェックし、しっかり油を塗っておく。シャベルの柄を交換することも出来るが、斧やプラスキーの柄の交換ほど単純ではない。刃が、くさびではなくてリベットで固定されているからだ。基本的には、シャベルは問題がない限りあまり考えずに使ってよい。主な問題は大抵、シャベルを使う人にある。

リスト——これまでに私がシャベルで掘ったことがあるもの。歩道、雪の吹きだまり、穴（トイレの穴、橋脚用の穴、ジャガイモを植える穴）、私有車道、ゴミ捨て穴。石壁用の土台穴、枠工用の穴、馬の糞、犬の糞、ラバの糞、季節外れの霜でやられた鳴禽の墓を掘ったこともある。石炭、砂利、土、藁、泥、ヒマラヤスギの木屑、腐葉土、樹皮、リスの糞の山に残った木の実の殻、どろどろの水路の水もだ。一度など、まぬけなハリモミライチョウを道の真ん中からシャベルで持ち上げて、安全なところまで二〇メートル運んだこともあった。

使う人——道具はみなそうだが、シャベルの前では人はみな平等だ。ほとんどの人はシャベルを使ったことがある。お上品な園芸家は移植ごてを使うし、子どもはシャベルで雪をかき集めて要塞を作る。スーパーマーケットで量り売りの食料を買う人はスクープでスパイスを瓶に詰める。シャベルは本能的に使える。使い方は簡単だ。長年使っていると、ちょっとしたコツがわかってくる——すくうものの重さに合わせて柄のどこを持てばいいか。濡れた砂利なら短く持ち、おが屑をゴミ箱に投げ入れるときは柄の上の方を軽く持つ。肘を膝の上で支えて、すくうものの山から動かす先までシャベルを旋回させる方法。シャベルの刃を使って硬いものを切断したり、刃の裏側を使って何かを上から抑えつけたり平らにしたりする方法は誰でも知っているわけではないし、誰もが一日中掘り続けられるほど速い、あるいは強いわけでもない。でも、シャベルが何をするものかは誰でも知っている。浜辺で子どもにシャベルを渡して見ていればわかる。

歴史——現代のシャベルの初期のものは、木製の刃の先端が金属製の「蹄」で補強されている、ショッドシャベルと呼ばれるものだった。これまで、さまざまなシャベルがさまざまな人の手によって使われてきた。初期の文明では、掘ったりすくったりするのには木や動物の骨が使われた。コロシアムやアンコールワット、エッフェル塔の土台や万里の長城の足元にもシャベルが立てかけられた。シャベルは金を掘り、鉄道を敷いた。エームズ社のシャベルはアメリカのシャベルの原型で、今日でも生産されているが、第一次世界大戦中にはアメリカ兵に支給され、トンネルや塹壕を掘ったり、宿営地のトイレを掘ったり、接近戦に使われたり、戦いの後に兵を埋葬するのに使われた。見回してみるといい——都市の地下鉄を、造船所の埠頭に並ぶ杭を、あなたの家の地下室を。成功の秘訣はシャベルなのだ。

6 我が家

なぜ残ったか

デナリ

その場その場の生活に身を委ねていると、移動することそのものがある意味自分の居場所になる。路上生活者やジプシー、ビートニク、虚無僧、巡回セールスマン、長距離トラックの運転手といった象徴的な存在と同じく、移動と移動にはさまれた空間の中で楽しんで生きることを覚えるのだ。ただしその裏には、休息の場所を探し求める気持ちが同じくらい切実にある。ホメロスが描いた探索の旅、ブッダの悟りに至る旅、オズの国のドロシー、机上の系図学者の系譜探し。そこから立ち去るにしろそこに残るにしろ、私たちのほとんどは、ある場所をよく知り、どこかに自分の居場所を定めたがっている。私の場合、探すのさえ止めた頃に居場所の方が私を見つけた。

モンタナからアラスカに移って三年後、私はやっと、私を思いもよらず北へと誘った修士過程を終了した。五月、ゲイブと私は、三年間、一年の三分の二を暮らしたアンカレッジのアパートを引き払った。お祝いに、私たちはタルキートナでアレックと落ち合ってルース氷河に出かけた。ルース氷河はアラスカ山脈の側面を南向きに流れる氷原で、花崗岩の絶壁が三〇〇〇メートルの高さにそびえ、氷河や登頂尾根を歩いたり、雪を解かして作ったホットココアにウィスキーを効かせたりして、私の卒業を祝うのにはぴったりの場所だった。この旅行が終わったら、三人ともデナリ国立公園で二年目の仕事に戻ることになっていた。ゲイブと私はその先のことは決めていなかった。私はいつも、モンタナ州西部に戻るものと思っていたし、数年前はそう言い張っていた。でもルース氷河で一緒に山頂を歩きながら、アラスカに恋をしていた私は、秋になったらどうするのか確信が持てなかった。

夏が過ぎて九月になった。他の季節雇用者たちは去っていったが、私たちは残った。ゲイブと私はそれまで一〇年間、三つの違う場所で働き、六カ月ごとに国立公園から町へ、町から国立公園へと移り住んでいた。だがその年の秋、トレイル整備のシーズンが終わったとき、私たちにはそこから立ち去る理由がなかったのだ。修士課程は終わり、アラスカが私たちを離さなかった。冬期の仕事を見つける差し迫った理由もなかった。国立公園の北に借りたログキャビンは家賃が安くて居心地が良かった。私たちは残ることにした。

書類上は、私たちはまだ臨時雇いの季節雇用者、トレイル整備隊の班長にすぎず、手袋が擦り切れて、雪が舞う季節になればお払い箱だった。だが一二年一緒にいて初めて、引っ越しなしに六カ月が過ぎたのだ。半年に一度の状況の変化も味わわず、持ち物を整理することもなく、延々とみんなにさよならを言うこともなかった。「もうすぐいなくなる人」ということを前提にしたアイデンティティも必要ない。そのことに気づくと私は感動した。仕事は季節限定だが、私は違う。私はデナリに住んでいるのだ。もちろん、それ以来あちこちに出かけてはいる——海外旅行に行ったり、休日を実家で過ごしたり、アーティスト・イン・レジデンスのプログラムに参加したり、アラスカ以外のところで一学期教えたり、友人のキャビンで冬の間留守番したり——が、その合間合間には必ず家に戻る。アラスカに残ると決めてから六年、私はここでの四季を全部知っている。連続した四つの季節、一年また一年。楽しんでいる。

＊　＊　＊

シャベルの使い方を覚えたときのエピソードは特に

ない。シャベルを使った逸話の最初のものは、子どもの頃、家のそばの砂場で、近所の子どもの口におもちゃのシャベルで砂をほんの少し流し込んだ、というものだ。少なくともシャベルに関しては、私は早くから使い方が巧くて、本能的に理解していたのだ——物質（砂）を、それがある場所（砂場）から、動かしたい場所（口）に運ぶ。簡単すぎて、物語を必要としないものもあるのである。

＊　＊　＊

デナリの夏の勢いはすごい。それはまるで、もう一生酒は飲まないと決めた酔っぱらいの禁酒直前の酒盛りや、就寝時間を過ぎても灯りに誘われて家に戻らない若者のようだ。四月半ばになると冬の終わりが近づき、それから一番日が長い六月二一日の夏至に向けて、急激に盛り上がる——暗くなるのは午前二時、そして三〇分後には再び明るくなる。日が暮れたと言っても黄昏がちょっと暗くなるだけだ。六月までには、山の雪は解け、川は水かさが増し、観光客が殺到する。ホテルや店は防雪板を窓から外す——冬の厳しさは、夏にここを訪れる人のほとんどには想像もつかない秘密だ。キャンピングカーやバスツアーで高速道路が溢れる。お年寄りは互いに腕を組んで横断歩道を渡り、新婚さんは安いTシャツを買ったり、「アラスカ」と書いてあるものなら何でもかまわずそのそばで写真を撮る。

職場では私たちが本気を出す。屋内での計画とトレーニング、冬場のプロジェクト（木材に切り込みを入れたり、道具を修理したり）の仕上げに一週間、そして次の週は大声を張り上げて建設作業だ。凍った地面は日々解けていき、私たちはボブキャットで、シャベルで、あるいは背中に担いで土を運ぶ——どんどん過ぎていく時間にアドレナリンが湧き出て、なりふりかまわず働くのだ。橋を架け、スイッチバックを造り、測量し、石を積む。やらなきゃならないことを全部やるには時間が足りない。

仕事以外でも、夏の間にやることのリストは膨大だ。

大工仕事、一年分の魚で冷凍庫を一杯にするために釣りに行ったり、山登りもしなければならないし、庭には野菜が育つし、次から次へと来客もある。時間はあっという間に過ぎて何があったかもはっきりしない。睡眠時間四時間の日々が過ぎ、週末になると私はやっと一息ついて、こんな調子でいつまで続けられるかしら、と考える。でもその一方、私は太陽の光をしっかりと受け取って、肌に擦り込み、光が恋しい闇の季節のために貯め込む。六月の、昼が一番長い日が過ぎれば、夏は頂点を過ぎて釣鐘曲線の谷底へと向かう。初めはゆっくり――七月はまだ夏を引きずり、年によっては暑くて乾燥しているが、雨が多くて涼しい年もある――だが、八月になれば、まだ暖かいけれど日の光はもう去っていく。ベリー類が一夜にして熟し、観光客が減り、まばらになり、そしていなくなる――まるで水源が涸れたように。オオカミとクマは見つかる限りの食べ物を貪る。カンジキウサギとライチョウは白くなる――そうやって冬の間姿を隠すのだ。デナリでは、夏というのは冬の間のコンサートの幕間みたいなものだ。ロビーで友人と飲み物を飲み、CDを買ったり急いでトイレに行ったりする。もうすぐ客席の照明が消えて、次の演奏が始まる。

＊　＊　＊

トレイル整備員は悪ふざけに命をかける。下ネタジョークと並んで悪ふざけは欠かせない。グレイシャー国立公園で働いている間、私も典型的な悪ふざけをしたりされたりした。リーバと働いた最初の年には、彼女が私のバックパックの底に隠したメロン大の石を背負って一日歩いた。テントの入り口の横にブーツを置いて寝たら、翌朝そのブーツは、放っておかれた靴を見つけた早起きの誰かによって、トイレの建物の屋根の上に置かれているかもしれなかった。それにランチボックスをよく見張っていなければ、マックスがスニッカーズを盗んで裁縫道具の中に隠した。

だがデナリ国立公園の整備隊の場合、人物の危険度と重機を組み合わせたその悪ふざけは別格だった。私の班のクルーがニックのトラックの運転席に木の枝を詰め込んだときは、その日仕事を終えて私たちが自分たちのピックアップトラックに戻ると、三〇〇キロを超えようかという、タイヤが潰れるほどの重さの岩が荷台に置いてあった。ボブキャットなしでは（とっくに現場にはなくなっている）岩を動かすのは到底無理だったので、私たちは、テールゲートからニックの勝利の印を晒したまま宿舎まで戻った。クルーはライリー・クリークを渡って作業現場に行くのにピンと張ったケーブルを使うのだが、いつも誰かいたずら者が、滑車をクリークのどちらかの側に縛り付けたり、装着帯やテンションレバーを隠したり、とにかく人を立ち往生させたり、長さ三三メートルのケーブルを両手でたぐって渡らざるを得なくなることなら何でもした。他の班の作業現場の上に架かった鉄道橋の上で、その班が昼休みになるのをじっと待ち、上から一斉にウォーターボトルの水を頭の上にぶちまけたこともある。ある誘拐ごっこは四カ月続いた――クルーたちは、雪だるまとカラフルなテディベアのぬいぐるみをやり取りし合い、ぬいぐるみは写真の中で、ガムテープで猿ぐつわされたり、身代金を要求する手紙を貼り付けられたりした。そのシーズンが終わる頃には、雪だるまは首を切り落とされ、テディベアは蛇籠の壁に詰められて、それがどこにあるか知っている者にしか見えなかった。

誕生日ともなれば何でもやりたい放題で、いたずらの手が込んでいればいるほどいたずらされる方にとっては名誉とされた。小川に投げ込まれたり、腐った飲み物を無理やり飲まされたり、ガムテープで家具に縛り付けられたり、目隠しして猥褻なピニャータ〔中にお菓子やおもちゃなどを詰めた紙製のくす玉人形。子どもが目隠しをして割る遊びがある〕を割らされたり、クナック社製の保管箱の中に閉じ込められたり。時折信じられないような気がするのは、この集団の平均年齢が二〇代後半だったこと、そしてこうした企みはみな仕事時間中に起こったにもかかわらず、私たちの名高い生産性は落ちなかったことだ。トレイル整備の仕事を辞めるとか、テレビで観たような会社勤めの仕事に就くことを想像すると、作業や自然と並んで、何よりもなくなると淋しいのがこういうことなのだった――昼休みに裸で泳いでいる人の服を隠してしまうとか、動力付き手押し車で作る山車のパレードとか、木に登って、何も知らずに下を通りかかるクルー仲間の上に飛び降りるとか、トラックのデフロスト・ベントにおが屑を詰め込んでおいて、雨の日に運転手がエンジンをかけると顔中木屑だらけになるとか。

五六歳でグループ最年長のニックは、トレイル整備隊に入ってから、これまでなかったほど自分が若く感じると言う。でも、いつまでもトレイル整備が出来る人はいない。ニール・ヤングは、錆びるより燃え尽きる方がいいと言っているし、トレイル整備の世界では昔から、体が保つ限りはいい暮らしだ、と言う。この世界にいる人は誰もが、これが永遠に続けられる仕事ではないことを知っている。体はガタがくるし、人は次の仕事に移っていく。でも私は、この先の五〇年も、あんな風に笑えたらいいな、と思う。どうぞクマの糞を私のブーツに隠してちょうだい。そう、私のトラックを子どもだましの爆弾代わりに使われたって構わないわ。ええどうぞ、昼休みに寝ている間に、ワークパンツにトウヒの針葉を詰めてもらいたいわ、ねえ、こそ泥さんたち。お願いだから。

＊　＊　＊

グレイシャー国立公園で働いた最後の頃、私は燃え尽き症候群になりそうだった。お馴染みの仕事、絶えず繰り返す作業、まず変更のない、決められたスケジュールに沿った出動命令。デナリでは、私は仕事の仕方の決定自体にずっと深く関わっていた。他の班長たちと一緒に機材を注文したり、トレーニングを設計・実施したり、備品の在庫を管理したり、トレイルの測量をしたり、部下を査定したり、進行を監督したり。そのほとんどはやりがいのある仕事だった。ゲイブの仕事は数年目から「短期雇用」に切り替わっていて

（季節雇用より一段上だが、それでもありがたいことに非永続雇用だった）、彼は管理業務がさらに多くなった。大勢の管理職を相手にプレゼンしたり、社員ミーティングに出たり、国立公園局の啓発トレーニングに参加したり。こういう昇格と引き換えに、ゲイブと私には健康保険と、人生初の確定拠出型年金が与えられ、私たちはそれぞれに新しい課題に取り組むことになった。問題は、ときどき、一度もシャベルを手にしない日があるということだった。怪我がなかなか治らなくて楽な仕事を与えられた月があったのと監督業務のおかげで、マトックをキーボードに、チェーンソーをカメラに持ち替えなければならないことも多かった。

一生歩兵のまま終わりたい人はいない。長く働くほど、自分の意見も持つようになる。責任ある仕事がしたくなり、そしてそれを任されるようにもなる。だが、体を動かして働くのが根っから好きで、仕事のことをあれこれ言うより実際に仕事をしたい、という人にとって、管理監督業務に転がり落ちていくのは怖ろしいことだ——いつの間にか、そもそもこの仕事のネガティブな面を我慢した理由であった、大好きな作業をしなくなってしまうのだから。これは出世の梯子を登る誰にでも起きることだ。携帯電話やスケジュール帳、それに集計表が迫ってくる。作業についてのミーティングが作業そのものに取って代わる。管理職のオフィスの入り口に、片足を中に、もう片方の足を外に置いて私たちが立っている間も、クルーは現場で待機している。

序列が上がると素晴らしいこともある。私にとっては、その最たるものが、先輩として助言を与えるということだ。新人が、狙ったとおりに木を伐り倒せて自信をつけるところや、スクライバー、傾斜計、スキッドステアローダーの使い方を理解したときの嬉しそうな顔を見ることほど素敵なことはない。もう手遅れになってからではなく、作業の早い段階で私のアドバイスを求められると嬉しいし、ダメになった鋸の代わりに入れる新しい鋸はどれにするか、どの機材をどれくらいの期間レンタルするか、そういうことを決めるのが好きだ。図面を引いたり、資材を購入・保管したり、工程を決め、プロジェクトを最後まで見届け、終わったらそれについて批評するのも好きだ。どうやったらいいと思うか、と尋ねられれば気持ちがいい。長年の経験に裏打ちされた、それに対する答えを持っていればもっと気持ちがいい。

だが、職責には馬鹿らしいことも付きもので、そのバランスは微妙だ。オフィスにいるとときどき、そこんとこに穴を掘れとか、木を伐って皮を剥けとか、出来るだけ迅速にここからここまで歩いて排水溝を掃除しろとか、命令された日々のことが懐かしくなった。ある日ゲイブが帰宅したとき、頭はクタクタだったが体はそわそわと落ち着かなかった。人事に関するミーティングにかかった時間の方が、その日歩いた距離よりもずっと多かったのだ。シーソーのバランスが崩れて勢いよく地面にぶつかる、その転換点はどこにあるのだろう？　私は、これまでずっと仕事をしてきたのと同じ理由で仕事をし続けたい――私はそれが上手いし、満足感を感じるし、大事なことだ、という理由で。単にお給料のためでも、出世のためでも、生活の安定のためでもなく。私は、国立公園局の梯子を登りたいと思ったことは一度もない――用具倉庫に立てかけてある梯子以外は。潮時がきたらわかるわ、と私は自分に言い聞かせた。その頃はまだ、道具を手にしない日の方が少なかった。そういう日ばかりになってしまう前に仕事を辞める分別が私にあることを私は願った。

＊　＊　＊

デナリ国立公園で働いた最初の年、私たちは、公園入り口を入ってすぐのところにある、国立公園局所有の季節雇用者向け住宅、Cキャンプに住んでいた。茶色いログキャビンが、管理用駐車場に続く道に沿って建ち、駐車場には、バンパー・ステッカーをべたべた貼った、アラスカ州以外のナンバープレートのスバル車が、ピータービルトのロゴ入り泥よけをつけた一〇トントラックと並んで停まっていた。私たちのログキャビンはワンルームのAフレームタイプで、賃料は会社の購買部で買ったものの支払いのように給料から天引きされた。私たちはそこから歩いてトレイル整備隊の作業場に行った。シャワーは公共の洗い場で浴び、仕事が休みの週末にはデナリ国立公園のバックカントリーに出かけた。私の住む世界は、公園と仕事、つまりひと夏そこで働く移住者の生活圏によって定義されていた。近くの町、ヒーリーの住人はほんの数人しか知らなかった――デナリ国立公園に一〇年いるトレイル整備の主任、ラルフと、アラスカ生まれの班長仲間、オーウェン、それに他の部署の正社員が数人だ。

二年目の夏、デナリに戻ったゲイブと私はCキャンプを出た。プライバシーが欲しかったし、犬を飼えるところが、お隣さんが、国立公園とそのリズムの外の生活が欲しかったのだ。私たちは北に向かった――人口九八四人のヒーリーの町の外へ。ヒーリーで通年人を雇っているのは、ネナナ川の向こうに見える炭鉱と（石炭が燃料の）火力発電所、そしてその両方から「護られ」た、二〇キロ南の国立公園だった。二車線のパークス・ハイウェイがヒーリーの中心を通り、ヒーリーが世界に向ける顔は、典型的な田舎町のそれだ――ガソリンスタンドが二軒、みすぼらしいバーが一軒、長距離トラックが立ち寄るダイナーでは、お馴染みの、体に悪い朝食メニューが一日中食べられる。ハイウェイからちょっと離れて、幼稚園から高校まで一貫教育の公立学校があって、小さい図書室が週に四日、午後になると一般に公開される。小さなクリニックのあるコミュニティセンター、それに消防署。夏、観光客がデナリ国立公園に殺到するときはヒーリーはにわかに活気づくが、人びとはここには長居しない。その美しい背景にもかかわらず、ヒーリーは、ニューヨークの地下鉄から見えるアパートや国道九〇号線沿いにきれいに並んだランチスタイルの家々と同じく、旅行客の目には入らないのだ。

住民は、町の砂利道沿いや、川沿い、あるいは尾根づたいに集まり、アスペンの林に囲まれ、雑木林に隠れて暮らしている。私たちが住んでいるのはもっと北のパンギング川の近く、この辺の言い方だと「スタンピードの先」だ。スタンピード・ロードは、ハイウェイから西に、国立公園に向かってその山並みを地平に望みながら折れ、最初は舗装道路なのが砂利道になり、一車線になり、トレイルになり、ついにはマウンテンバイクや四輪バギー、冬なら犬ぞりか雪上バイクでしか通れない道になる。スタンピードの先には大きな家もいくつかあるが、ほとんどの人は、質素な家か、自分で建てた小さなキャビンに住んでいて、暖房の入るガレージより、防水シートで覆った材木の山の方をよく見かける。私たちが最初に借りたのはことのほか素朴な家で、五×六メートルの、水道のないログキャビンだったが、少しも珍しいものではなかった。汚水処理タンクと井戸のある家は、昔から住んでいる、地下一〇〇メートルの水脈まで井戸を掘れるだけの貯金をした人のものであることを意味していた。私たちのようにそうでない人は、トイレ小屋で用を足し、二〇〇リットル用の大樽に雨水を溜め、飲み水は共同井戸から、二〇リットル用の水差しや塩化ビニールのタンクをピックアップトラックの荷台にのせて運ぶ。シャワーを持っている友人は惜しみなく使わせてくれる。水道がない家で食べ物を持ち寄ってパーティーをするときは、みなそれぞれ自分の飲み水は持って行く——パーティーを開いた人に余計な水汲みをさせないように。

ヒーリーはある意味において独特の町で、これまで私が行ったことのあるどことも違っている。郵便局の掲示板には、(地元の小学校四年生が罠で仕留めた)オオヤマネコの毛皮が売りに出され、空気は石炭の粉塵とツンドラ植物が強い風で掻き混ぜられた匂いがする。だが別の意味では、どこの国立公園に行くときでも必ず通りかかり、公園への入り口と緩衝剤の役割を果たす、どこにでもある町のアラスカ内陸版にすぎない。どんなにありきたりであろうと、あるいはどんなに特別であろうと、ヒーリーというこの奇妙な町を、私は我が家と呼んできた。そしてそれは、他の色々なものに混じって、季節が作る町だ。

九月になる頃には、ヒーリーはうずくまる。観光シーズンは終わり、レストランや土産物屋は窓を板で覆い、周辺一五〇キロ圏内に一つだけある信号が消灯する。生活は必要最小限のものだけになる。雪で固まった二車線のハイウェイを北に二時間走ったところにフェアバンクスの街があり、私たちは二週間に一度、一日かけて遊びに行く――食料、ドッグフード、建材、本屋、医師、(時間があれば)タイ料理と映画。それ以外は、私たちは二人っきりだ。ヒーリーには小さな食料品店があって、ガチガチに固いアボカドとか、一袋六ドル五〇セントのポテトチップスとか、同じく四リットルで六ドル五〇セントの牛乳が買えるが、ヒーリーで食料を買い込む人はいない。冬は、手に入るものが限られる。

ヒーリーに来てチャイを飲もうとしても無駄だ。ここは『アウトサイド』誌にフィーチャーされる町とは違うのだ。近くにスキーリゾートもないし、健康食品の店もない。私はそういう文化の香りのするものを利用してきたし、それらがないのを淋しいと思うこともよくあるが、ヒーリーには、人工的なものの欠落から来る魅力が、昔ながらの、狙い澄ましたものでない魅力がある。木曜日の夜には、有志で集まって学校の体育館で太極拳をするグループがある。ワークアウト用の高級な服を着た人たちが集まるヨガスタジオではない――みんなブカブカの肌着で、伸びたVHSテープを観ながら、中国人女性の金切り声に合わせて体を曲げたり伸ばしたりする。ここでは太極拳といえば、お香の香りより汗臭い靴下の匂いがする。

どこの田舎町もそうであるように、ヒーリーにもさまざまな意見の対立がある――道路建設賛成、反鉱山、自然保護区拡大賛成、建築規制反対。だが何事も単純ではない。国立公園で働く人が狩猟の罠を仕掛けたり、炭鉱で働く人が犬ぞりのチームを持っていたりする。みんな、ガソリンの値段や、マイナス四〇度が何週間も続けば文句を言う。ヒーリーは小さな、実用的な町で、ここに住む人以外の目には入らない。そしてそのことが、私たち住人を結びつける。イデオロギーの対立や積年の恨みはたしかに存在する。だがそうした敵対意識は、私たちが共有するもの——遠隔地であることや、独立独歩の気質、季節の重要性——と共存しなくてはならない。最も寒い時期には、誰もがお揃いの、断熱効果のあるオーバーオール作業衣とバニーブーツを身に着けて肩を寄せ合う。実際的な必要性の陰に、政治は隠れてしまう。

住民の多くにとって、冬の間の仕事は孤独だ——水を運ぶ、犬を走らせる、赤ん坊の世話をする、地下室の壁を石膏ボードにする。孤独感を味わわずに済むように、私たちはどんなことでも口実にして集まる。読書クラブ、編み物をするグループ、ポーカーの夕べ、ホッケーの試合、学校の学芸会。時折、遠くから帰ってきた人がスライドを見せることもある。コミュニティセンターでも集会がある。チリコンカンがふるまわれたり、区による公聴会があったり。そして真冬には「ヒーリー・オン・アイス」という祭典がある——学校の裏手にある屋外アイススケートリンクで、サンタクロースが製氷機に乗るのだ。でもこういうリストを見て騙されてはいけない。ヒーリーは静かなところだ。すべてが白とグレーに包まれ、話すことといえばやらなければならないことと天気のことしかないとき、色彩が、アートが、騒音が、生の音楽が、一度も考えたことがない何かについての無料講義や、奇抜な看板を持って車が行き交う交差点に立っている変人や、そういうものが恋しくなることがある。キャビンが暗く、小さく感じられ、どうやっても寒くて一時間以上は戸外にいられないとき、清潔で明るい照明のある空間が、公共の空間の喧噪の中で温かい飲み物を飲めて、匿名でいられる空間があったらいいのに、と思う。でもここにはない。温かいものも、喧噪も、公共の空間も。匿名性も。

ここでは、冬が人をここの住民にする。仕事の場としてのデナリ国立公園は、道具を手にし、常に動き回り、大勢の季節雇用者がバーやパーティーや川沿いの駐車場に集まる、トレイルで過ごす夏のことを意味する。誰にとっても、なぜここにいるのかがわかりやすい――仕事はフルタイムだし、世界は居心地がいい。夏というのは暮らしやすい場所だ。だが、この場所を我が家にするのはそれ以外の三つの季節なのだ。

いつもならここを立ち去る季節を過ぎても私たちがここに残った理由は、天候でも仕事でもホームパーティーでもなかった。私たちは、今の私たちの生活があるのがここだからここに残ったのだ。過ごしやすい夏が行ってしまうと、私たちは瓶詰めの食料とネットフリックス〔アメリカのオンラインＤＶＤレンタル及び映像ストリーミング配信サービス〕とともに引きこもる。キャビンの裏はまるでスキーのゲレンデだ――雪がターマックみたいに硬い吹きだまりになり、そして私たちは誰とも会わない。

風は野性だ。風を飼い慣らせた人はいない。タービンも風車も、風を集めるだけでコントロールはできない。野性とは、強い風に軋む家、冬の嵐の中で身を縮める人、吹きつける雪のためにハンドルをとられる橋の上の車のことだ。野性とは、雪の中に解けたくぼみで、尾で鼻を隠してまるまった犬ぞり犬。野性とは、土埃と人びとのざわめきに満ちた夏の風。野性は風下を見つけ、眠る。

それは暑くて風の強い日だった。サヴェージ・リバー・トレイルで、ジェリーと私は砂利道補修をしていた。ほんの数時間で済む作業だ。シャベルで最後の一杯分の砂利を敷き終わると、作業場に戻る前に、私たちは午後の休憩を取ることにした。私はいつも、観光客との直接のコンタクトを避けようとしたが、ツンドラ地帯で身を隠すのは容易ではない。私たちはトレイルから七メートルほど離れた窪地に逃げ込んで、私はトレイルに背を向けた。私より断然人付き合いがいいジェリーは、バックパックに寄りかかってトレイルの方を向いて座った。私たちが座ってタッパーの蓋を開け、お昼の残り物を食べようとした途端、声が聞こえた。私は口をもぐもぐしながらジェリーに、やれやれ、という顔をした。いつだって見つかってしまうのだ。

「スミマッセン」とドイツ語訛りの強い英語で男性がトレイルから叫んだ。「ヘラジカガミラレルトユーノハココデスカ?」お金を入れれば見られる自然番組の司会者になったみたいに、私は体を捻って彼の方を向いた。こういうとき、班長が答えるのが慣習なのだ。だから私が、半ば叫ぶように、たしかにここで見ることも出来るが、その保証はない、と言った。それにはお構いなく、その男性はしゃべり続けた——ここが最良のスポットであるのは間違いない、だってほら、ここの標識に、ヘラジカに注意、と書いてあるデハナイカ。私は頷いて、それに賛成する振りをした。「頑張れよ!」とジェリーが言った。男性はやっと歩いて行きかけたが、数歩行ったところで私たちの方を振り向いて、妙に響き渡る、堂々たる腹式発声で、まるで観客に向かって言うように「カワデ、ワタシハ、サンビキノヤギヲミタ」と言った。彼は反応を見るようにちょっと間を取り、指を三本立て、その指を頭の横に持っていって丸め、ドールビッグホーンの角を示して見せた。「マガッタ、ツノガ、ツイテイタ!」と、誇らしげに、仰々しく、彼は言い終えた。

私は苦笑いした。ジェリーは数秒間、黙って彼を見つめ、それから、超シンプルに、これ以上ないくらいアメリカ的な一言を、無表情に言った——「いいね」。男性はトレイルに立って頷き、さらなるコメントを待った。ジェリーはにっこりして頷き返した。親切なツンドラ版ビッグ・リボウスキ[映画『ビッグ・リボウスキ』でジェフ・ブリッジズが演じた「デュード」のこと。マリファナでハイになり、満面の笑みをたたえるシーンが有名]みたいに。私は笑った。男性は行ってしまった。後で、バーでビールを飲みながら、ジェリーと私は乾杯した——「マガッタツノに乾杯!」

＊　＊　＊

斧は切り刻む。プライバーは持ち上げる。チェーンソーは木を伐る。ゴムボートは浮かぶ。スキッドステアローダーは掘り起こす。シャベルは？　その他のこと全部。

＊　＊　＊

傾斜計は斜面の勾配を測る道具だ。勾配とは、水平距離に対する垂直距離――二つの地点の間でどれだけ標高が高くなっているか――をパーセンテージで示したものである。傾斜計はつや消しのスチール製で、トランプくらいの大きさだ。片目で照準器を覗いて遠くの標的を見、手前の目盛りで視線の先までの勾配を測る。トランシットよりシンプルだし、レーザー測量器や、いざという時の目測よりは正確な傾斜計は、雇われて働くかと思えば仕事をチェックする役でもあり、環にしたコードで首からかけ、手の平にすっぽり収まる相棒だ。

グレイシャー国立公園での私の測量経験はあの、埃っぽいトレイルの一部をキャシーとルート変更したときがすべてだった。だが私は測量技師の娘で、測量杭やオレンジ色の測量旗をおもちゃにして育ち、真鍮の下げ振りの滑らかな手触りや小さなノートに走り書きした数字とはお馴染みだった。測量を学ぶ用意はできていた。

デナリで働き始めて一カ月で、私の測量経験はグレイシャーでのそれを上回った。フロントカントリーのトレイル造りが快調で、傾斜計はどこにでもついてくる相棒になった。新しいトレイルを正しく設計すれば、さまざまな維持管理の問題を回避できることがわかった。測量が拙ければ、そのトレイルがある限り、トレイル整備員は補修に追われて悲惨なことになり、トレイルは永遠に不満と非難の的になった。

上手い具合に設計されたトレイルというのは、さまざまなことが考慮されている。誰が使うのか（ハイカーか、馬か、自転車か）、使用目的（自然観察か、通勤・通学か、自然保護区にアクセスするためか）、水捌けをよくするための外向きの傾斜、特定の種類の土壊に耐えられる最大の勾配などだ。地形的な障害物(崖、川、沼など)、全体としての地勢、景観などにも配慮しなくてはならない。トレイルコリドーが曲線を描いていると、野生動物に突然出くわすのを防げるだけの見通しさえあれば、等高線にも沿うし、歩く人にとっては視覚的に面白い。良くできたトレイルというのは、地形の上に構築されるものであると同時に、地形を正しく解釈するということでもある。

傾斜計が正しく使えるかどうかは、技術的な手腕よりも、良い目と辛抱強さにかかっている。だが、トレイルの設計技術を身につけるのには、時間と経験が必要だ。ざっくりとした測量ラインを引くのは目が利く人が一人いれば出来るが、最良の設計はチームでなければ出来ない。倒木やどろどろの湿地や突き出した大岩の周りを一緒によっこらよっこら歩き、相手に声をかける――「もうちょっと上、やだ、そこ泉があるのね、そっちはどうかな、オッケー、ちょっとこっちへ、もうすぐ反向勾配が必要ね、トレイルは一〇パーセントでいけるかな?」

そうして次の日、あるいは翌週、または翌年そこに戻ると、変更が必要なことに気づく。勾配が大きすぎて、その下を通るはずだった崖にぶつかってしまった。九月には乾いていた地面が春にはぬかるむので、ターンパイクにしないといけない。ビーバーのダムがあったり、伐ってはいけない老齢の樹木があったり、両側の傾斜が急すぎてトレイルを造ることが出来ず、橋を架けるしかない大きな湿地帯があったり。良いトレイル設計というのは、「これで十分」と思った後もずっと、同じ箇所を何度も何度も見直すくらい気にかけなければならないし、同時に適度な客観性を保って、改善できる点があるなら元のプランを手放せなければいけない。

巧い測量は見た目にはわからない。完成したトレイルはまるでずっと前からそこにあったかのようで、それ自体が注目を集めることがない。一方、測量の仕方が拙いとそれがわかってしまう。あまり軽率に測量ラインを引けば、その結果できたトレイルには、急勾配、ぬかるみ、浸食、風で路面が吹き飛ばされたり、カーブが崩れたり、雨による決壊など、頭の痛いトレイル整備作業が一生ついて回るかもしれない。

何日も何週間も続けて誰かと測量作業をしていると、相手が、目を細めて傾斜計の照準器から狙いを定めるその部分だけの存在に見えてくる。クラスティの帽子のつば、ゲイブの口ひげ。私が組んで測量した男性のほとんどは私よりずっと背が高いので、彼らが私に狙いをつけるためには、私は腕を頭の上に上げなければならない。腕時計のバンドに結んだオレンジ色の旗は、うっそうと繁った草むらでもよく見える――必要から生まれた装飾だ。おばあちゃんのブレスレットや数えきれないほどの腕時計や持てる限りの髪留め、それに結婚指輪まで失くした私には、最適な装飾品だ。即席で、ユニークで、補充が利く。またそれは、一時的でも私が重要だったことを――私が目印としてそれなりの縮尺で景観の一部だった瞬間と場所を――示すのだ。その鮮やかな、動くものを中心に、その他のすべてのものが、あるべき場所に収まったのだから。

＊　＊　＊

秋になるとデナリ国立公園では、燃えるように色づいた木々がその色調、色彩、明暗を新たにし、毎年私を楽しませてくれる。人は紅葉と言えば、ニューイングランド地方や、中西部や、あるいは東部から移植されて大通りにずらりとカエデやオークが並ぶ、移住先の平原の町を思い起こす。デナリのことを思う人はいない。妹は、「だって木なんか生えてないでしょ？」と言う。だが木がなくても紅葉はするのだ。北の紅葉は、頭上の林冠で起きるのではなく、地面で起きる――足元に、化学変化というカーペットが広がるのである。クサヤナギは赤く、地衣類は緑に輝き、ふかふかしたキノコ類は土の色をしている。ベリー類――スノーベリー、クランベリー、ブルーベリー、クラウドベリー、ナグーンベリー、ベアベリー、サーモンベリー――も色とりどりだ。オレンジ色や白、ワインの色からほとんど黒のものまで。アスペンは琥珀織のような輝きとサラサラ鳴る音で私たちの視線を上に向けさせようとするが、秋の会話の中心は地面にある。

私は根本的には実存主義者で、秋が好きな理由の一つはその底に観想的なものがあるからだ。具体的な事象（すべてのものが枯れつつある）に気づかせ、抽象的な事象（すべてのものは死ぬ）を思わせてくれる。冬、葉や花が色褪せる直前に木々や低木が燃え立つのを見ると、私はまた考えずにはいられない――私には、たとえほんの数分でも、私の手に課せられた仕事によって私自身が色づき、こうした植物と同じように目的に満ちた生を生きることが出来るだろうか？

＊　＊　＊

ある年、私はオレゴンで教えるためにトレイル整備の仕事を早めに切り上げた。修士号をとった年の秋の、ずっとデナリに住もうと決める直前のことで、私は初め、迷っていた。大学院に行ったのは教授になるためではなかった。学会に、肉体労働生活から救ってくれと要請したこともなかった。でもその求人内容は魅力的だった。私が大学生の時に受講して西海岸と恋に落ちた、ユニークな学外授業プログラムを、一学期間教えるというものだったのだ。住むところも与えられた――自分のキャビン、水道付きだ！　責任は大きくない。あと二カ月穴を掘るためにこの申し出を断るのは愚かに思えた。だから受けたのだ。それは私の初めての教職で、周りには私が大いに尊敬する教授たちがいた。デナリの整備隊が、いつもより早く訪れた厳しい寒さの中でその年の仕事を仕上げている間、私は自分のノートや本の埃を払い、黒板の前に立って、ナボコフと詩論、ポスト構造主義と禅について講義した。小グループでのディスカッションや小説を書くサークルも指導した。学生が論文を書いたり発表を行う際の助言もした――その助言が、一五年前の自分がとても助けられたようなものであればいいと願いながら。

一番近い隣人は、私の小さなキャビンから砂利道をちょっと行ったところにあるトレーラーに住んでいた。

デイルは、アウトドア愛好家であると同時に、シスキュー郡の自然保護区を、無計画な家畜の放牧と農業ビジネスから護る非営利活動をしていた。七〇年代にデナリに登ったことがあり、山頂近くで見舞われたひどい嵐で、両手と両足を凍傷で失っていた。でも人はそのことにめったに気づかなかった。その器用さと根性、そしてパンチョという名の気の強い馬のおかげで、デイルは、人が普通にやることは全部、一人で出来たからだ——自分で食べ、雑誌を読み、車を運転する。さらにほとんどの人には出来ない、もやい結びや、家畜の世話や、政治家へのロビー活動までやってのけた。デイルはどこかに出かけるときや帰ってきたときに、大抵は馬に乗ってうちに立ち寄り、私たちは、山登りのこと、飼っている犬のこと、アラスカのことをお喋りした。「デナリか……」と、丸くなった手の先を持ち上げながら、皮肉交じりの愛情を込めて彼は言うのだった。「俺の一部を残してきちゃったからな」。その数カ月間の私の生活で、私が我が家であるアラスカの何を懐かしく思っているか、理解してくれるのはデイルだけだった。

教授陣の重鎮の一人である友人のダリルは、週末になると敷地内の木立の面倒をみた。薪を作ったり、森の健康を保つために針広混交林を間伐するのだ。彼はよく伐採に私を誘ってくれた。私も彼と同じくチェーンソーが好きなこと、チェーンソーのスイッチを切った後、晩秋の日差しの中で伐り倒した丸木に寄りかかって午後の休憩をとるのが好きなことを知っていたからだ。興味を示した学生を連れて行ってチェーンソーの使い方を教えたことも何度かある。

「ブレーキを使いなさい、プロテクターを着なきゃダメよ、バーの先に気をつけて、ゆっくりね」。私は自分が知っているルールを教えた。金曜日の午後は作業の時間で、地域の仕事に取り組んだ。私のグループは、一学期中かかって少しずつ、川までのトレイルを造った。学生たちはぼんやりと、それが私の「本職」と関係があることを知っていた。えーと、本職って何なんだっけ？　彼らはシャベルや鍬や剪定ばさみやマトックを握りしめた。どれも彼らが持つと重たくて無骨に見えた。私は、キルケゴールや自由詩と同じくらい私にとっては馴染みのあるプラスキーを持ち上げ、そして説明しようとした。

＊　＊　＊

なくなると淋しくなるもの。誰かに教わった技術を別の人に伝えること。目の前の上り坂を、死んでも誰にも抜かれない覚悟で登ること。骨までクタクタになること。二〇歳の若者がトレイルに恋をするのを目撃すること。私が修理してうまくいかなくても弁償しなくていい工具をいじくり回すこと。予期せず野生動物を見かけること。「エクササイズしなきゃ」と考えなくて済むこと。一週間の仕事が終わり、シャベルを肩に担いで家に向かうこと。屋内のトイレに行くより、外で用を足す回数が二〇倍くらい多いこと。汚い手でお昼を食べること。木工作業の伝統。ぴっかぴかに清潔な観光客で一杯のバーで、汚れた服のままビールを飲むこと。大切に扱ってくれる人とツールを共有すること。私が造るのを手伝った、完成したトレイルを、満足して歩くハイカーたち。トレイルドッグ同盟。二月にスキーに行ったときに、バックパックの底からハスクレンチが出てくること。毎日体を動かすおかげで柔軟性がつくこと。ほとんどの時間を屋外で過ごしたときにだけする、服や肌や髪の匂い。浴び甲斐のあるシャワー。

＊　＊　＊

トリプルレイク・トレイルは、一九三〇年代に市民保全部隊によって造られたものだ。私はニューディール政策を尊敬していたし手仕事が好きだったから、その年、そこを任されたのは嬉しかった。トリプルレイク・トレイルはデナリ国立公園の中で一番長いトレイルで、公園の入り口と、パークス・ハイウェイに沿って南、マッキンリー・ヴィレッジの集落を結ぶ一三キロのトレイルだった。地元の人には人気があったが長いこと手入れされておらず、その結果、一言で言えばめちゃめちゃだった。フォールライン〔雨水が流れ込むように掘った溝〕の位置が悪いせいで水捌けと浸食の問題が深刻で、トレイルの表面は手入れもされず酷使されてひどい状態だった。トレイルの低いところにある泥ピットでは時折、コードバのときみたいに、泥にはまってブーツが脱げた。私たちの仕事は、三年かけてこの歴史的なトレイルを、直せるところは直し、直せないところはルートを変更して再構築し、さらに急成長中のデナリ・ビジターセンターを中心としたトレイル網に連結させる新しいトレイルを造ることだった。

その前年の、機械を使うことが多かった仕事のあとで、私にとってトリプルレイク・トレイルは、トレイル整備の仕事で私が一番好きな仕事に戻れることを意味していた。さわやかに晴れた朝（もちろん雨の日もだが）、作業現場までの上りの道を歩く。ビーバーのダムや湖畔やゴツゴツした断崖のそばでとる昼休み。かなりの数の手工具。土取場。ライリー・クリークをジップラインを使って（お尻を水面すれすれに）渡らなければならないこともある行き帰り。そしておそらく一番重要だったのは、黙って懸命に働くことから生まれる結束だった。

でも、歩いての移動と手を使った作業は、私の班のクルーの何人かにとっては大問題だった。デナリ国立公園での作業が機械化されていく真っ最中にトレイル整備の仕事を始め、私がグレイシャー国立公園で経験したような集中トレーニングを受けていないメンバーだ。重い荷物を肩に担いでトレイルを運び、競争で排水溝から排水溝へと走って移動した、あの古いやり方を私は懐かしんだが、彼らは、動力付きの手押し車があるのにどうして自分で手押し車を押したがるのか不思議がった。私はそれこそが、私が経験を積み、生計を立ててきた、本物のトレイル整備なのだと納得させようとした。最初のうち彼らは、なぜ私がそんな汗臭くてのろくて骨の折れる仕事の方が好きなのかが理解できなかった。ボブキャットは速いし、簡単だし、運転するのが楽しいのに（実際楽しいのだ）。

時間が経つにつれて、私たちは妥協した——どっちも本物のトレイル整備なのだ。ボブキャットを使おうがシャベルを使おうが、砂利の山でだろうが土取場でだろうが、私たちがしているのは本物の労働だ。手でする仕事は綺麗事ではないということを私が思い出すのに時間はかからなかった。ときには背中が痛くてたまらず、仕事は永遠に終わりそうもなくて退屈だし、バケツを運んで手にできたマメはカッコよくも何ともなかった。私たちがシャベルとマトックを使って少しずつ動かしていた、トレイルの下りの側に溜まった巨大な土の山を、ボブキャットがビーッ、ビーッ、ビーッといいながらバックしてきて手伝ってくれたら嬉しい、と私は認めた。その一方でクルーの男の子たちは、切り株の難物を手動のカムアロングで地面から引っこ抜くのは、トラックの牽引フックにそれを結わえ付けてエンジンをふかすのと同じくらい気持ちがいい、と認めた。何人かは両挽き鋸が気に入って、その鋭い刃に敬意を表しつつ、慎重にそれを使う機会を待ち構えていた。彼らは手工具を研ぐ技の意味を、それがどれほど仕事をやりやすくするかを理解した。知らなかった筋肉の存在に気づき、歩くのが速くなり、手先が強くなった。そして仕事がゆっくりと進むにつれ——その一歩一歩が、今日一日、このシャベル一杯分、あそこにある土取場、といったものの積み重ねなわけだが——機械を使って仕事をするのでは見過ごされてしまう一つ一つの特異性がわかるようになった。週の終わり、泥だらけで週末を待ちかね、動力付きのツールを使えば終えているはずの作業はずっと進行が遅れていたけれど、それでも私たちには満足感があった。そう、そして、クタクタだった。

＊　＊　＊

緯度六三度のところでは一年の半分が冬だから、もう一度その話をしよう。一〇月半ばから四月半ばまでは寒いが、早くから雪が地面を覆うこともあれば、クリスマスまでは風は強いけれど地面には積もらないこともある。真冬には摂氏マイナス四〇度の長い寒波が訪れ(昔からここにいる人は、数十年前はもっと長かったと言う)、もしも気温がマイナス六度まで上がることがあれば、気まぐれなチヌークによって四度くらいまで上がる可能性も高い。年に何度か吹き荒れて、別の季節、別の世界の匂いを運んでくる、暖かい風の前線だ。

冬のリズムを構成するのは、繰り返される目覚めと眠り、動きと静けさ、時間との戦い(仕事を片付けてスキーに行く)と、窓がレース模様になったキャビンでガスランプの炎で暖まりながらの読書だ。冬の、晴れて身を切るような夜、離れのトイレによろめくように歩いていくと、信じられないような光が広がる。頭上に毛布を広げたような真っ黒な夜を背景にして、オーロラが見えるのだ――北極光、科学が生み出す幻覚体験だ。私は太陽風のことも、励起粒子が磁極の周りを回転することも知っているけれど、初めてそのピンクと緑の光を見たとき、「誕生パーティーみたいだ」と思った。寒い夜には、ネックウォーマーやフェイスマスクを着けていてさえ、息を深く吸い込めば喉が焼けつく。それでも外に出ずにはいられない。家の中から眺めてもちょっと違うのだ。空の下で眺めると初めて、我が家の屋根が浮かび上がってグルグル回りだし、私たちがどれほどどっぷりとこの宇宙の只中に存在しているかがよくわかる。

＊＊＊

デナリの冬といえば犬ぞり犬だ。厚い毛に覆われ、脚が長くて胸幅があるアラスカン・ハスキーは、見た目や血統のためではなく、深い雪と厳寒の中での移動のために育てられる。私は昔から、目が青くてオオカミみたいな顔をしたハスキー犬が好きだったけれど、アラスカに移るまではそり犬のことをあまり考えたことがなかった。でもデナリに一カ月いたら、その熱狂ぶりに惹かれないわけにはいかない。

アラスカ内陸部の歴史は犬とともにある。オオカミの家畜化は、人間が捨てた骨を拾うために野営地の外を最初のオオカミがウロウロし始めたときに始まった。

アラスカに住むネイティブアメリカンは犬に隊列を組ませて狩猟や移動に使った。入植者は、道路ができるずっと前に、凍った川を犬ぞりで渡って家に帰った。アラスカの郵便局は一九六三年まで犬ぞりで郵便を配達していた。デナリ国立公園の初期の警備員たちはそりに乗って密猟者を取り締まったし、今でも公園内には犬舎があって、冬期の巡回用に、夏の教育プログラム用に、三〇頭の犬を生ませ、訓練し、育てている。地元住民には、競走や、罠の監視や、辺鄙な場所にあるキャビンに行くときや、荒れ地を旅するのに使う犬のチームを飼っている人が多い。家《うち》からすぐのところにはアイディタロッド〔アラスカ州アンカレッジとノーム間一九〇〇キロを走る世界最長の犬ぞりレース〕で優勝した人が住んでいるし、私たちの年老いた家主はユーコン・クエスト〔アラスカ州フェアバンクスとカナダのユーコン準州ホワイトホース間一〇〇〇キロを走る犬ぞりレース〕に出たことがある。ハスキー犬はガソリンスタンドの駐車場を駆け抜け、トラックの後ろを走り回る。学校の教室やレストランの壁にはハスキー犬のポスターがかかっている。犬を飼っている家が多いあたりでは数時間に一度、ヘラジカが近づきすぎたりピックアップトラックのヘッドライトがフェンスを越えて射し込むたびに遠吠えが始まる。

季節雇用者の多くがそうするように、ゲイブと私は最初の夏、公園の犬舎で生まれた子犬を「養子」にし、仕事から帰ると柱から鎖を外して散歩に連れて行った。最初のシーズンが終わった冬、クリスマスに、私たちは友人で犬舎のマネージャーであるカーラと、アンカレッジからデナリまで犬ぞりを走らせた。カーラと冬期のボランティアが犬ぞり隊を走らせ、ゲイブと私はスキーで併走して、雪が深いところでは犬ぞりの前を滑って道を造り、川の氷がツルツルすぎてスキーを蹴れないときは、水上スキーみたいにそりに引っ張ってもらった。犬ぞりの経験が長いカーラが簡単なレッスンをしてくれた――体重はこうやって移動させて、斜面ではブレーキを利かせて。犬を轢いちゃダメよ。そして犬ぞりを使うときの鉄則は、決して、決してそりを離さないこと。私が初めてそりに乗ったときには、そりは雪の吹きだまりから一〇メートル下に飛び降り(あなたなら大丈夫だと思ったの、とあとでカーラは言った)、凍ったテクラニカ川の上で、決して、決して離さないよう両手でそりに摑まった私は、両脚を広げたまま四〇〇メートル引きずられた(最終的には犬たちがそりを引いて行ってしまった)。

犬と旅するのが素晴らしいのは間違いないが、荷を積んだ犬ぞりで荒野を移動するのは、トレイルの上を走る短距離走の、きちんと整備された場所でのスピード感とは大違いだ。アイディタロッドの開会セレモニーでアンカレッジの五番街の雪の上を走る要人みたいに、穏やかな雪の表面を滑らかに、片手を振りながら滑っていけるわけではない。それどころか、押したり引いたり、体重をあちこち移動させたり、低い、落ち着いた声でかけ声をかけたり、低木の繁みやトウヒの枝が目に当たるのを避けて飛び退いたり、氷が割れて水面が見えているところを大急ぎで飛び越えたり。そりに乗っていないときは、雪靴を履いてチームの前に道をつけたり、横殴りの雪の中で道筋を見つける強行軍だ。キャンプを設営すれば今度は、喉が渇いた犬たちの夕食のために、川の氷を砕くか雪を解かし、長い柄のついたひしゃくで粥状の餌を犬たちの、凹んだブリキの皿に入れる。犬たちは吠えるのをやめ、黙って食事を始める——彼らは、私たちの命令に従い、そしてそうすることが好きだから、一日中そりを引っ張ったのだ。犬ぞりの鉄則の二つ目——犬が食べるまで、人間は食べない。

その最初の犬ぞり旅行で、ゲイブと私はすっかりハマってしまったのだ。私たちは、犬と接触できるあらゆる機会を貪った。国立公園の巡回を買って出る。犬ぞり使いと親しくなり、彼らの犬舎をウロウロし、兄弟犬たちの名前を覚える。犬を飼っている人の家で留守番をし、犬ぞりチームを持っている人の行動を真似る。餌は一日二回、ドライフードは水に浸し、冷凍してある脂身を小さく刻み、うんちは先が平らになったシャベルですくう。ホワイトアウトで町から戻れないとか、お腹が大きすぎて餌のバケツを犬舎まで運べないとかで、頼まれればいつでも隣人の代わりに犬に餌をやった。犬ぞりのそばにいるためなら何でもしたのだ。

Cキャンプから出ると、ゲイブと私はよく話し合った。二人とも、犬ぞりのチームは欲しくなかった。まだ、スキーへの執着を諦めたり、犬舎を持つために必要な犠牲を払う気にもなれなかったのだ（家を留守にしたときに私たちみたいな好き者が近くにいて、餌をやってくれるとは限らない）。でも私たちは、犬を一匹もらうことに決めた。毎年春になると、デナリ国立公園の犬舎は、九歳になった犬の一群を仕事から引退させ、地元の家庭に譲る。私たちに犬をもらう準備ができた年、貰い手が必要だったカンピオンは、体重三四キロ、グレーと白の交じった脚の長い男の子で、シベリアン・ハスキー風の毛色と薄い色の目をしていた。

私は犬ぞり旅行に行ったときの彼を覚えていた（初めての、あの危険な犬ぞり旅行で、カンピオンは私のホウィールドッグ〔犬ぞりを引く一団の犬の中で最後尾にいる犬〕だったのだ）が、私は彼のことをよく知っていたわけではなかった。ただ彼には家が必要で、私たちには犬が必要だったのだ。私はその世話が心配だった。私たちは気ままな人間だ。毎日、餌をやるために大急ぎで家に帰らなくてはならないだろうか？　旅行に行くときはどうすればいい？　何週間も、あるいは何カ月も？

でも心配は無用だった。カンピオンが来て不便になったことや、留守番の段取りや、高機能ドッグフードにかかるお金よりも、カンピオンが私たちに与えてくれたものの方がはるかに大きかったのだ。私はそれまで愛したどんな生き物よりも彼を愛するようになった。それは子どもに感じるであろう愛情とも違う――彼が私をどんなふうに映し出しているかとか、自分が間違ったことをしていないか、と心配することが少ない。

相手への期待という重荷なしに、私たちは彼のおかしな行動を面白がる――散歩に行きたいと自分の尻尾を追いかけたり、おやつをもらおうとお座りをすると、長く、ゆっくりとおならをしたり。

私はこの犬にメロメロだ――雪とトウヒとポップコーンの匂いがする厚い毛皮を愛しているのだ。私は、寒い日、外の犬小屋で彼が寒くはないだろうかとか（もちろん寒くない）、私たちが与えるドライフードは気に入っているだろうかとか（気に入っている）、年寄りなのに無理をさせてはいないか、と心配する。だがカンピオンには幾度となく驚かされた。九歳、一〇歳、一三歳になっても彼は私とスキージョーリングに行き（ハーネスを着けて、後ろでスキーで滑っている私を引っ張る）、機会が与えられればよろこんで犬ぞりチームと走ったのだ。カンピオンは私に冬について教えてくれた。凍った川の上で気をつけて歩く方法、足元の、踏み固められたトレイルを見つける方法、尻尾で鼻を覆って丸くなるべきときはいつか。固い意志を持つということについて、意欲というのが性格的なものであると同時に自ら選ぶものでもあるということも、繰り返し繰り返し教えてくれた。一六歳に近づき、腫瘍ができ、脚を引きずり、目が曇ってからは、いずれ失う何かをとことん愛するということを教えてくれている。

カンピオンは、私たちの二匹目の犬ぞり犬、ベルーガとも仲良くなる時間をくれた。カンピオンとは別の理由で、同じくらい愛する犬だ。二匹はトラックの荷台で一緒に丸くなって眠る。（十分な運動をさせてやらないとクンクン鳴く。）柱から離してやろうと近づくと吠えて鎖を引っ張る。（ヘラジカの糞を食べた舌で私の顔を舐める。）何キロも私たちとスキージョーリングに行く――一匹は青い引き綱、もう一匹は赤い引き綱をつけて。（この二匹のおかげで私は、いつも犬の毛にまみれている人になってしまった。）

＊　＊　＊

アラスカの田舎のパラドックス。私たちの家には、トイレ小屋とWiFiがある。そのことを奇妙だという人には、私たちは二〇世紀を飛ばしたのよ、と言う。電気(一八〇〇年代後期の発明)とiTunes(二〇一〇年発表)。私にはこれがぴったりなのだ。ニューヨーク・タイムズをオンラインで読めるし、家の中がトイレの匂いになることもない。

＊　＊　＊

シャベルは、怠け者の公務員を揶揄するよくあるイメージの中で、公務員が寄りかかっている小道具として登場することが最も多い、過小評価された道具だ。かわいそうなシャベル。シャベルはもっと評価されるべきだ。一〇年以上を公務員として働く間、私だって怠けたことが一度や二度なかったわけではないが、それは大抵、正当化できる暑い日のほんの短い時間のことだし、誰からも見られないようにした(私は欠点がたくさんあるが、怠惰はそのうちの一つではない)。政府の仕事だからオイシイ思いをしていいとか、適当にやっておけばいいとか考える輩に私は我慢が出来ないし、一番がっかりするのは「ヤツらをいてこましてやる」と思っている人たちだ(そもそもこの場合の「ヤツら」というのは誰のことなんだろう?)。私たちの中には、民間企業で働く人よりも一生懸命に政府の仕事をする人が多いのに、そういう人に失礼だ。それにシャベルにだって失礼ではないか。レーキに続いて、シャベルが寄りかかるのに二番目に適した道具であるのは、シャベルのせいではないのに。

私の自由になるのなら、シャベルをからかうようなことをする人——わざと寄りかかって見せる人や、それを非難する観光客——は、シャベルで四〇回叩かれるべきだ。そんなことで、いい加減な仕事が癖になっている作業員の態度が改まるとは思わないけれど、少なくともこのつつましい道具に尊厳を与えることにはなるかもしれない——タイヤがパンクした自転車のつっかい棒にする以上に大切にされてしかるべきなのだから。

＊　＊　＊

それぞれの季節に、私たちは光と闇と戦っている。他所から来る人は、よく暗さに耐えられるな、と言うけれど、私にとっては明るいことの方がつらい。夏、日が長いのは素晴らしいことだ——真夜中に物置の屋根をつけたり、午前四時に登山を始めたり！——が、休むことなく、いつでも、何でも出来る、という感覚は、同時にひどくくたびれることでもある。まばゆい夏の間私は、闇を、寒さを、雪を渇望する。闇は光のように期待を孕まない。自分で選んだこと以外、すべての刺激を閉め出してくれる。闇は、何かに迷ったり、何時間も読書したり、遅い朝ごはんを食べたり、感覚的な刺激の洪水から解放された無意識の時間の中で自分を立て直すことを許してくれる。夏は愛想がいいが、味方してくれるのは闇だ。

だが闇はまた敵でもある。九月になると長くなっていく夜を嘆き、土でできた家に暮らした開拓者を思わせる苦々しい辛抱強さで春を待つ人もいる。みんなそれぞれ、暗い数カ月を元気に過ごすための方法を持っている——季節性情動障害者用の高照度照明を買ったり、メソメソとうるさいボーイフレンドと別れたり、編み物を始めたり。私の場合、アラスカ内陸部で冬を好きになる方法は簡単なことだった。毎日少なくとも一時間、外で元気に体を動かし、一日をもっと長く捉えるようにすればいいのだ。夏、私たちは外が明るいうちに寝るのだから、冬、暗くなったからといって一日を終わりにする必要はない。満月の光は夜のスキージョーリングを照らし、星の光は雪に反射して田舎の街灯になる。一月の夜は、窓辺にキャンドルを並べて、ログキャビンの薄暗さは何カ月もクリスマスみたいな照明を点けておく口実になる。体内時計が作る制限を押しのけろ、と冬が言う。闇を求め、光に気をつけろ。

暗いのが不便なこともある。頭に着ける照明灯を忘れたり、欠けていく月のせいで仕事を途中で止めなければいけないのが私は嫌でたまらないし、トイレから戻る途中、暗すぎて見えず、ポーチの階段に向こう脛をぶつけるのも困ったものだ。冬の昼間には、時間が指の間をすり抜けていくような気がしてプレッシャーを感じる――午後二時に夕食のことを考え始め、七時には寝てしまうのだ。悲しかったり気持ちが参っていたりすると、闇は底なしに感じられ、魂は、最悪の落ち方で真っ逆さまに転落していく。でも同時に、闇には魔法の力がある。冬は、丸くなって前足を舐めたい、光が私たちをせき立てる問いの前でしばし立ち止まりたい、という衝動を、根源的な飢えを満たしてくれる。私の二匹の年取ったそり犬がお手本だ。自分が解かした雪の窪み、あるいは毛皮が熱くなるほど薪ストーブに近いところに丸まって、彼らは冬、一番ぐっすりと眠る。真冬は、まるで一年を包み込む洞窟みたいだ。

光と闇のバランスの中に健全さがぶらさがっている。アラスカ内陸部では、一年が、それ以外の場所の一日のようにスペクトルを描く。季節を並べるとそこには対称性がある。紙を切り抜いて作った雪の結晶のように、暦はきちんと折り畳まれている。ここが私の家となった今では、ここより穏やかな気候のところに住むことが想像できない。私の体はここでの一二カ月の周期に合わせて調整されていて、今では六月には太陽の日差しを顔に受けながら眠ることが出来るし、一二月には、朝六時に（意識朦朧と）起き出して、まだ明けていない一日を始める用意ができている。

＊＊＊

コードバにいたときはカッパー・リバーを一六〇キロ下ったことがあったにもかかわらず、デナリに引っ越すまで、私はディップネッティングをしたことがなかった。ディップネッティングは生活権漁業で、アラスカの住民の多くは日々の食料をそれに頼っている。ディップネッティングの許可証（住人にしか交付されない）があれば、一人一五匹、または一家族で三〇匹までの紅鮭を漁獲できる。これは観光客用のカタログに載っているアラスカ・フィッシングとは別物だ。派手なキャスティングもしないし、釣り糸にかかった魚が身をよじらせ、水滴が日の光に輝く、写真向きの光景もない。代わりに、三メートルの柄の先についている子ども用のプールくらいの大きさの網が、ゆっくりと弧を描いて行ったり来たりしているところを、そして何時間も何一つ起こらないところを想像してほしい。カッパー・リバーは、アラスカ住民のこの権利を行使するにはうってつけの場所なのである。

自分で捕ろうが店で買おうが、カッパー・リバーの紅鮭以上のサーモンは手に入らない。その極上の味のおかげで市場は活況を呈し、新鮮な紅鮭は村の港からシアトルの寿司バーへ、カンクンの五つ星レストランへと送られる。それと同じ紅鮭が、事実上無料で、冬中自分の食卓に上ることを想像してみてほしい。カッパー・リバー産の紅鮭の肉は夕陽の色をしている。必須脂肪酸が豊富で、肉離れが良く、しっとりとして、スモークしても生で食べても絶品だ。捕まえた三〇分後に浜で熾した火でカッパー・リバー産の紅鮭を焼いていると、つい自慢したくなる——シカゴでは、氷詰めにされて二日経ったこの魚の一皿を、三〇ドル払って食べているお目出たい人がいるのだ。そして私はものすごく幸運だと思う——土地のものを、一番素っ気ないけれど一番優雅な食べ方で食べられるのだから。

もちろん、まずは紅鮭を捕らなければならない。デナリで働いた最初の夏、ラルフが、クラスティとゲイブと私を、彼とその仲間が毎年六月に行くディップネッティングに誘ってくれた。ものすごい数が群れていて、休む間もなく捕り、あっという間に捕獲制限数に達してしまったという話で私たちを誘惑したのだ。ラルフが段取りをつけた。巨大なクーラーボックスを四個、網、竿、絶壁沿いにある最良の漁場で船を停泊させるためのロープ、十分な数のジップロックとゴミ袋、家を一軒包めそうなくらいの防水シート。ラルフの奥さんが、ハムサンドイッチとスライスしたニンジン、ビール、それにスニッカーズを持たせてくれた。私たちはじゃんけんで運転の順番を決めた。

車で向かう道中がすでに、大冒険の始まりだった。デナリからは八時間を超える道程で、途中かなりの部分がひどいでこぼこのデナリ・ハイウェイだ。出発したのは夜、仕事を終えてからで、三日間の週末の前日のことだった。私たちは深夜、やる気満々で川に着いた。ところが、話に聞いていた獲物は見あたらず、三〇時間近く経っても、全員合わせて捕獲が許された一五〇匹のうち、わずか二五匹しか捕まえられなかった。雨は降ったり止んだりだし、凶悪なブヨは飛び回るし、車で帰途につく頃には、私たちは全員すごい寝不足で頭がぼんやりしていて、帰路の中ほどのグレナレンでハンバーガーとビールの夕食を摂りながら、これほど釣れなかったのが笑えることのように思えてきた。内臓を取り出してきれいにし、袋詰めにする作業の段階になると、魚の数が少ないのはありがたかったが、それでも結局日曜の深夜までかかった。月曜の朝、ヨロヨロと作業所に出勤した私たちは、目は充血し、手は紅鮭の匂いがぷんぷんしていた。

二年後、この時の不漁も遠い記憶となった頃、ゲイブと私はもう一度紅鮭漁に挑戦することにした。偉大な修正主義歴史家である時間がその手腕を振るったのだ——三日間必死で頑張って、獲物は一五キロだったのよね。スーパーで買えば、川までのガソリン代より安かったのよね。楽しかったじゃない？　それにあんなことはもう起きないわよね、そうでしょ？　その前年、根っからの楽天家であるクラスティがもう少しマシな結果を残していたし、クラスティとすることは楽しいに決まっていた。今回は、前回とは違うに決まってる。

そう、前回とは違った。カッパー・リバー沿いの砂利道がその春流されたために、一番の漁場へは駐車場から数キロ歩かなければならず、面倒なことになっていた。六月ではなく八月で、太陽が照りつけ、虫もおらず、ゴム製のオーバーオールを着ても快適な程度には涼しく、でも暖かくて気持ちよかった。そして今回は、大漁だったのだ。

クラスティは歩いて三キロほどのところにあるお気に入りの穴場に真っ直ぐ向かい、ゲイブと私はまず、近場で試すことにした。ダメだ。夕食の頃、私たちも移動することにした。と、遠くからクラスティがこちらに向かって歩いてくるのが見えた——バックパックに詰めた、重さ七五キロにもなりそうな三〇匹の紅鮭に押し潰されそうになりながら。ほとんどの場合、強靱で、笑みさえ浮かべて歩くクラスティが、ヨロヨロしているのだ。彼はよろめくように私たちのところまで歩いてきて止まった。その穴場には紅鮭が次から次へとやってきて、すくい上げるのが間に合わないくらいだ、と彼は言う。彼の目が言っていた——早く行けよ、この怠け者、トラックに獲物が飛び込んでくるのを待ってるんじゃねえよ！　私たちは逆向きの方角に歩き出した。クラスティは捕れた紅鮭をきれいにして袋詰めしに、私たちは私たちの獲物を捕まえに。

ツルツルした岩を伝って、川まで七〇メートル下り、私たちは、渦を巻く釣りのスポットに向かって突き出ている大きな岩礁の上に陣取った。川の流れが小さな渦を作り、通りかかる魚は一匹残らずそれに吸い寄せられずにはいられないようだった。ゲイブが網を水に入れると、バシャッ、と魚がかかった。彼はその網を、紅鮭を殺し、えらから血を抜き、鱗を落として糸に通すためにナイフを持って待ち構える私の方に振ってよこした。一分後に網を水に入れると、また紅鮭がかかった。私たちは信じられない気持ちで歓声を上げた。最初のうちは面白がっていたが、やがてそれは神がかり（一度に三匹網に入ったこともあった）、それからだんだん怖ろしくなった——何しろ、感謝の言葉を言う間もなく次から次へと殺さなくてはならないのだ。手袋の上から血が温かかった。私はメスの腹から卵を手に何杯分もすくい上げた。つやつやと光るビーズのようなオレンジ色の宝物が、湯気を立てて岩の上に積み上げられた。一つ口に入れると、塩辛い味が炸裂し、香り高い味が何時間も口の中に残った。

夜中の一二時になる頃にはあたりは暗くなりすぎたので（何しろ八月だったから）、二三匹捕ったところで止めることにした。許された捕獲数の上限より七匹少なかったけれど、殺すのはもう限界だった。私はもともと、血を見て気分が悪くなるタイプではない。自分で殺した動物を食べるのは正しいことだと思うし、ほどほどに、きちんと行えば、それは尊敬すべきことでさえあると思う。それに私はサーモンが大好きで冬中食べるのだ。でもその夜、もう殺すのはたくさんだった。私の手も、服も、頬や、ポニーテールからはみ出た髪も血だらけだった。一瞬のうちに私には、私が健康でいるために必要な、目に見えない死のすべてに責任をとらなければならないとしたら、生きるのがどれほど辛いことになるかが見えたのだ——高速で走る私の車の窓にぶつかる虫、スキーのゲレンデや自転車用のトレイルに追い出される動物たち、私の肉に、ブーツに、手袋になった動物たち。

夜が降りてきた——夏の終わりの、もの悲しい夕暮れだ。感傷に浸っている時間はなかった。さっさと紅鮭をきれいにしなければ肉に毒が回ってしまう。そんな無駄は許されない。私たちは獲物を道まで運び上げ、ナイフを取り出して、魚の頭を切り落とし、内臓を取り除き、ビニール袋に入れて、二人のバックパックに分けて詰めた(ありがたいことに、私のバックパックはクラスティのバックパックの半分くらいの重さだった)。網がブーツのあたりまで垂れ下がって足をもつれさせる長い竿を肩に担いで、私たちは闇の中へとぼとぼと歩き出した。土踏まずが痛んだ。三六時間寝ていない。耳の中は魚の粘液でぬるぬるし、背中には一年分のタンパク質。誇らしく思うべきだったのだろうが、あまりにも骨が折れすぎた。

＊　＊　＊

ワンルームのキャビンで過ごす、ヒーリーでの二度目の冬が去った。三月になると、近所にある、もっと大きくて快適なキャビンが借りられることになった。友人が「ちゃんとした仕事」を見つけてアラスカの外に引っ越したのだ。私たちは本を入れた箱と山のようなブーツを、雪が積もったトレイルをポーチまで、そりで運んで引っ越した。その冬にはまた、ゲイブの仕事が、四年間の契約と各種手当付きの、もう少し永続的なものになっていた。ちょうど自分たちの家を手に入れることを考え始めていたときに、オハイオに越す友人にもう一つ話を持ちかけられた。友人はスタンピード・ロードのもっと先の断崖沿いに素敵な土地を持っていて、引っ越す前に土地の支払いを済ませるために、その一部を分割して売ることを考えていたのだ。興味ある？　と彼らが言った。それは美しい場所で、アスペンの木立があり、山を望み、土地の境界まで砂利道が通っていた。そこなら、私たちが頭の中で設計し始めていた家――コンクリートのカウンタートップ、薪ストーブ、南向きのポーチ――が建っているところが想像できた。そして、私たち専用の屋外トイレ。いいわ、と私たちは言った。買うことにする。私たちは合意の握手を交わした。検査官である別の友人が土地の境界線に杭を打ち、区の役所に区画地図を提出し、そこはついに私たちの土地になった。それは、手で触れられるものではそれまでで最も高額な買い物だった（大学はもっとずっとお金がかかったが）。その次に大切な所有物は一九九三年型のトヨタのピックアップトラックで、それに続くのが、なんと一〇組もあるスキーだった。

貯金のほとんどは土地を買うのに使ってしまったので、私たちが建てたい家を建てるには段階が必要だった。でも、その物語がどんなふうに始まるのかはわかっていた――もちろん、まずは土木仕事だ。幅五メートルの砂利敷きの私道を造るのは、可笑しいけれど、幅五メートルの自転車用トレイルを造るのとまったく同じだった。測量し、（北側にあるクロトウヒの湿原と、南側の花崗岩の大岩を避けて）一番良い道筋に印をつけた。六月に地面が解けると、フェアバンクスからボブキャットをレンタルした（四〇時間の使用で四〇〇ドル、配達込み）。一週間後、三五〇フィート分のツーバイフォーと三〇五立方メートル分の砂利を使って私道が完成した。深さ九〇センチの土砂の下に埋め込んだ暗渠を跨いで道路から分岐し、ゆるい曲線を描いて、家を建てることにした場所まで続く。トレイルの仕事でしたように、はがしたツンドラ表土は何カ所かに移して土砂の斜面を覆った。一度、仕事のあとにニックが来てボブキャットを運転し、ゲイブと私は手工具で、窪んだところに土を盛ったり、縁を熊手で均したりした。仕事でやるのと同じ手順だが、こっちの方が気持ちよかった。私たちのためにやっていたのだから。

私道が出来上がると、そこは違う場所になった。それまではそこはただの更地で、目を必死に細めて、大草原の小さな家の上にフランク・ロイド・ライト設計の家を重ねるとやっと、幻のような家が見えた。私道ができた後では、そこは我が家の場所になった。砂利道の先には何かがある。私にはその先に、カバノキを割った薪が積み上げられた、木造の家が建っているのが見えた。丘に沿って、家に続く小道がある。ドアを開けると、防寒仕様の玄関があって、そこにはずっと欲しかったベンチと、雪まみれのブーツを脱いでおけるスペースがある。我が家だ。

私道を敷いた後の初めての週末、ゲイブと私は犬たちを連れて私たちの土地に散歩に行った。まだ固まっておらず、雨と雪と雪解けを経て固くなるには来年までかかるだろう砂利敷きの地面に、色々な足跡があった。隣人のブーツの足跡は「何を始める気かしら?」と言っていたし、一匹の犬の足跡は「何か違う匂いがするぞ」と言っていた。そしてヒグマの足跡が一組——「ずっとここが我が家だったのに」。

＊＊＊

長くなった日差しが雪を解かし始め、暖かい風がさまざまな可能性を運んでくる三月下旬、デナリは待ちかねたように春になろうとする。だが三月には、一年で一番の寒波がやってくることも多い。まだ冬は終わっていないのだ。氷がすべて解け始めるのは、南ではクロッカスが気になり始める四月下旬のことだ。アラスカには、冬と春にはさまれて、「解氷」という五つ目の季節がある。家ほどもある大きさの氷の塊が崩れて川が解氷する。凍っていた家の前の私道や道路が解けて春の道はどろどろにぬかるみ、去年と同じ穴が口を開け、砂利道は洗濯板みたいにぎざぎざになる。氷結した小川や川の下から浸み出した水が凍ってできた、幾層にも重なった氷の層が解ける。ツンドラ地帯の低地では固まっていた雪が解け、凍死した動物や去年のクランベリーが現れる。ブレイクアップ〔解氷は英語でbreak up〕という呼び名が、恋愛の終わりを意味するのにも使われるのももっともだ――それは不快で暗く、重苦しい季節だ。その最中には、いつまで経っても終わらないように思える。でも終わりは必ずやって来る。

春を見逃さないように。四月に残った氷は、五月の新芽と時期が重なっている。アスペンは、かすかに薄緑の新芽が見えてからすっかり葉が出るまで三日しかかからない。春の花々は雪を割って顔を出すし、八月には実をつけるベリーの繁みは、まだ川底に氷が残っている間に小さな花を咲かせる。春に与えられた時間は短くて、やるべきことを済ませるだけで精一杯だ。そうやって生命は一気に加速し、燃えるような六月の日々の成長があって、三ヵ月後には再び氷が支配するのだ。投げキスと素っ気ない会釈を残して春はたちまち舞台を去る――舞台そでには夏が、慌てふためいて通り過ぎようと待ち構えている。すでに後ろから迫ってくる冬の息づかいを気にしながら。

野性とは。新しいものの到来、遠くから風に吹かれてやって来るもの。終わらない物語の真ん中、胸に吸い込んだ息、手を触れられるほど近くにある共感や怒り。野性は赤。紫。白を、黒を、空を背景にした色。我慢ならないむず痒さが木の枝に擦りつけた毛皮。野性とは古いもの。土の下で自らを覆う骨、地中の生の可能性、深いところで。野性はあなたの目の前にある。そこに、ほら、そこだってば。行ってしまった。

ホリーがトレイル整備に加わったのは、私のデナリでの三年目だった。二〇代で、多少は仕事ができ、解説部門のスタッフとして一年働いたことがあり、トレイル整備の仕事を覚えたがっていた。彼女は頭の回転が速く、よく笑った。同じ班の男性四人の誰よりも動きが機敏で、仕事があれば金髪をなびかせながら真っ先に買って出た。そして私は気がついた——今や私は先輩なのだ、色んなことが出来て、関節痛持ちで、不満タラタラの古株なのだ。ホリーは人なつこくて、人を喜ばそうと懸命で、そもそも愛想がない私よりずっと陽気だったが、それでいて彼女の何かが——そのやる気やガッツや好奇心いっぱいなところが——昔の私を思い出させた。私は、初めは未経験でちょっと調子っぱずれな女性が、リズムに乗り、自信をつけ、刺激を受けるのを見るのが大好きだ。

二年目、ホリーは、ロサンゼルスの高校を卒業したばかりのリコという男の子と一緒にゲイブの班にいた。リコにとっては、結束の強いラテン・アメリカ系の家族と離れる初めての経験だった。リコはいいヤツだった。言いつけられたとおり、一生懸命に働いた。だが初めの頃、彼は若い男の子が犯しがちな過ちを犯した。キツイ仕事から女の子を護ろうとしたのだ。肉体労働者流の騎士道精神で、ホリーが道具を一つしか担がずに済むように、自分が二つ担がなければ、と彼は考えた。それに、彼女の手押し車の荷が重すぎないか、と心配もした。ホリーは、大丈夫、と請け合い、それからリコを死ぬほど働かせた。トレイル整備の仕事をしていて私が特に気に入った女性たちはみなそうだが、ホリーは体の小ささを、集中力と持久力、それに意志の強さで補い、男どもが疲れて倒れるまで手を緩めなかった。よく言われることだが、偉大な男の後ろには偉大な女がおり、女が男の半分も認められるためには男の倍も懸命に働かなくてはならない、というやつだ。

シーズンの終わりも近づいた頃、ホリーが私を脇に引っ張っていって「クリスティーン聞いて、最高なんだから！」と言った。リコが最終日に、恥ずかしそうに彼女にこう言ったという——ホリーがそのときの彼を描写するのを聞きながら、うつむいて、スペイン語訛りの英語で、ボソボソ笑いながら話す彼の姿が目に浮かんだ――「俺さ、覚えてんだけど、シーズンの最初、あんた俺に手伝わせなかっただろ、俺、あんたがあんなふうに働くのはよくないと思ったんだ。けどあんた誰より一生懸命働いたじゃんか！ 俺、女の子があんなふうに働けるって全然知らなかったさ！」その話をするホリーは、顔が痛いだろうと思うほど満面の笑みをたたえていた。「それからこう言ったの、『あんたを見てわかったよ、女の子はなんでも出来んだな！』って」。私は腕組みをし、頷きながらそれを聞いて、喉元に込み上げるものをこらえようとした。恥ずかしいのだが、こういうことがあるといつもこうなのだ――人が自分の限界を乗り越え、お互いに何かを教え合い、また自分自身も学び、トレイル整備というこの厳しい仕事がブレークスルーへのパイプ役を果たすときに。ホリーはせわしなく息をつぎ、興奮気味に笑って、言葉を舌の上で転がすような早口で最後に言った。「とにかくね、早く聞いて欲しかったの！ リコが喋ってる間、思ったのよ、クリスティーンに話さなきゃって！」

私はその場にふさわしい言葉であることを願いながら、それがものすごく素敵な瞬間であるという意味のことを言った。でも、ホリーの興奮した様子と、リコの気づきと、私自身がその出来事の一部であるという事実を前にして、私の言葉は不器用で、言葉足らずに思えた――ホリーは知っていたのだ、それが私にとって大切であることを、女だって男に負けないのが私にはわかっている、ということを。その瞬間、私は指導者であること、女同士であることを誇りに思った。それからまた、ときに単なる仕事の一つにすぎないように思えても、女が「男の世界」にいるというのは一種の社会改革的な行動であり、周囲の思い込みや限界に対して、自分の体、自分の存在のすべてで、私は自分を好きなようにできる、と宣言しているのだという事実を誇りに思ったのだ。そしてそのことはまた、男性に対しても、あなたにもそれが出来ると告げるのだ。それはあの、地球のてっぺんに立ったような気がする瞬間の一つだった。私たちはみんな、陳腐な連帯感でつながって叫んでいた――好きなことをしよう、自分のすることに誇りを持とう。突っ走れ！

そのとき私は、グレイシャーで色々なことを学んだリーバとキャシーという女性たちのことを、以来私が指導した女性たち、ホリーに至るまで、汗ばんだ手から手へとリレーのバトンをつないできたすべての女性たちのことを考えずにはいられなかった。私はまだ、自分の区画を走り終えてバトンを次の人に渡す用意はできていない。でもその時が来たら、私の目の前に、そのバトンを受け取る女性が、腕を背後に伸ばしているに違いない。何かから逃れ、何か別のものに向かって走って行くたくましい女性が。その人が次の区間を駆け抜けるだろう、砂利を蹴り上げ、胸を張って。そして私は立ち止まり、膝に手を置いて、耳の中に鼓動を聞きながら息を整える。

＊　＊　＊

日本の大工はツールをまとめて「道具」と呼ぶ。その意味を訳せば、「道のために使うもの」となる。「道」とは、生命の中心に至り、魂の中心を通る道筋だ。一三世紀の禅師、道元は、「道を学ぶとは、自己を学ぶことである。自己を学ぶとは、自己を忘れることである。自己を忘れるとは、世界の森羅万象に目覚めることである」と言った。私はこの言葉を忘れずにいたい。道具。自身。森羅万象。

＊　＊　＊

水道のない我が家だが、文化的生活の快適さは一見変わらない。我が家のようにトイレが屋外の離れだというのは、一般的な思い込みとは対照的に、素晴らしいことだ。トイレが外にあると、天気が良かろうが悪かろうが、毎朝一番に世界の真っ只中に立つことになる。穴に合わせて切った断熱性の独立気泡フォームのおかげで座り心地も良く、冬でも屋内のトイレシートと同じくらい暖かい。

キッチンの流しには、カウンターにスチール製のたらいをはめ込んである。それ以外の備品は必要ない。

たらいの中身は切りっぱなしのパイプで、その下に置いた二〇リットル用のバケツに流す。水はプラスチックの容器で井戸から運び、夏には竪樋の下に置いた一六〇リットル用の樽からも補充できる。水を（井戸水は一年中氷のように冷たくて歯にしみる）ゲートレードのジャグに満たし、それを流しの縁において蛇口代わりにし、小さな栓を捻れば水道の出来上がりだ。洗顔や皿洗いには、やかんか大きなブリキの鍋で湯を沸かす。いったん慣れてしまえば、みんながこうやって暮らしているわけじゃないことを忘れそうになる。お皿はきれいになるし、チキンスープも雨水で作る。ペーパータオルなんて贅沢は気が咎める。いたって普通だという振りをするが、ある日、排水用のバケツを空にするのを忘れたまま豆の缶詰めの水を捨てたり、鍋に張ってあった水を流したりして、その最後の一滴がバケツを満杯にし、どろどろした臭い水が床に、ラグに、足の上に溢れる。外が暑かろうが寒かろうが、明るかろうが暗かろうが、この怒りを発散させる方法は一つしかない。アラスカ中の水道のないキャビンの住人が、水道がある世界に対して自分たちのやせ我慢を認める、お気に入りのフレーズを声を限りに叫ぶのだ

——だって流しの下がバケツなんだもん！

＊　＊　＊

なくなっても淋しくないもの。肩こり。ポリエステルの制服を着た朝七時。一〇時間労働をまかなえるだけのお弁当を毎晩作ること。観光客の質問。「組織」の一員であること。パワーゲート付きトラックでトレーラーをバックさせること。どうでもいい事務手続き。ひっきりなしのおならの匂い。チェーンソーの排気の味がするサンドイッチ。トラックから他人のゴミを拾い集めること。制服着用時、不満をぶちまけるのに手加減をすること。何でも知ってると思っている二〇歳の若者。何かをした後、もっとうまく出来た、と気づいたときの気持ち。無関心な上司。ちゃんと手入れしない人と道具を共有すること。ときおり自分が賛成か反対かわからなくなる開発に手を貸すこと。湿気った

トレイルミックス。

＊　＊　＊

わたしたちの歌（ウォルト・ホイットマンには申し訳ないが）

わたしは君たちを賛え、乾杯する、
そして君たちが良い一日だったと言えば、わたしもそう思う、
わたしのものである道具は一つ残らず君のものでもあり、
わたしの非常用のスニッカーズも、必要ならば君のものでもあるからだ。

わたしは働き、わたしの魂を招く、
わたしたちは汗して働き、のんびりと食べ、この光に浮かぶ山々を眺めやる。
わたしの舌も、わたしの血液のあらゆる分子も、
この土、この空気から作り上げられ、
この地でわたしの仕事、君の仕事、そしてわたしたちが一緒にする仕事から生まれ、
今わたし三八歳、文句を言っては罰が当たる程度に健康、働き始めのときを迎える、
今みたいに――機敏で軽やかに――動き続けられるようにと願いつつ、
少なくとも、昼休みまでは。

〔ホイットマン＝作　酒本雅之＝訳「ぼく自身の歌1」（『草の葉（上）』〈全3冊〉岩波文庫一九九八年所収）を参照。〕

＊　＊　＊

アラスカの豊かさは私に、十分ということの意味を教えてくれた。昼休み、ツンドラ表土の上に座った場所から動かずに手を伸ばしてベリーを食べる。夜、仕事が終わった後にベリーを食べる。犬の散歩をしながらベリーを食べる。週末には、リズムに合わせて（摘んで、葉をむしって、食べて、保存する）時間が過ぎ、

一分でも空いた時間があれば、摘んで、摘んで、摘んで！　という植物の差し迫った命令に波打っているベリーの繁みの近くで過ごす。ツルコケモモは、クリスマスに扉を飾る花輪の赤から、内側から輝く深いワインレッドまで、あらゆる赤がある。液糖をたっぷり含んだブルーベリーは何よりも、人の体を思い起こさせる――ぴったりしたジーンズをはいたお尻のカーブや、治りかけの打ち傷の、美しい、黒みがかった膨らみを。

時々、ソ連崩壊後に初めてアメリカのスーパーマーケットに行ってノイローゼになったという、嘘かほんとかわからないロシア女性みたいな気持ちになることがある。あまりの豊かさは身をすくませることがあるのだ、どうやって選んだらいいのか、とか、とても全部は手に入れられない、という、締め付けられるような怖ろしさ。道徳経には「禍《わざわい》は足るを知らざるより大なくは莫《な》く」とある。少しずつ、私は自分に必要なものを知り、時間の許すもので満足し、手に入れ損なったものに怯えないでいることを学んでいる。本当に十分なのだ――クマと、私の隣人と鳥たちに十分、パイとパンケーキと二回分のジャムと冷凍庫保存用に十分、空気をワインみたいに染め、地面に落ちて腐り、一〇年先の腐植土を豊かにするのに十分。

それでも、ことさら大きな実が目に留まると、もっと大きいのを、と欲張って伸ばした私の指が片手一杯分のベリーを落としてしまうことがある。水に映った骨欲しさに、自分の口にくわえた骨を落としてしまった、イソップ物語の橋の上の犬のように。でも私は、そんなふうに切羽詰まって物を欲しがる気持ちを静め、繁みから繁みへ、目的を持って動くことを学んでいる。山についても同じだ。全部の山に登って、リストの上の頂の名前を消していく必要はない。山はいくらでもあるのだ。豊富である、ということは、憧れに火を点けもするし矮小化したりもする、ということが、私はわかるようになりつつある。

充足する、つまり、欲望が消滅することはなかなかない。私たちは常に、満足感を得るのを先延ばしにし、次の休暇を、美容クリームを、エアロビクス教室を、次期大統領を、前菜を、子どもを欲しがる。欲望は魅力的だが、充足はもっと目立たないもので、そこには満足感が生まれ、消えることがない。「十分」という重たいコートを肩にかければ、根本的な心地好さがある。本物である、というのはこういうことなのかもしれない——目立たず、重く、十分なのだ。

アラスカのネイティブアメリカンの伝統では、懐疑主義的な現代でさえ、地球が人びとを養っているとされる。クリンキット族のアーネスティン・ヘイズは、回顧録『Blonde Indian（金髪のインディアン）』の中でこう言っている。「忘れるな、大地には魂がある。生きているのだ。お前が生きているとき（中略）大地もまた生きていて、お前を見ることが出来る。（中略）大地はお前を愛している。子どもたちを恋しがっているのだ」。以前の私は、これは私の地球についての見方とは違うと思っていた。白人の私には、まるで軽薄な空想かおとぎ話の味がしたのだ。でも、私の中で何かが変わっていた。大理石みたいに光るベリーがたわわに実る繁みの前にひざまずくとき、私には、植物は人間がいるから育っているのではないことがわかる（ただし、鮮やかな花々が私たちの味覚を誘惑し、種は私たちの便に運ばれて、私たちとともに進化はするが）。生態系としての地球は毅然としてそこにあり、雨も太陽も、私のジャムやレリッシュやマフィンとは関係がないことも私は知っている。それにもかかわらず、世界は惜しみなく自身を差し出す——甘さを閉じ込めたままの雪の中のクランベリーや、腹に片手一杯の卵を抱えて釣り上げられた魚。ずっと沈まない夏の太陽と、ゆっくり休みたいときに私を包んでくれる冬の夜。懐疑主義者の振りをしているときが私は一番落ち着くが、ときどき、それが自分には似合わなくなる——目が覚めて、自分に必要なものが何であるかもわからないうちに顔に当たる光を感じる、そんな朝、自分は大事にされている、という感覚が拭えないのだ。

野性とは、取り戻すこと。野性とは、すべてを与えること。

私は労働を通して作られた作家だ。私の文章、私の物語は、体のリズムや、雨、風、太陽、土、動物とエンジンの匂い、ブーツを履いた足や、手に持った道具の感触によって形づくられる。野性に近いところにいたことが、どうやって物語に魂が宿るのか、その良い例えを見せてくれた。努力と想像力、正しい場所にいることをとおして、既知の世界が未知の世界と一つになる、あの魔法を。私の肺を、私の脚を、私の銀行口座を、友人たちを与えてくれた肉体労働に感謝。そして、作業しながらあちこち彷徨い、期待できなくなってもごまかそうとし、誰も見ていないときにあの不可解な魔術に参加する私の思考も肉体労働がくれたものだ——風と汗をアイデアとイメージと一緒に大釜に入れて掻き回すのだ、ぐつぐつ煮たって湯気が上がるまで。

＊　＊　＊

土木工事は工事の基礎だ。建築の現場では、まず土木工事をしなければ他の作業は始まらない。たとえば穴を掘って地層を調べる。排水はしっかりできているか？　岩はどれくらい交じっているか？　土台を造る場所に溝を掘る。木材を埋め、土手を造り、水がそっちじゃなくてこっちに流れるように勾配をつける。

土木工事は、実際に作業をしている本人でなければ見過ごしがちだ。そして誰もがやりたがるものではない。土木工事は勘弁してよ、嫌な仕事だ、と誰かが言う。でも、他の誰かが進み出て言う——土木工事は最高さ、俺にやらせてくれ。

土木工事は仕上げの作業でもある。建造物が出来上がり、敷地内の配置が完成すると、土木工事が始まる。腐葉土を積み上げ、地表を掘り起こして種を蒔く準備をする。余計な土砂を端に寄せ、トラックに積んで撤去する。タイヤ跡を均す。干し草を敷き戻す。カーブに内側向きの傾斜をつける。排水溝を深くする——水はここじゃなくて向こうに流さなきゃ。

土木工事は最後の仕事だが、土木工事に決して終わりはない。土木工事が全部できる人はいないし、誰でも少しは土木工事をやった方がいい。土木工事は素敵な仕事だ。私にやらせてちょうだい。

おわりに

この本を書き始めてから何年も経ってしまった。この本に登場する人たちは別の仕事に移り、モンタナでもアラスカでも色々なことが変化した。ゲイブと私はもう国立公園局では働いていない。その時代が終わった理由の一つは私たちにある。連邦政府の監視の目がないところで新しいことに挑戦したかったこと。もう一つの理由はもっと悲しい物語だが、私はまだそれを本にはしていない。「アメリカの最高のアイデア」にも暗い一面があって、私企業と同じように、開発の掛け声に踊り、出世したがり屋の策略があり、職員の使い方を誤る、ということを暴露するのは易しいことではない。嘘は言わない。道具の話をしている方がずっといい。

季節雇用者にとっては特に、仕事を辞める、というのは普通、その場所を去るということだ。だがデナリと私の関係はもう、国立公園局を通したものではない。そこで過ごした時間と学んだことによって、私はこの場所の一部なのだ。こうした変化によって私は、グレイシャーにいたお気楽な女の子には予想もつかなかった仕事をすることになった。国立公園で働くのはもう結構だったが、なんとなく、トレイル造りの仕事はまだやり終えていない気がしたゲイブと私は、自分たちのトレイル整備ビジネスを始め、アラスカ中あちらこちらで、測量、設計、教育、そしてトレイル建造をしている。どちらも経営センスはまったくない二人が、夫婦としてビジネスを運営するのは単純なことではない（ポール・ニューマンの言葉を借りれば、「ビジネスを始めるときのルールが三つある。幸いにも私たちはそのどれも知らない」）。不況ではあるけれど、必要な経費が賄えているのは、それさえあればどこでも役に立つものの組み合わせがあったおかげだ――汗と辛抱強さ、謙虚さと自信、良い指導者、少しばかりの運、経費の節約とガムテープ。私たちはシャベルと機械で生活費を稼ぐ。そして、橋を架け続ける。今のところ、私たちのビジネスは小さすぎて失敗しようがない。

州全土で仕事をするということは出張が多いということで、野外の仕事が忙しい季節と冬の間の旅行の両方で、国立公園局で働いていたときより今の方が地に足が着いていない感じがする。それでもヒーリーが私たちの本拠地だ。この数年の間に、ここに住み続ける方法として、私たちは借りていた家を引き払い、私たちの土地に小さなワンルームの小屋を建て、国立公園局でずっと働くだろうと思っていたときに計画した家を建てる代わりに、直径五メートルのユルト〔モンゴルの遊牧民族が暮らす、移動式の円形テント〕を建てた。電気も水道もなく、廃材を利用した小屋と、柵で囲まれた盛り土の菜園と、最高にステキなトイレ小屋がある。かつては世界の中心だった国立公園は今では別世界のように感じられる。今でも時々、リサイクルゴミを持って行ったり、冬の旅行の後にシャワーを拝借しにCキャンプに行くことがある。私たちが住んでいたキャビンの横を通るとき、私はあの最初の夏を懐かしく思い出す――初めて見た光景、公園の入り口に佇む共同体の片鱗。今ではCキャンプの中は帯状に草が刈ってある。必要以上に幅が広いコリドーの行く手には、以前より大きな駐車場が、我が目を疑うようなトレイル整備用の新しい作業場がある。すべては変化するのだ。いつだって昔はよく思えるものだ。遠くから見れば、錆を金だと見間違いがちなのだ。

結局のところ、ある土地を知る、というのは複雑で難しい目標だ。それは、あたりのトレイルを全部知っているとか、どこでビールを安く買えるかとか、そういう、移住者が最初に覚えることだけに留まらない。ある土地を知るというのは一つには、そこでの季節と、季節を示すものを知るということだ。カナダヅルが、北極から赤道に渡る途中で立ち寄るのはいつか。クランベリーの実が熟すのはいつ頃か。アメリカアカガエルがうるさく鳴くのはどの二週間か。いつになればもう硬氷結は起こりそうもないから雨水を溜める樽を出していいか。今にも硬氷結が起こりそうだからニンジンを収穫した方がいいのはいつなのか。ある土地を知る、ということは、どこにも行かないことを前提としてそこに自分を注ぎ込むことだ——実はどこかに行くかもしれないとしても。図書館でボランティアで働いたり、町内の寄り合いに出席したり、迷子犬の飼い主を捜したり。ある土地を知る、というのは、自分が何を愛しているか(雨の日のツンドラ植物の匂い)を知ることであり、何を憎んでいるか(田舎町のゴシップ)を知ることであり、自分とは関係のないこと(クマはいつ冬眠するか)を知ることだ。ある土地を知る、というのは、そこから自分が何を得られるか、ということ以上にそこに波長を合わせることで、それには日々の努力が、日々の気づきが必要なのだ。アニー・ディラードは、「日々をどう暮らすか、それはもちろん、人生をどう生きるかということだ」と言う。そしてまさにそれが、季節雇用の生活が、普遍の生活にもなる理由なのだ。

真新しいカーハートを着て、やわらかい手をした私がトレイル整備の作業場に初めて出勤した日からの一六年を振り返ると、私にはその一日一日が、薪のように、何カ月分、何年分と積み上げられているのが見える。そして今、ほら、私の中に、グレイシャーで、コードバで、デナリで、そしてこれからも、ずっと育ち続ける感覚がある——どこかに住んでいるからといって、その土地を知っていることにはならないし、仕事があるだけではそこは自分の居場所ではない。そこが自分の居場所になるためには、そのために働かなくてはならないのだ。

付録｜数字で見るトレイルドッグ生活

トレイルで働いた年数――**一六年**

働いた国立公園と地域――**三カ所**

履きつぶしたワークブーツ――**五足**

グレイシャー国立公園内で登頂した山――**三二カ所**

骨折した指――**二本**

二〇〇七年に受けた二回のヘルニア手術の費用――**四万五〇〇〇ドル**

二〇〇八年に支給された国立公園局の制服代――**一一五ドル**

六年間で、馬かラバの背に乗ってヒッチから帰った回数――**二回**

トレイルで死んで、始末しなければならなかったラバの数――**一頭**

手根管症候群の症状がある手――**二本**

手根管症候群について労働者災害補償が認められた月――**四カ月**

アラスカ山脈で登った山頂――**一〇カ所**

使わなかった有給休暇、ゲイブと私の合計時間数――**五一四時間**

スペリー・ヒルの最短登頂時間――**一時間四五分**

作業現場までの最長片道歩行距離――**二八キロ**

穿いていた木びき用護身パンツにチェーンソーで切傷がついた回数――**一回**

鋸で挽いた倒木の最大直径――**一〇一センチ**

トレイルドッグお気に入りの悪態の中で、「ファック」という言葉の順位――**一位**

一二年間、雇用主三者によって支払われた時給の幅――**一二・一二～二四・九一ドル**

一番長く着たトレイル作業用の服（袖を切り落としたキャプリーン地のグレーのシャツ）――**一四年**
各種用具の業務用価格の通常割引率――**五割**
私の作業服のうち業務用価格で購入したものの割合――**九九パーセント**
今洋服ダンスにあるキャプリーン地の長袖肌着（全部の厚さタイプの合計）――**一三枚**
知っている限りのランブル鞭毛虫感染回数――**六回**
一日で登った最大標高差（仕事で）――**一四七七メートル**
作業日一日で摂取した最大カロリー数――**八〇〇〇キロカロリー**
ヒッチに持っていったビールの最少数――**一日一本**
ヒッチに持っていったビールの最大数――**上限なし**
トレイルドッグお気に入りのビールの中で、パブスト・ブルーリボンの順位――**一位**
三種類のビールを目隠しして飲み比べ、パブスト・ブルーリボンを選んだパブスト「ファン」の数――**〇人**
探索救助に参加した回数――**八回**
私の救助隊が行方不明の人を見つけた回数――**一回**
持っているショートパンツの数（自転車用を含む）――**五着**
持っているブーツの数（スキーブーツを含む）――**二〇足**
アラスカ州内陸部で体験した最低気温――**摂氏マイナス五五度**
アラスカ州内陸部で体験した最高気温――**摂氏三二度**
摂氏マイナス二八度でトラックのエンジンをかけるためにエンジンブロックを暖める必要最低時間――**二時間**
ひと夏に収穫した野性のベリーの量――**八リットルから四〇リットル**
一家族にディップネッティングでの捕獲が許される紅鮭の数――**三〇匹**
紅鮭一匹を瓶詰めにするのに必要な四七五ミリリットル入りガラス瓶の平均個数――**四個**

ヒーリーで入れた無鉛ガソリンの最高価格一リットルあたり――**一ドル三五セント**

スタンピードと国立公園の間でハイウェイが川を渡る回数――**一四回**

私たちのキャビンの壁とヘラジカの最短距離――**五センチ**

午後スキーをしている間に目撃したカリブーの最大数――**三〇頭**

一年のうち、家の裏のトレイルにオオカミの糞が落ちている月数――**十二カ月**

犬ぞり用の犬を一頭以上二〇頭以下飼っている友人の数――**一五人**

ヒーリーで、暖房の入るガレージを持っている友人の数――**二人**

訳者あとがき

英語の一人称単数は「I」一つしかないが、日本語に訳す際には当然ながら、いくつもある選択肢から選ぶことになる。この人がもしも日本語が堪能だったらどれを使うだろうかと想像し、その人が英語で話しているときと日本語で話しているときとで、出来るだけ印象が近くなる選択肢を選ぶ——映画の吹き替えみたいに。これは通常、難しいことではない。もちろん主観の交じることではあるが、性別、年齢、社会的立場や発言の内容、そして文脈から、「その人が日本語を話したら（書いたら）こんな感じ」というのは自ずと決まってくることが多いからだ。主語だけではない。全体的な言葉遣いにも同じことが言える。ところが本書を訳し始めたとき、私はハタと考えてしまった。この人が日本語を話すときの口調が思い浮かばないのだ。何故なら日本には、こんな人はおそらくいないからだ。

ごく普通に大学を出た文学少女だった著者は、大学院進学までの一種の「つなぎ」のつもりで、ひと夏、国立公園の整備の仕事をすることになる。アメリカの国立公園を訪れたことがある人なら、そのスケールの大きさと同時に、管理の行き届き方に感心した人も多いのではないかと思う。北米の雄大な自然をアメリカという国が「所有」するに至った経緯の是非を論ずるのはさておいて、それがアメリカの公有地であるということを前提に考えれば、国立公園はたしかに良くできたシステムだ。そしてそのシステムを支えるのが「トレイルドッグ」と呼ばれる整備員たちである。著者はその夏、トレイルドッグとして働いた。

意外にも彼女は、もののはずみで始めたその仕事に生きがいを見出す。決して体が大きいわけでもない著者は、その体力的なハンディを根性と情熱で克服し、北米のスイスと言われるモンタナ州のグレイシャー国立公園と、北米の至宝、アラスカ州デナリ国立公園の大自然の中で十数年間、トレイルドッグとして厳しい肉体労働に従事する。斧の振るい方さえ知らなかった「普通の女の子」は、やがて男性陣を配下に従えるリーダーに成長していく。その過程で彼女は自然と対峙し、さまざまなことを学ぶ。原書の副題には「森での教育」とあるが、本書をヘンリー・デイヴィッド・ソローの『森の生活』の現代版になぞらえた人がいるように、まさにこれは、大自然を相手に働く日々の中で得た気づきを描いたネイチャーライティングである。

と同時に本書は、「自分らしくあること」に対する決意と賛歌でもある。女性である著者が、圧倒的に男性が多いトレイルドッグの一員となったことで浮き彫りになったとも言える、私たち人間が暮らす社会の枠組みが知らず知らず自分たちに課している足枷。それはつまり、本書で繰り返し登場する、「精神労働と肉体労働」「男の仕事と女の仕事」といった二項対立的な考え方であり、人間をそうした分類に押し込めようとする「らしさ志向」だ。

日本人は「らしさ」がことのほか大好きで、「らしさ」をとても大切にする国民だと思う。男なら男「らしく」、女なら女「らしく」、大学出はインテリ「らしく」振る舞うことが期待される。その人が属するある集団——性別、年齢、職業、出身地、出身校、その他もろもろ——の構成員が持つ典型像に近ければ近いほど好ましいし、そこから逸脱すれば眉を顰める。そういう窮屈な押しつけがましさとは縁遠いように見えるアメリカの社会だが、それでもステレオタイプはやはり存在するし、定型から外れれば目立ちもするのである。本書の著者のように、トレイルドッグとして一人前になり、男性の部下を率いるようになる女性はごく稀な、「変わった」存在だ。

肉体を使う重労働であること、一般的に男性の仕事とされる職業であること。そこから生まれるさまざまなジレンマや葛藤と闘いながら、著者はそれでも自分の気持ちに忠実であり続ける。女であることを否定するというのとも違う。フェミニズムを声高に叫ぶのでもない。森で働き、生きること。彼女はただ単に、「自分らしさ」に固執しているにすぎないのだ。そして、女性トレイルドッグでありながら、同時に英文学を愛する詩人であることも彼女はやめない――そのどちらも彼女らしさであり、それだけは、誰が決めて押しつけるのでもない、自分自身が決めることだから。

「男まさりの女性トレイルドッグの体験談」と聞いて読者が持つ想像を、本書は裏切るかもしれない。荒くれ男に交じってチェーンソーを使いこなし、下品な下ネタジョークを飛ばすかと思えば、移りゆく季節の描写や、野性について思い巡らす言葉はまさに散文詩であったりする。冒頭で書いたように、彼女の日本語という「声」を見つけるのが難しかった理由がそこにある。彼女の声はまさに、唯一無二という意味でユニークなものだ。どうかあらゆる先入観を脇に置いて、一人の人間としてのその声に、耳を傾けてほしい。

二〇一三年九月　三木直子

著者紹介：
クリスティーン・バイル（Christine Byl）
アメリカ中西部、五大湖地方の出身。大学を卒業後、モンタナ州のグレイシャー国立公園で整備の仕事を始める。その後、アラスカ州立大学アンカレッジ校でフィクション・ライティングを学び、MFA（芸術系修士号）を取得。その間、また卒業後もアラスカ沿岸部コードバとデナリ国立公園で公園整備の仕事を続ける。現在はアラスカ州、ヒーリーの町にほど近い、デナリ国立公園の北のツンドラ地帯に在住。数エーカーの土地に建てたユルト（移動式住居）で夫とそり犬とともに暮らしている。

本書は著者の長編処女作。2013 年春に発売されると、米国アマゾン書店の「今月のベストブックス」（2013 年 4 月）や、パブリッシャーズウィークリー、クリスチャンサイエンスモニターなどで高い評価をえている。
短編やエッセイは、『Glimmer Train Stories』『Crazyhorse』『The Sun』その他の雑誌・新聞・短編集に掲載されている。

夫と共に、トレイルの設計とデザイン、建造、およびコンサルティングをアラスカ各地で行う会社を経営している。

訳者紹介：
三木直子
東京生まれ。国際基督教大学教養学部語学科卒業。
外資系広告代理店の営業およびテレビコマーシャル・プロデューサーを経て、1997 年に独立。海外のアーティストと日本の企業を結ぶコーディネーターとして活躍するかたわら、テレビ番組の企画、クリエイターのためのワークショップやスピリチュアル・ワークショップなどを手がける。
訳書に『[魂からの癒し] チャクラ・ヒーリング』（徳間書店）、『マリファナはなぜ非合法なのか?』『コケの自然誌』『ミクロの森　1m² の原生林が語る生命・進化・地球』（以上　築地書館）、『アンダーグラウンド』（春秋社）他多数。

斧・熊・ロッキー山脈
森で働き、森に暮らす

2013年11月10日　初版発行

著者	クリスティーン・バイル
訳者	三木直子
発行者	土井二郎
発行所	築地書館株式会社
	東京都中央区築地 7-4-4-201　〒104-0045
	TEL 03-3542-3731　FAX 03-3541-5799
	http://www.tsukiji-shokan.co.jp/
	振替 00110-5-19057
印刷・製本	シナノ印刷株式会社
デザイン	吉野愛

ISBN 978-4-8067-1466-8　C0098